TECHNICAL ANALYSIS OF STOCK

股票技术分析大全

张静波◎编著

中国社会出版社
国家一级出版社・全国百佳图书出版单位

图书在版编目（CIP）数据

股票技术分析大全/张静波编著. —北京：中国社会出版社，2016. 4
ISBN 978-7-5087-5302-7

Ⅰ. ①股…　Ⅱ. ①张…　Ⅲ. ①股票投资—基本知识
Ⅳ. ①F830. 91

中国版本图书馆 CIP 数据核字（2016）第 064898 号

书　　名： 股票技术分析大全
编　　著： 张静波

出 版 人： 浦善新
终 审 人： 王　前
责任编辑： 杜　康　　**责任校对：** 王银霞

出版发行： 中国社会出版社　邮政编码：100032
通联方法： 北京市西城区二龙路甲 33 号
电　　话： 编辑室：（010）58124864
邮购部：（010）58124848
销售部：（010）58124845
传　　真：（010）58124856
网　　址： www. shcbs. com. cn
shcbs. mca. gov. cn
经　　销： 各地新华书店

中国社会出版社天猫旗舰店

印刷装订： 中国电影出版社印刷厂
开　　本： 170mm×240mm　1/16
印　　张： 17
字　　数： 300 千字
版　　次： 2016 年 5 月第 1 版
印　　次： 2016 年 5 月第 1 次印刷
定　　价： 45. 00 元

中国社会出版社微信公众号

序　言

技术分析是股票交易理论的重要分支，它与价值分析并列为股票投资的两大流派。在国内，技术分析拥有大量的粉丝，很多初入门的投资者都是从技术分析开始的，他们学习技术理论，掌握技术指标，并热衷于运用这些技术分析理论来解剖市场，预测股价的运行趋势。

与投资者的热情遥相呼应的是，图书市场上有关技术分析的书籍层出不穷，这些书涉及技术分析的方方面面，从道氏理论到波浪理论，从K线图到均线，从MACD指标到移动筹码分布等，都从不同的角度阐释了技术分析理论的精华。

然而遗憾的是，即使把这些书都读完，你也很难对技术分析理论有一个整体的认识和把握，而系统性介绍技术分析理论的图书实属罕见。我们可以找到约翰·迈吉的《股市趋势技术分析》和约翰·墨菲的《期货市场技术分析》等经典之作，但那都是国外作品，无论结构还是语言风格都无法适应中国读者。

笔者从事A股研究和投资十多年，一直像很多投资者一样，渴望一本能够全面了解技术分析理论的书籍。正是在这个动机的驱使下，笔者开始了工程浩大的理论梳理和总结工作，最终将这本心血之作呈现在读者面前。

本书从技术理论、技术形态、技术指标和交易策略四个方面，对技术分析理论进行了事无巨细的介绍。其中，技术理论篇总结了过去几百年来，经过无数先辈总结出来的经典理论，包括蜡烛图、道氏理论、波浪理论、江恩理论等；技术形态篇总结了技术分析中的各种K线图形态、均线形态、成交量形态、反转和整理形态、支撑与阻挡、趋势线与通道等；技术指标篇则是对现有交易软件中上百种指标工具的一次全面梳理，从中精选出二十几种常用指标进行重点介绍。

交易策略篇是本书的特色之篇，也是大多数股票类书籍没有介绍但直接决定投资者输赢的内容，因为它是联系技术分析理论与实践的桥梁，很多投资者之所以熟练各种技术分析工具却始终无法盈利，关键就在于缺乏交易策略的引导。

因此，笔者建议每一位投资者都应该精读这一篇。即使你不会任何技术分析理论，阅读这一章也能让你受益终身。

由于时间仓促，而技术分析又是一门博大精深的理论，因此书中的错漏在所难免，恳请读者在阅读中不吝赐教，笔者将在改版时予以修正。

每本书的出版，都离不开众多幕后英雄的支持。本书从策划开始，就得到了张朝贵、钟翠芳、牛晓玲、牛领辉、王帅、张昀明、陈宇峰、王义龙、赵菁、张静娴、张玉雄、张燕等人的帮助，他们为本书的编写提供了大量宝贵的资料和建议，在此一一表示感谢。

本书的编写借鉴和参阅了大量的参考文献，得益于前人的努力，本书才能够如此生动、丰富。限于篇幅，书中未能全部列出。在此，谨向各位专家和学者表示衷心的感谢！

编者

2016 年 4 月

目录 contents

第1篇　技术理论

第3篇 技术指标

第4篇　交易策略

第1篇

技术理论

整个人类史就是一部不断探索的发展史，证券投资也不例外。从 1602 年世界上第一个证券交易所在荷兰阿姆斯特丹诞生之日起，甚至更早之前，就不断有投资者探索证券投资的技术和理论，最终形成了我们今天可见的门派繁多的技术分析理论。这些理论是我们学习技术分析的基础，本书就从这些理论开始。

第1章
技术分析基础

我们都知道，在证券投资领域，存在两个大的流派：一个是价值投资派，一个是技术分析派。价值投资主要研究企业的基本面，而技术分析主要研究股价的走势。价值投资派认为，自己的分析是对的，而市场经常出错，因此其策略是低估买入并长期持有；技术分析派则认为，市场是对的，股价的走势包含了所有有用的信息，因此其策略是顺势而为并及时纠正错误。

在国内，关于价值投资和技术分析谁更有效一直争论不休。价值派虽然人数少，但很多都是大佬，再加上有彼得·林奇、巴菲特等作为楷模，更是有了睥睨技术派的资本。只不过，限于国内的投资环境和氛围，技术分析似乎更受投资者的青睐，尤其是新入行的菜鸟，其炒股之路基本上都是从技术分析开始的。

那么，什么是技术分析呢？在《股市趋势技术分析》一书中，技术分析之父约翰·迈吉是这样定义的：

技术分析是记录（通常用图表的形式）某只股票或股票指数的实际交易历史（价格变动、成交量等），然后从中预测未来可能趋势的科学。

在这个定义中，技术分析被局限在股票这个单一品种上，但它的应用其实非常广泛，还包括期货、外汇、债券等。因此，一种更为准确的定义是：

技术分析是指以市场行为为研究对象，以判断市场趋势并跟随趋势的周期性变化来进行股票及一切金融衍生物交易决策的方法。

● 技术分析的历史

技术分析作为一种市场预测工具，拥有悠久的历史。尽管在投资界，人们普遍将道氏理论的创始人查尔斯·道视为技术分析的鼻祖，但它的历史远比那要古老得多。美国麻省理工学院金融学教授罗闻全在《技术分析简史》中，将技术分析的源头追溯到古代美索不达米亚平原，当巴比伦人开始用泥板记述市场与星相并试图发现二者的联系时，最早的投机技术就诞生了。后来，随着货币兑换、商品、票据等市场的发展，人们对这门技术的认识不断提高。到了17世纪，在荷兰阿姆斯特丹证券交易所中，人们开始将价格视为心理和行为的反映，并使用它们来预测未来的价格。不过，这些方法一直散见于民间，直到18世纪本间宗久和20世纪初查尔斯·道的出现，技术分析才开始规范化并形成一个门派。

本间宗久是日本江户时代的大米商，1716年出生于日本酒田港出羽地区，幼时被本间家族收养，故此得名。提起本间宗久，很多人可能不了解，但要说到日本蜡烛图，估计炒股的人无人不知。本间家族经营大米，在大阪、京都都非常有名。为了能够预测米价的涨跌，本间宗久每天仔细观察米价的变化，并将米价的波动用图形记录下来，这就是K线图最初的雏形。后来，本间宗久将自己的心得总结在《风、林、火、山》一书中，里面包含K线组合的若干形态，这种方法被迅速推广到世界各地，而日本也因此成为世界上第一个对技术分析进行文字记录的国家，不少历史学家据此认为，技术分析起源于日本的大米市场。

当然，这只是历史学家的一家之词，现代意义上的技术分析被公认为起源于美国人查尔斯·道。道是一位经验丰富的新闻记者，擅长撰写金融新闻和社论。1882年，道和爱德华·琼斯一起创办了道琼斯公司，开始编制股票指数，方法是对纽约证券交易所上市的所有股票价格进行算术加权，然后按照股票数额进行平均，一开始只包含了11种股票，这就是道琼斯指数的雏形。

该指数最早见于道琼斯公司每日编写的《致读者下午信》，有点类似于今天微博、微信上大V们发表的每日盘面分析。然而，随着公司业务的扩张，这种小打小闹的模式显然已不合时宜。于是，查尔斯·道大笔一挥，决定出报纸，然后就有了大名鼎鼎的《华尔街日报》，做什么火什么，这就是牛人的气场！

1900年到1902年期间，查尔斯·道担任《华尔街日报》的编辑，写了很多社论，讨论股票投机的方法。事实上，他从始至终没有对自己的理论作过系统的说明，仅在讨论中作片段报道。直到他去世后，汉密尔顿和雷亚两人继承了他的理论，并在其后的股市评论中加以组织和归纳，才形成了今天的道氏理论。

道氏理论被视为技术分析的鼻祖，它断言股票会随市场的趋势同向变化以反映市场趋势和状况，同时把股票的变化划分为三种趋势：主要趋势、中期趋势和短期趋势。该理论开创了现代意义上的技术分析流派，此后经江恩、艾略特、约翰·马吉等人的发扬光大，技术分析逐渐成为证券分析的两大分支之一。

有关道氏理论、江恩理论、艾略特波浪理论，我们将在第2章详细介绍，在这里就不再赘述。有兴趣的读者可以参阅相关章节。

● 技术分析的四大要素

通过前面的定义，我们已经知道，技术分析是利用过去和现在的量价信息，以图表和指标为工具来分析未来市场走势的一种方法。在这个定义中，有四个关键因素——价、量、时、空，掌握这四大因素之间的相互关系，是进行正确的技术分析的基础。

价，是指股票过去和现在的成交价。在日常交易中，我们经常用到的有开盘价、最高价、最低价和收盘价。

量，是指股票过去和现在的成交量（或成交额）。

价和量是市场行为最基本的表现，一切技术分析都是围绕量价关系来进行的，通过研究价和量的同步或背离关系，投资者可以判断趋势，买卖股票。

时，是指股票价格波动的时间因素和分析周期。在进行技术分析时，时间因素有着重要的参考意义，这是因为趋势一旦形成，短期内不会发生根本变化。例如，K线图按照时间周期可以划分为日线、周线、月线、季线、年线。

空，是指股票价格波动的范围，也就是极限。尽管从理论上讲，股价波动的空间上不封顶、下不保底，但在某个特定的阶段，股价的上涨或下跌会受到单边通道或震荡箱体的约束，在一定的区间范围内运行。而在技术分析中，判断股价波动的幅度通常比判断股价涨跌的概率重要得多。

● 技术分析的三大假设

任何理论或者学说，要想获得解释力，都必须对现实进行抽象，一个典型的例子是经济学中的理性人假设。技术分析也不例外，在被人们誉为技术分析圣经的《期货市场技术分析》一书中，约翰·墨菲提出了技术分析的三大基石，也就是三大假设，它们分别是：

假设1　市场行为包含一切

在技术分析者看来，投资者在决定交易前，已经充分考虑了影响市场价格的各种因素，包括经济事件、社会事件、战争、自然灾害等。因此，只要研究市场的交易行为就能了解目前的市场状况，而无须关心背后的影响因素。这个假设是技术分析的基础，如果不承认该假设，那么技术分析的任何结论都是无效的。

假设2　价格呈趋势变动

趋势是技术分析的核心。根据物理学的惯性定律，趋势会一直延续，直到掉头反向为止。股价的运动也遵循类似的规律，趋势一旦形成就不会轻易改变。因此，技术分析的任务就是通过图形或指标来判断当前的趋势，并提前发现反转信号，进而掌握时机进行交易。从这个意义上来讲，技术分析就是顺应趋势。

假设3　历史会重演

在市场上买卖的是人，而是人就会受到心理学规律的制约。一个人在某种场合下的行为，下一次碰到相同或类似场合时，还会一样上演。因此，华尔街传奇人物杰西·利弗莫尔在《股票大作手回忆录》中有一句名言：华尔街不可能有新鲜事，因为投机像山岳一样古老。无论今天在市场上发生了什么，过去一定发生过，未来仍将再次发生。这为技术分析者提供了通过图表看未来的可能性。

● 技术分析的五大类别

技术分析的主要手段是对历史量价资料进行统计、数学计算和图表分析。从这个意义上讲，技术分析可以分为很多种。按照目前主流的观点，大致分为指标类、切线类、形态类、K线类和波浪类五大类别。

指标类

指标类方法主要通过数学建模，给出数学上的计算公式，从而得到一个能够体现市场在某个方面的特征的指标值。指标值能够反映股市所处的状态，为投资者的操作行为提供依据，这些依据从行情数据中往往是看不到的。

目前，全世界金融市场上在使用的技术指标如汗牛充栋，数不胜数，仅在通达信系统里预装的指标就多达上百种，主要分为常用指标、大势型指标、超买超卖指标、趋势型指标、能量型指标、成交量型指标等。其中，比较常用的指标包括平滑异同平均（MACD）、随机指标（KDJ）、威廉指标（WR）、乖离率（BIAS）、布林线（BOLL）、相对强弱指标（RSI）、能量潮（OBV）、均线（MA）等。

切线类

切线类方法是按照某种原则和方法在股价分析图表中画出一些直线，然后根据这些直线的情况来预测股价未来的趋势。这些直线叫切线，主要起到支撑和压力的作用，因此又可分为支撑线和压力线两大类。

切线的画法分很多种，它们都是技术派前辈们经过长期研究后留下来的精华。比较著名的切线包括趋势线、通道线、黄金分割线、江恩角度线等。

形态类

形态类方法是根据股价分析图表过去的历史轨迹来预测股价未来趋势的方法。技术分析的假设1告诉我们，市场行为包含一切。这个假设告诉我们，股价的形态是市场行为的重要部分，从股价的形态中，我们可以大致推断出目前的行情属于什么性质，从而为将来的投资提供操作依据。

技术分析形态包含很多种类，大致可分为反转形态和整理形态两大类。比较著名的形态包括M头、W底、头肩顶（底）、圆顶（底）等。

K线类

K线类方法是通过研究不同时间周期的K线组合情况来推测多空双方力量对比，进而判断未来趋势的方法。在日常分析中，K线图是最重要的图表，但凡炒股的人，几乎无人不知无人不晓。但是，K线图的组合也比较复杂，仅单独一天的K线形态就有十几种，若干天的K线组合种类那就无法计数了。

K线图最早起源于日本大米商本间宗久的酒田战法，后来经过人们的不断总结，如今已演变成很多形态，比较著名的有早晨之星、黄昏之星、好友反攻、乌云盖顶、红三兵、黑三兵等。

波浪类

波浪类方法最早起源于美国金融分析大师拉尔夫·艾略特，他在20世纪30年代就有了波浪理论的最初想法，简单来说，就是五浪上升，三浪下跌。

只要数清其中的每一个浪，就能准确预见到跌势已尽，涨势即将到来。

与其他技术理论相比，波浪理论最大的优势就是能够提前很长时间判断出市场的底部和顶部，从而让人们在变幻莫测的市场中显得游刃有余。如果说道氏理论告诉人们什么是大海的话，那么波浪理论就是指导你如何在大海上冲浪。

当然，波浪理论被人公认为是最难掌握的技术，大浪套小浪，浪中有浪，不同的人会数出不同的浪来，所以在数浪的时候极易出现偏差。

● 技术分析的工具——图表

图表是技术分析的基础工具，经过历史上无数前辈的努力，现在已经发展出很多种类和风格，它们以生动的形式向我们展示了证券市场上发生的事情。这些图表既可以反映一天、一周、一个月的行情，也可以反映 30 分钟、15 分钟甚至 5 分钟的行情；既可以绘制在算术坐标、百分比坐标或对数坐标上，也可以被设计成摆动量、生命线、脑电波等无数的其他关系、比例和指标。

不管技术分析图表多么纷繁复杂，它们都可以分为以下几个大类：

价格类图形

价格类图形是指以价格为基础绘制的图形，具体包括线图、棒图、蜡烛图和对数图等。其中，线图就是将相邻收盘价连起来的价格图，比如我们熟知的分时走势图，就是一个连续的价格线图。如图 1-1 所示。

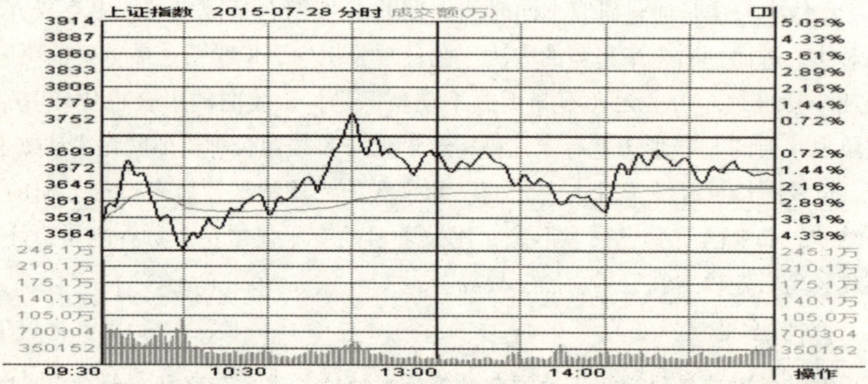

图 1-1　分时走势图

棒图，也叫OHLC图，是用一些横线和竖线来标示开盘价（Open）、最高价（High）、最低价（Low）、收盘价（Close）的图形，OHLC是四种价格的英文首字母缩写。这种图由于在欧美比较流行，因此又叫作美国线。如图1－2所示。

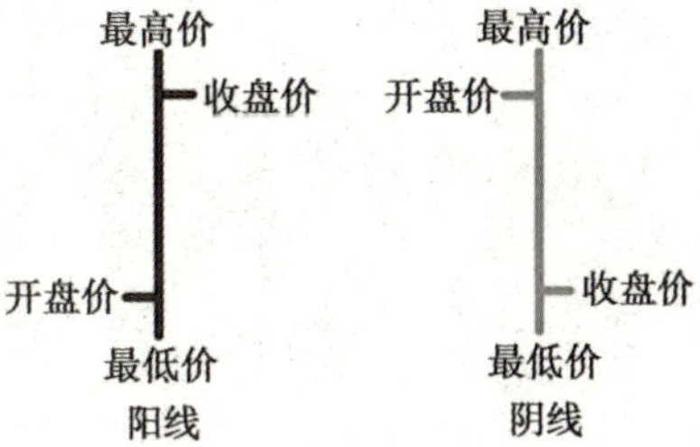

（a）

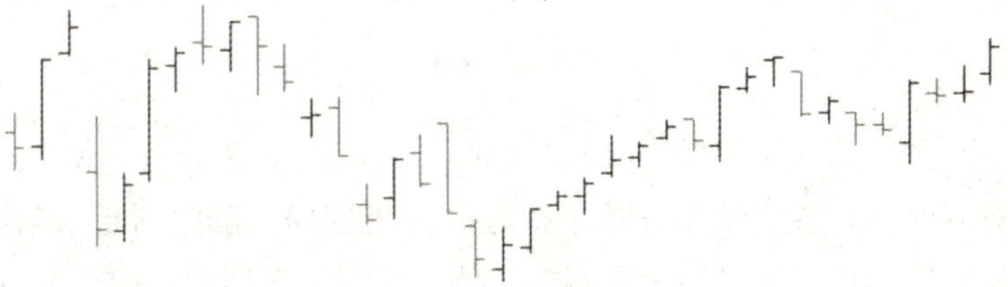

（b）

图1－2　美国线

图1－2（a）中，中间的竖线表示交易区间，左边和右边的横线表示开盘价和收盘价。阳线的收盘价在开盘价上方，阴线则正好相反。图1－2（b）是一组美国线的组合，在通达信系统里，可以在主图设置中将K线换成美国线。

蜡烛图就是我们熟知的K线图，也叫日本线，它与美国线相似，也是以每个分析周期的开盘价、最高价、最低价和收盘价绘制而成的，唯一的区别是K线图的开盘价、收盘价之间是用实体柱或者空心柱来表示的。

对数图是K线和美国线的变形体，通过将K线和美国线图中使用的刻度从算数刻度换算成对数刻度，就可以得到相应的对数K线和对数美国线。

OX图和宝塔线图

OX图，又称为点数图，是由维克托·德维利尔斯在1933年出版的《点数图法预测股价变化》一书中首次提出的。在OX图中，通常用一组“O”和“X”符号来记录当前的股价运行情况。其中，“O”表示下跌，“X”表示上涨。

与K线图、量价图不同，OX图注重的是股票在某一价位上的表现，而不是记录股价随时间变化的过程，也不考虑成交量的情况。其作图规则是，当股价上升达到格值幅度时，就用一个“X”表示；当股价下跌达到格值幅度时，就用一个“O”表示。在通达信系统里，OX图又叫圈叉图。如图1－3所示。

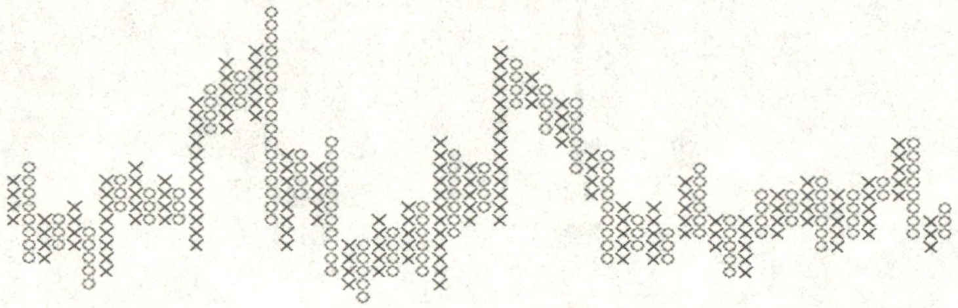

图1－3　OX图

宝塔线图是以不同颜色（或虚实体）的棒线来区分股价涨跌的一种方式，主要用于分析多空双方的博弈和力量转变过程，借此判断未来股价的趋势。与K线图相比，宝塔线只有阴阳实体，没有上下影线。如图1－4所示。

图1－4　宝塔线图

筹码分布图

在任何投资中，投资成本都是最重要的概念。在股票投资中，投资成本是指购买股票所用的资金，也就是持仓成本。对于整个市场来说，这种成本是不断变化的，当多空双方在某一价位达成交易后，这一价位对应的成交量就是相应的持仓成本。对不同价位产生的不同持仓量的描述就形成了筹码分布图。

在通达信系统里，我们可以在行情窗口的右侧点击“筹”字，或者按下快捷键“Ctrl＋U”来调出筹码分布图。通过观察该图，我们可以看到筹码随时间而发生变化的过程，同时还可以了解到市场主力的成本分布情况。如图1－5所示。

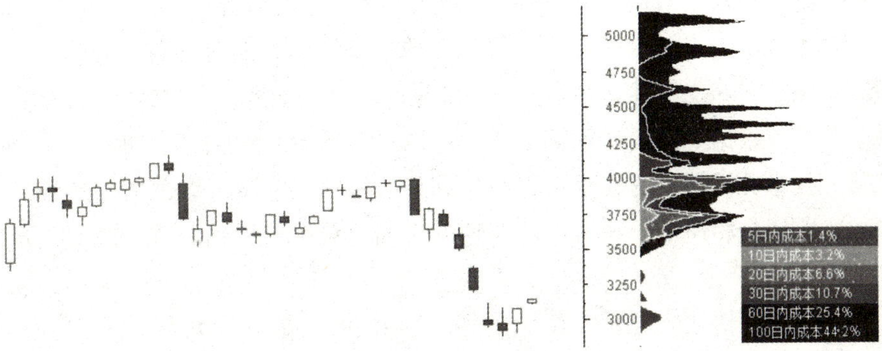

图1-5　筹码分布图

多因素配合图

以上我们介绍了技术分析的几种图表，这些图表既可以单独使用，也可以同一张大的母图中同时使用，例如二图、三图、四图组合。我们将这样的技术分析图表称为多因素配合图。比较常用的多因素配合图有价格—成交量图、价格—技术指标图、价格—筹码分布图，投资者可以根据自身习惯来加以选择。

● 技术分析的适用范围

对于初学者而言，本小节的内容至关重要。我们都知道，任何理论都有适用范围，即便经典如牛顿定律，也逃不过宏观世界的限制，一旦离开了宏观世界进入微观世界，牛顿定律就毫无用武之地。技术分析也一样。

很多初学者将技术分析当作万能，以为只要精通了技术分析，就可以百战百胜、无往不利。真要那样，股票市场早就是技术分析者的天下。而现实是，在股市里能够依靠技术分析稳定盈利的人凤毛麟角。原因究竟何在？

很简单，技术分析只是表，如何使用它才是关键。这就像武林高手一样，不但要功夫高，内功心法也要好。如果你只知道技术理论，却不知道它的使用方法和前提条件，那么，再好的技术分析也会沦为害人的理论。

是分析而不是预测

初入股市的菜鸟，都会被前辈告诫：要敬畏市场，不要轻易预测，因为市场是不可预测的。很多人对这样的告诫不以为然，在他们看来，各种技术分析理论不就是用来预测市场的吗？这绝对是天大的误解！

技术分析的主要目的，不是帮我们预测市场，而是帮我们划分趋势。在股票市场上，存在两种基本市态：一种是单边市（上涨或下跌），一种是震荡市。另外，根据不同的时间周期，还可以将市场分为短期、中期和长期三种趋势。技术分析的目的就是根据历史和当前资料，推断出目前的行情性质属于单边市还是震荡市，是短期趋势还是中期趋势抑或长期趋势，并据此采取相应的策略。

不同的行情性质需要采取不同的甚至相反的操作策略。例如在单边市中，最佳的操作策略是一路持股（上涨）或一路持币（下跌），期间任何的回调（反弹）都是加仓（减仓）的机会。而在震荡市中，则应该采取高抛低吸的策略。

是概率而不是必然

初学者最容易犯的错误就是把技术分析当成一种必然，看见信号就买入，从来没有想过一旦信号失灵，股价朝不利于自己的方向发展时该怎么办？殊不知，任何技术分析手段都没有100%的胜率，甚至连60%都很难保证。

既然这样，还要技术分析干啥？很多人一定会这么问。接着刚才的话题聊，在股票市场上，我们不仅要知道当前的行情性质，还要了解行情的大小。同样是一波上涨行情，5%的上涨空间和10%的上涨空间，值得我们投入的资金量大小显然不同。后者更值得我们投入较多的资金。

技术分析的第二个目的就是帮我们区分行情的大小和概率，并据此来安排我们的仓位和资金量大小。很多人纠结于一种技术方法的胜率，这种纠结其实完全没有必要，每一种技术分析方法都有自身的优点和缺陷，胜率并不是关键，最终决定我们盈亏的不是输赢的概率，而是输赢的幅度！

相关内容，我们将在第四篇资金和仓位管理中详细解读。作为初学者，你只要记住，技术分析是一个概率游戏，而不是确定性游戏。

技术分析具有滞后性

技术分析是对历史数据进行处理后的结果，因此，它呈现给我们的结果往往具有滞后性。以最常用的移动平均线（MA）为例，它是将某一时间段内的收盘价之和除以该周期后得到的结果，比如5日均线就是五天内的收盘价除以5。这意味着，先有股价上涨，才有5日均线的上移，如果你据此买入，有可能买在上涨行情的末期。不仅移动平均线，大多数技术分析指标，例如

MACD、KDJ 等都有滞后的现象，而且周期越长，滞后效应越明显。

那么，是不是选用短周期的指标就能在一定程度规避这个问题呢？理论上讲是这样的，但越是短周期的指标，越容易将你带入股价的短期波动中，从而错失中长期的大趋势。因此，短周期指标和长周期指标各有利弊。

作为初学者，必须时刻牢记技术分析的上述缺陷，要善于利用技术分析的优点，同时也要认清它的缺陷和前提条件，而不能盲目迷信。

第 2 章
道氏理论

道氏理论是技术分析的鼻祖，这一点我们在第 1 章中已经强调过，尽管它常常因为信号太迟钝而备受人们质疑，但作为技术分析中的经典，道氏理论绝对是初学者必须要认真研读并掌握的一门理论。

我们现在说，道氏理论的创始人是查尔斯·道，但道氏理论并不是道氏个人的创造，而是经历了一个由道氏提出概念和框架，威廉·汉密尔顿加以丰富和发展，最后由罗伯特·雷亚集大成的过程，前后历时长达三十年之久。因此，道氏理论可以说是上述三人集体智慧的结晶。

查尔斯·道　　威廉·汉密尔顿

查尔斯·道 1851 年出生于美国康涅狄格州，是一位经验丰富的新闻记者，早年曾在股票大厅工作过一段时间。1882 年，31 岁的查尔斯·道和另一位同行爱德华·琼斯共同创立了道琼斯公司，他们在纽交所附近的地下室编写一份金融简讯，卖给华尔街的投资者。由于缺乏经费，他们只能用手工抄写来维持。

1889 年，随着公司业务的扩张，查尔斯·道将原先小作坊式的经营改成报纸的形式并取名《华尔街日报》，而后者也成为查尔斯·道传经布道的地方，从1900年到1902年，查尔斯·道担任《华尔街日报》的编辑，写了很多社评，讨论股票投机的方法。这些文章构成了道氏理论的雏形。

1902年12月，查尔斯·道逝世，他的同事将其见解编成《投机初步》一书，道氏理论从此正式定名。次年，威廉·汉密尔顿接替查尔斯·道担任《华尔街日报》的编辑工作，继续诠释和改进道氏的思想，直到1929年去世为止。汉密尔顿曾在道氏的指导下进行研究，被认为是道氏理论的最佳代言人，在1922年出版的《股票市场晴雨表》一书中，汉密尔顿集中论述了道氏理论的精华。

罗伯特·雷亚是道氏和汉密尔顿的崇拜者，从1922年到1939年间，他病卧床榻仍坚持工作，利用两人的理论分析股价，并取得了不错的收益。很遗憾，我们没能找到罗伯特·雷亚的头像，但雷亚对于道氏理论的贡献不可磨灭。尤其是他纳入成交量指标，使得道氏理论又增加了新的依据。1932年，雷亚基于汉密尔顿的研究成果，出版了《道氏理论》一书，将道氏理论发扬光大。

不过，真正让道氏理论名声大噪的是20世纪30年代的大萧条。当时，《华尔街日报》以道氏理论为依据，每天撰写股市评论，在1929年10月23日一篇名为《浪潮转向》的文章中断言，多头市场已经结束，空头市场即将来临，此后美国股市果然发生了惊人的崩盘，道氏理论从此蜚声世界。

查尔斯·道的贡献并不仅局限于道氏理论，他同时还是道琼斯指数的创始人之一。1897年，道氏通过观察发现，大多数股票总是倾向于同时涨跌，很少有股票能够逆趋势而动。根据这一观察，道氏在世界上率先用一些具有代表性的股票的平均价格来反映证券市场的总体趋势，这就是道琼斯指数的雏形。

时至今日，道琼斯指数已成为全球最大、最权威的股票价格指数。而在接下来的介绍中我们会发现，道氏理论的很多定理都是基于对道琼斯指数的观察。

● 五大定理

关于道氏理论的基本原理，约翰·迈吉在《股市趋势技术分析》一书中曾有过一个精彩的比喻：一位住在海边的人在海潮来临时，会在波浪到达岸上的最高点钉个木桩，这样如果下一个波浪的海水高于此木桩，他就知道潮水在上涨。如果把他的木桩换成波浪最高水位的记号，那么最终会有一波浪在上一波浪的记号前停止并开始回撤。这时，他就知道退潮开始了。

道氏理论对市场趋势的描述与海浪的运动如出一辙。尽管股价的波动不可能像海浪一样规则，但两者在规律上大致相同。我们从道氏理论的五大定理中，可以看到浪潮、波浪、涟漪的身影，以及三者间交错融合的复杂关系。

定理 1　任何市场都有三种趋势

浪潮、波浪、涟漪是潮汐运动中的三种形式，分别对应着三种不同级别的海潮。道氏理论参照海潮的三种形式，将股价波动分成三种趋势：主要趋势、次级趋势和日常波动。这三种趋势同时存在，但方向可能相反。

其中，主要趋势最重要，也最容易辨认，它对应于潮汐运动中的浪潮，是向上或者向下的大规模运动，通常持续一年或更长的时间，因其持续时间长，又称为长期趋势，股价总体波动幅度超过 20%。

次级趋势又称为中期趋势，它与主要趋势的方向可能相同，也可能相反，如果严重背离主要趋势，则被视为是次级折返走势或修正。次级趋势通常持续三周到数月时间，波动幅度为先前趋势运动的 1/3—2/3，最常见的为 1/2。

日常波动又称为短期趋势，是指数天内的股价波动，通常少于 6 天。在大多数情况下，这种波动是无法预测的，也没有任何规律可循，它大都是由于突发性的好消息或坏消息引起的，例如战争、灾难、经济数据、政策发布等。

定理 2　主要走势

主要走势代表整体的基本趋势，通常称为多头市场或空头市场。道氏理论认为，只要后一个高点超过前一个高点，同时每一个次级下跌的低点都比前一个次级下跌的低点高，那么主要走势就是上升的，这样的市场称为多头市场，也就是俗称的牛市；相反，只要后一个低点低于前一个低点，同时每一个次级反弹的高点都比前一个次级反弹的高点低，那么主要走势就是下降的，这样的市场称为空头市场，也就是俗称的熊市。

在道氏理论看来，主要走势是三种变动中最重要的，了解它的走势是投机行为成功与否的决定性因素。在一个多头市场中，投资者应该尽早买进股票，一直持有到空头市场开始再抛出，而对于次级趋势和日常波动则不予考虑。

定理3　主要的空头市场

主要的空头市场是长期向下的走势，期间夹杂着次级的折返走势。空头市场一旦形成，就不会轻易转向，除非出现了明显的反转信号。

一个典型的空头市场通常会经历三个阶段：第一个阶段，失望。投资者对市场的整体业绩感到失望，不再期待股票可以维持过高的价格，一些有远见的投资者觉察到股价已经上涨至不正常的高点，开始出货。

第二个阶段，悲观。投资者对企业赢利能力的下滑和经济状况的恶化感到担忧，并开始抛售手中的股票。由于买方不断减少、卖方不断增加，股价急剧下跌，交易量大幅减少。在第二个阶段末期，通常会出现一个次级折返或横向盘整。

第三个阶段，绝望。投资者开始感到恐慌，不顾企业的内在价值，疯狂套现手中的股票，以避免更大的损失。在这一阶段，由于投资者的情绪极度悲观，不少业绩优良的股票也遭到错杀。表2－1是上述三个阶段的心理比较。

表2－1　空头市场的心理变化

对未来的看法	第一阶段：失望	第二阶段：悲观	第三阶段：绝望
政府与商业统计	依旧看好	转为悲观	继续看空
股市分析评论	依旧看好	转为悲观	继续看空
投资大众	依旧看好	转为悲观	继续看空

定理4　主要的多头市场

主要的多头市场是长期向上的走势，期间夹杂着次级的折返走势。多头市场一旦形成，就不会轻易转向，除非出现了明显的反转信号。

一个典型的空头市场通常会经历三个阶段：第一个阶段，怀疑。在这一阶段，尽管市场依然萧条，指数连创新低，交易量不断下降，但一些有远见的投资者开始逢低吸纳，在买盘的推动下，股价开始止跌回升。

第二个阶段，乐观。在这一阶段，各种利好消息开始流传，企业赢利能力和经营效益回升，投资者的情绪开始变得乐观，他们不断地购买股票并且惜售，股价稳定上升，成交量开始放大，投资者获利丰厚。

第三个阶段，狂热。在这一阶段，随着乐观情绪的蔓延，股市一片沸腾，投资者争先买入股票，交易量大增，股价不断创出新高。到了行情的末期，垃圾股一飞升天，而绩优股却受到冷遇。表2－2是上述三个阶段的心理比较。

表2－2　多头市场的心理变化

对未来的看法	第一阶段：怀疑	第二阶段：乐观	第三阶段：狂热
政府与商业统计	依旧怀疑	转为乐观	继续看多
股市分析评论	依旧怀疑	转为乐观	继续看多
投资大众	依旧怀疑	转为乐观	继续看多

定理5　次级折返走势

次级折返走势是在主要走势中出现的重要回调，既可以是多头市场中重要的下跌走势，也可以是空头市场中重要的上涨走势。通过前面的介绍，我们已经知道次级折返走势一般持续三周到数月时间，期间折返的幅度为前一次折返走势结束后主要走势的1/3—2/3。这一数字并非确凿无疑，它只是一种概率。根据罗伯特·雷亚的研究，大多数次级折返走势都在这一范围内，其中很多在接近中途即回撤50%的时候就停止了，很少有回调少于1/3的情况。

次级折返走势是一种重要的中期走势，是对主要走势的修正，其方向与主要走势相反，这使得我们在判断一轮走势到底是主要趋势的结束还是次级折返走势时变得非常困难，甚至无法判断。这也是道氏理论中最微妙也最困难的一环。

为了让大家对主要走势和次级折返走势有一个清晰的认识，我们在图2－1中做了演示。图中，A—C为主要走势，B—C为次级折返走势，A—B、B—C、C—D为次级走势，A—E、E—F、B—G为日常波动。

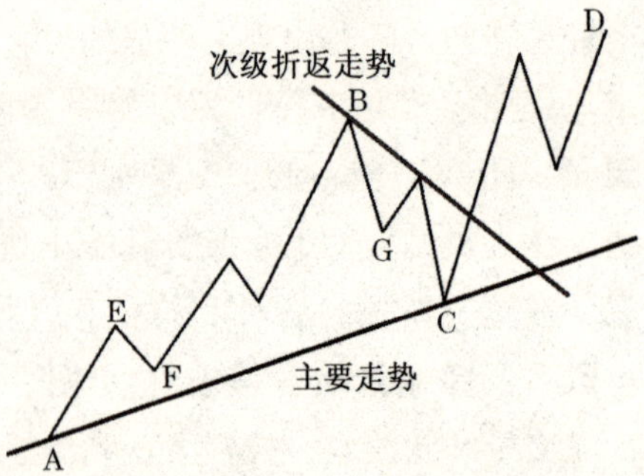

图2－1　主要走势和次级折返走势

值得一提的是，在次级折返走势中，还有一些小型的折返走势，这些走势和日常波动一样，对中长期趋势几乎完全没有影响。从道氏理论的角度来看，这些日常波动并没有什么意义，但它们加起来就构成了次级走势。

● 技术原则

尽管道氏理论的创始人查尔斯·道在著作中一再声明其理论并不是用于预测股市，甚至不是用于指导投资者，但今天的投资者仍将道氏理论视为圣经，用它来分析市场的走势，并在此基础上制定操作策略。当然，就像其他任何理论一样，道氏理论在使用时也有一些需要遵循的技术原则。

原则1　两种指数必须相互验证

在股票市场上，存在一种很严重的错误，那就是仅根据一种指数的走势作出判断。然而，我们经常看到当某一市场指数出现反转时，另一种指数却呈现出相反的走势。在道氏理论看来，两种市场指数必须相互验证，一种指数的走势必须得到另一种指数的确认，这样才能得出有效的推论。

这是道氏理论很重要同时也是备受质疑的一个原则，它意味着如果你仅凭一种指数进行判断，另一种指数并未确认，那么结论几乎必然是错误的。很多人对此不以为然，他们在操作中经常违背这一原则，这些人事后通常后悔不迭，因为相互验证原则在众多的实践中已经被证明是一条可靠的操作原则。

原则2　成交量跟随趋势

价格和成交量是技术分析的两个基本要素。在道氏理论中，罗伯特·雷亚将两者的关系解读为成交量跟随并验证股价趋势。事实上，我们很容易在技术分析图表中观察到这一现象：在牛市中，当股价上涨时成交量随之增加，当股价下跌时成交量随之萎缩；在熊市中，当股价下跌时成交量随之增加，当股价上涨时成交量随之萎缩。这样的原则在次级走势中同样成立，例如在熊市中较长的次级折返初期，成交量通常表现为在小反弹中增加、在小回落中减少的倾向。

当然，在道氏理论看来，成交量的重要性永远低于价格。因此，有关市场趋势的结论性信号只能通过价格分析给出，成交量仅仅提供侧面的证据。

原则3　道氏线可以代替次级趋势

在股价运动中，除了单边上涨或下跌外，还有一种形态即横盘震荡。道氏理论将这种形态称为道氏线。道氏线是一种横向运动，一般持续两到三周，有时达数月之久，期间股价在5%或更小的范围内波动，俗称牛皮市。

道氏线的出现表明多空双方的力量大致均衡。但这种均衡不会一直持续下去，总有一天会被打破，从而形成新的单边。一般来讲，横盘的时间越长、价格区间越窄，最终被突破的可能性也越大。至于突破的方向，则取决于多空双方的力量对比，以及股价所处的位置。

道氏线既可能出现在重要的顶部或底部，也可能出现在主要走势的休整或巩固期，后者往往更普遍。在这种情形中，道氏线代替了典型的次级趋势。

原则4　只使用收盘价

在每天的交易中，我们都会看到四个基本价格：开盘价、最高价、最低价和收盘价。这四个价格是绘制K线图的基础，也是很多人关注的焦点。但道氏理论认为，只有收盘价才是最重要的。因此，在分析时只使用这一价格。

事实上，查尔斯·道和汉密尔顿把收盘价的任何击穿或突破都视为是有效的信号，不少人对此提出质疑，但事实证明，这一原则经受住了时间的考验。道氏理论之所以如此重视收盘价，原因在于收盘价是对当天股价的最后评价，大部分人都根据这个价格制订第二天的操作计划，因此它在技术分析上非常重要。

原则5　在反转信号出现前，原有趋势会一直有效

我们都知道，在物理学上有一个惯性定律：任何物体都会保持匀速直线运动或静止状态，直到外力胁迫它改变运动状态为止。股价运动也有类似的规律，趋势一旦形成，就会一直延续，直到反转信号出现。

这个规律告诫我们：在反转信号出现前，不要过早地改变自己的仓位，不要抢跑，而应该选择继续等待。事实证明，那些能够耐心等待直到确有把握时才采取行动的人，比那些过早交易的人有更大的概率获胜。

● 道氏理论的缺陷

作为技术分析的鼻祖，道氏理论是一套非常可靠的系统，对股票操作具有较强的指导意义。但是，该理论在实际应用中也存在不少缺陷。

缺陷1　信号太迟钝

在所有对道氏理论的质疑中，这一点显得尤为突出。约翰·迈吉曾在

《股市趋势技术分析》一书中举过一个例子：一轮牛市从1942年的92.9点开始，到1946年以212.5点结束，期间指数总共涨了119.6点。但是，一个严格按照道氏理论操作的投资者在指数涨到125.8点之前是不会买入的，同样在指数跌到191点之前是不会卖出的。如此计算下来，投资者在这轮牛市中的赢利为65.2个点，仅相当于指数总涨幅的一半多一点。

即便如此，这样的投资业绩也超过了大多数人。同样是在这本书中，约翰·迈吉分析了道琼斯指数1897—1999年的变动情况，如果完全按照道氏理论操作，那么1897年投入100美元到1999年将变成362212美元，相比之下，选择一路持有的人即使在最低的29.6点买入，在最高的11762点卖出，期间所获得的收益也仅为39685元，两者相差近十倍！由此可见，道氏理论尽管面临信号太迟的质疑，但仍然不失为一种非常可靠的交易理论。

缺陷2　对中短线投资者没帮助

这一缺陷显而易见。通过前面的介绍，我们已经知道，道氏理论将股价的运行归纳为三种趋势，其中以主要走势为主，对于次级趋势和日常波动，该理论只给出很少或根本不给出任何信号。这意味着，对于中短线投资者而言，他们将无法从道氏理论中汲取营养，并在此基础上获得良好收益。

这一缺陷对于很多投资者来说，可能是无法接受的。因为一些重要的次级折返走势为投资者提供了很大的操作空间，如果他们能够很好地把握，其获利会比仅盯住主要走势进行操作的获利丰厚得多。当然，这需要冒更多的风险。

第 3 章
江恩理论

江恩理论由投资大师威廉·江恩创建，它以研究测市为主，通过数学、几何学、宗教、天文学的综合运用，建立起独特的分析方法和测市理论。江恩理论认为，在股票市场中也存在着宇宙的自然法则，股价的运行并非杂乱无章，而是可以通过数学方法来进行预测，在看似无序的市场中建立严格的交易体系。

这样的研究思路，决定了江恩理论与其他技术理论相比，会用到更多的数学工具。或许正是因为这个原因，在国内尽管江恩理论的知名度与道氏理论不相上下，但真正熟悉并掌握江恩理论的人却凤毛麟角，很多人以江恩理论太高深、复杂为由拒绝学习，甚至有人把江恩比喻为骗子，但一个不可否认的事实是，江恩本人凭借自己的理论，曾经创造了一个不可复制的神话。

● 江恩生平

威廉·江恩

威廉·江恩 1878 年出生在美国得克萨斯州的一个爱尔兰家庭，父母是虔诚的基督教徒，有深远的循道会背景。受此影响，江恩一生信奉基督教，熟读圣经，他曾经宣称自己在圣经中发现了市场循环理论。

江恩的家乡是盛产棉花之地。1902 年，在江恩 24 岁时，他做了第一次期货合约的买卖，选择的标的就是棉花，并从中获利。这并非江恩天才，他的成功来自于对知识的渴求和孜孜不倦的努力。从童年开始，他就意识到，自然法则是驱动市场的动力。为此，他花了十年时间去研究两者的关系。在此期间，他曾到英国、埃及、南美、古巴和印度等地游历，并在大英博物馆废寝忘食地研究金融市场的历史，试图发现古老数学、几何、星象与金融市场的关系。江恩正方形据说就是在埃及和印第安寺庙结构的启发下提出来的。

此后53年，他在金融市场上勤勉耕耘，不断创建并完善自己的理论，最终获得了5000万美元的惊人利润！其中，最引人瞩目的一次是1909年10月，在华尔街某杂志的编辑监视下，江恩在25个交易日中使本金翻了10倍，其中264次赢利，22次亏损，胜率高达92.3%。此战让他在华尔街声名鹊起。

江恩一生著作颇丰，先后著有《股市行情的真谛》、《华尔街股票选择器》、《江恩投资哲学》和《华尔街四十五年》等作品。此外，他还举办各种技术分析讲座，收费惊人，前来听课的大都是那些高素质的专业银行家和基金经理。

1950年，江恩因健康原因将生意卖给了合伙人，自己则隐居在迈阿密，1954年江恩被发现患有胃癌，一年后去世，享年77岁。

● 江恩测市法则

股票市场风云变幻，让人捉摸不定，但不管大盘如何涨跌，都是由股票的买入和卖出决定的，是人为交易的结果。既然是人为，就有规律可循，毕竟人性是亘古不变的，如此才有利弗莫尔“华尔街没有新鲜事”的名言。

多年的经验使江恩确信，通过对股价运行规律进行研究，可以判断未来的趋势。在此基础上，江恩发展出角度线、轮中轮、四方形、六边形等测市工具。

江恩角度线

江恩角度线，又称为甘氏线，是江恩理论中反映时间和价格关系的工具。江恩认为，时间和价格存在着数学关系，时间等于价格，价格等于时间，两者可以相互转换，当时间和价格形成四方形时，市场反转便迫在眼前。

这表明角度线并非一般意义上的趋势线，而是融合了时间和价格两个维度的一套分析体系，它打开了时间和价格不可调和但密不可分的格局。江恩本人非常重视时间在技术分析中的作用，这是因为价格的波动是不规则的，可能每周运动2个点，也可能每周运动5个点，但时间周期却是一个有规律的单位。因此，几何角度线才是真正的移动平均线，在任何时间周期图表上，都以相同速率运动。

具体而言，江恩角度线用时间单位和价格单位来定义价格运动，每一条角度线由时间和价格的关系决定，从重要的高点（或低点）向下（或向上）延伸，一共有九条角度线，用T：P来表示，其中T为时间，P为价格。

九条角度线分别是1：1、1：2、1：3、1：4、1：8、2：1、3：1、4：1、8：1，不同的比率代表着不同的时间和价格关系。例如，1：1线表示一个时间单位和一个价格单位，2：1表示两个时间单位和一个价格单位，以此类推。

理论上都好理解，但要徒手绘制江恩角度线却并非易事，它需要计算波动率，需要考虑时间、高低点、角度等参数，好在现如今很多交易软件都提供了强大的画线工具，在通达信系统里，你只需要点击工具→画线工具→江恩角度线，就能够轻而易举地在K线图上添加江恩角度线。如图3－1所示。

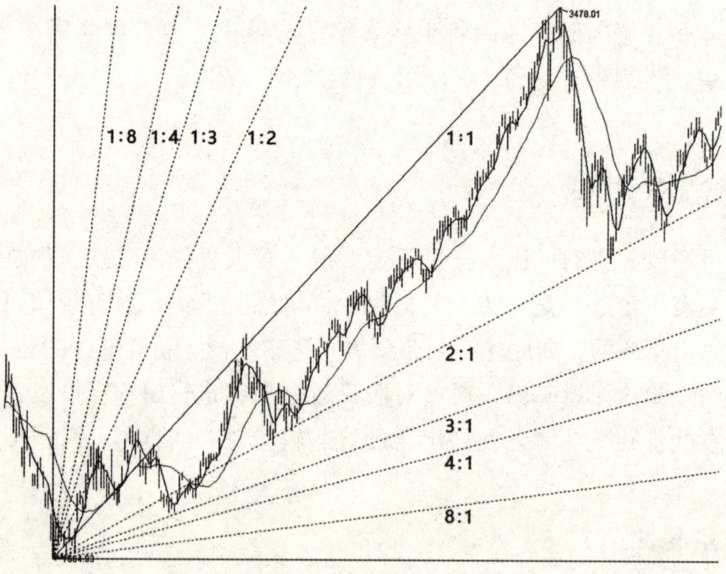

图3－1 江恩角度线示意图

江恩轮中轮

轮中轮是江恩理论中最神秘莫测而又被大家广泛谈论的工具，它涵盖了江恩理论中所有关键的技术点。江恩认为，自然法则是股市波动的基础，而在自然法则中，既有四季交替，又有主次阴阳之分，引申到股市里，必定也有短期、中期和长期循环，以及循环中的循环，就好比圣经中所述的轮中之轮。

江恩根据这一理论，设计了市场循环中的轮中之轮，并与几何中的圆形、四边形和三角形融合在一起，形成了江恩轮中轮。如图 3 - 2 所示。

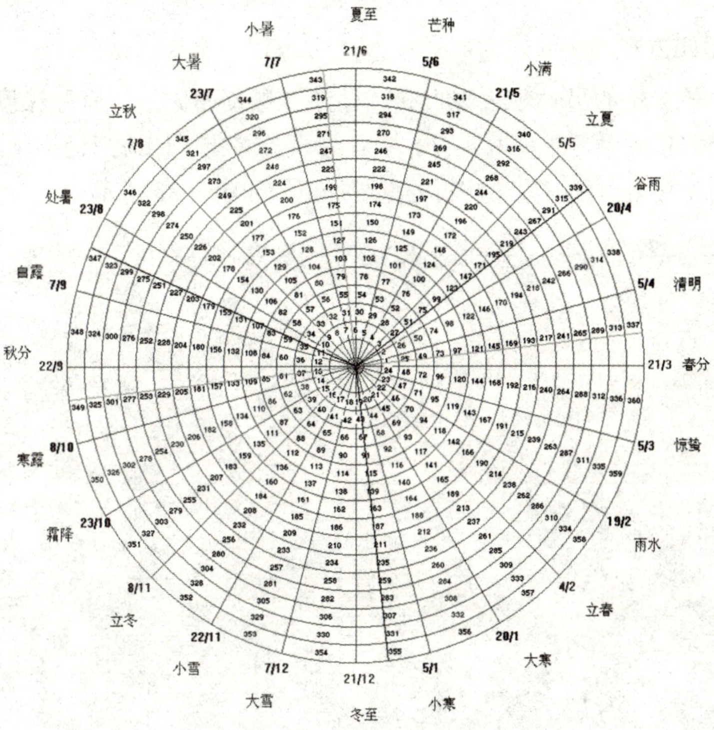

图 3 - 2　江恩轮中轮示意图

我们可以把图 3 - 2 看作是一张圆形价格数位表，它把一个圆周 360 度分成 24 等分，以 0 度为起点，逆时针旋转，每 15 度增加一个单位，经过 24 个单位完成第一个循环，依此类推，经过 48 个单位完成第二个循环……最后，经过 360 个单位完成第 15 个循环。至此，走完一个大循环，即轮中轮。

轮中的数字既可以是价格循环，也可以是时间循环。江恩认为，当市场运行到重要的时间或重要的价位时，趋势将发生逆转，而这些时间和价格往往对应着轮上的重要刻度，例如 0 度、45 度、90 度、180 度等。通过绘制轮中轮，我们就可以预知市场的价位，从而更加安全、有效地运用资金。

此外，江恩还将 360 度的圆周，按照地球的天文历时划分为春分（3 月

21日，0度）、立夏（5月5日，45度）、夏至（6月21日，90度）、立秋（8月7日，135度）、秋分（9月22日，180度）、立冬（11月8日，225度）、冬至（12月21日，270度）、立春（2月4日，315度）八个重要刻度。再结合中国的24节气，我们还可以进一步把江恩轮划分为24个重要刻度，正好对应着轮上的24等分，从而指导我们的投资决策。

江恩四方形

江恩轮中轮的另一种表现形式，是江恩螺旋四方形，简称江恩四方形，其做法是将市场循环一周八等分，在江恩理论看来，四方形的十字线和对角线上的价格极有可能是发生转折的重要价位。如图3－3所示。

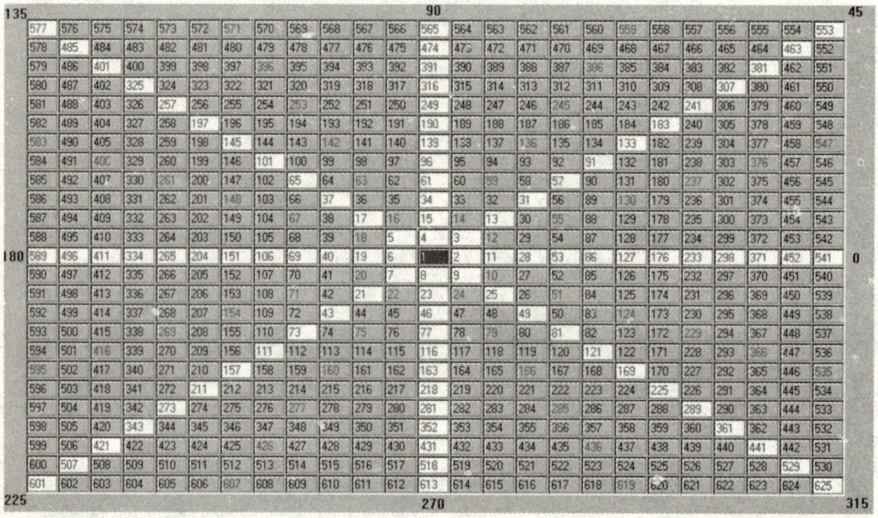

图3－3　江恩四边形示意图

我们看到在图3－3中，数字1位于中心，然后数字2、3、4……按照逆时针方向以螺旋状排列，直至完成一个完整的螺旋系列。具体绘制时，我们需要观察股价的历史走势，从中选出历史性高位和低位作为四方形的中心，然后确定价格上升或下降的单位，例如我们将2005年沪指998点作为中心，然后每一个格加上10点，就可以形成一个江恩四方形。

如果把江恩四边形的各点连接起来，我们会得到一个以逆时针按固定单位无穷增长的螺旋曲线，它之所以具备预测功能，是因为其与黄金分割线有着异曲同工之妙，只不过前者以算术级数展开，为等差数列；后者以对数级数展开，后面一项是前面一项的1.618倍。有意思的是，在著名的斐波那契数列中，1、2、3、5、8、13、21、34、55前9项都落在江恩四方形的轴上和对角线上。

江恩六边形

江恩六边形是介于江恩四边形和江恩轮中轮之间的一种图形，它把市场循环看作一个360度的圆周，然后将其六等分，每部分60度，按照逆时针方向螺旋展丌，延伸至无穷。如图3　4所示。

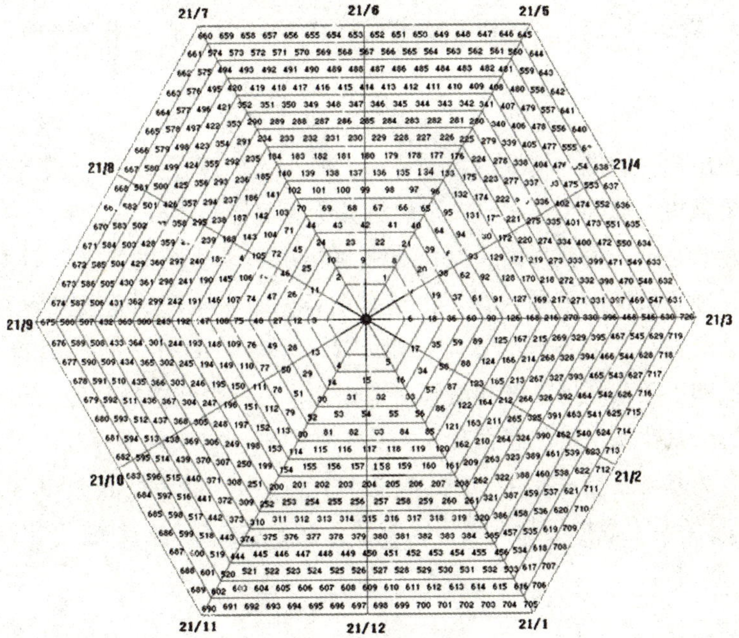

图3－4　江恩六边形示意图

我们看到在图3－4中，有很多循环：第一个循环，1—6，数字增加6；第二个循环，7—18，数字增加12……第九个循环，217—330，数字增加54，第十个循环，331—396，数字增加60……可以无穷延伸下去。

江恩六角形中的数字代表股票的价位。按照江恩理论，当股价到达六边形的某一重要角度线时，就会出现支撑力或者阻力，例如0度、180度等。

● 江恩波动法则

波动是自然界一种常见的现象，它是普遍的，适用于地球上的各类现象，例如电子围绕原子核运动。江恩认为，股票如同原子一样，是能量的核心，它们精确地受到数学法则的控制。正如钟摆会在摆动中再次返回原来的位置，股价在波动中也受到和谐与非和谐关系的驱动，呈现周期性波动。

这种波动性来自市场时间和价格的倍数关系，当市场的内在波动和外在波动产生倍数关系时，市场会出现共振现象，令股价出现向上或向下的巨大波动。举一个例子，当市场上的长期投资者、中期投资者和短期投资者在同一时间，进行方向相同的买进或卖出操作时，将产生向上或向下的共振；再比如，当均线、K 线、MACD 等技术指标均发出买入或卖出信号时，将产生技术指标的共振。

江恩理论认为，共振可以产生势，一旦势产生，就会引发人们的情绪波动，进而出现一边倒的情况。当趋势向上时，人们疯狂买入；当趋势向下时，人们惶恐抛售，形同世界末日，江恩将其称为价格崩溃。

遗憾的是，江恩在世时，并没有明确给出波动法则的定义，后人只能通过研究其理论来作出不同解释。曾经有个音乐家从乐理的角度来解释江恩理论的波动法则，认为不同的音阶会以 1/2、1/3、1/4、1/8 的形式产生共振，这些比例和倍数与江恩的波动法则密切相关，也就是江恩的分割比率。

江恩分割比例又称江恩百分比，是一种用来计算股价支撑和阻力的工具，通常以 8 为基础，首先是 1/2，其次是 4/1 和 3/4，最后是 1/8、3/8、5/8 和 7/8。大量的历史数据显示，每当股价运行到上述位置时，往往会出现明显的转势。

● 江恩时间法则

时间在江恩理论中处于绝对核心的地位，在江恩看来，时间是决定市场走势最重要的因素，因为时间可以超越价位平衡。通过研究股价运行的历史，你会发现历史确实在重演。因此，江恩认为，未来是历史的周期重现。

在此基础上，江恩建立起了一套时间周期循环理论。根据该理论，时间周期循环分为短期、中期和长期三种类型。其中，短期循环包括 1 小时、2 小时、4 小时……18 小时、24 小时，3 周、7 周、13 周、15 周、3 个月、7 个月；中期循环包括 1 年、2 年、3 年、5 年、7 年、10 年、13 年、15 年；长期循环包括 20 年、30 年、45 年、49 年、60 年、82 年、90 年、180 年。

不同的时间周期有不同的重要性。30 年循环周期被认为是江恩分析的重要基础，这是因为30年共有360个月，恰好构成一个圆周。此外，10年也是一个重要的循环周期，因为江恩发现，市场的重要底部和顶部通常相隔10年。

当然，除了10年和30年，还有江恩理论中经常提到的数字“7”。江恩是虔诚的基督徒，而基督教认为上帝用7天时间创造了世界。因此，江恩认为“7”是一个极其重要的数字，这也得到了市场的反复验证。

例如，江恩通常用7天、7周、7个月甚至7年来分析股价走势，在股价达到最低或最高点时，经过7天或7周往往可能发生转折。此外，7的倍数14、21和49等也是重要的时间周期。如果这个数字是斐波那契数×7，那这个数字将会更加神奇，例如4×7天就是一个很重要的短期周期。

● 江恩价格法则

在江恩理论中，时间法则用于揭示价格在何时发生回调，而价格法则会用于揭示价格将回调多少。那么，如何判断价格的回调幅度呢？

江恩的做法是，将价格分割成一些区间，也就是江恩价格带。这些价格带是在某段时间内的最高价和最低价基础上划分的。周期可以是数日、数周，也可以是数月、数年，具体是多少，主要取决于分析周期的长短。如果做中线分析，可以数月为周期，并观察其间的最高价和最低价，以此为基础划定价格带。

需要指出的是，价格带并不考虑时间因素，而通常是按照前一个价格趋势的百分比来划分的，人们将这样的百分比称为江恩百分比。江恩百分比是一种重要的价格分析工具，主要有三种画线方法：三分法、四分法、八分法。

我们以八分法为例。所谓八分法，就是将上一次行情中的最高点和最低点之间的涨跌幅按照1/8、2/8、1/3、3/8、4/8、5/8、2/3、6/8、7/8、8/8的比率生成百分比线。其中，4/8最为重要，它是江恩回调法则的基础。

江恩回调法则是江恩当年征战市场的一个重要法则，该法则认为在持续的价格运动（或升或降）之后，价格会朝着相反方向回调50%。如果回调至50%仍然没有反转，则价格将会继续向63%（5/8）的目标前进。

除了4/8以外，1/3（33.3%）、3/8（37.5%）、5/8（62.5%）、2/3（66.7%）四条距离较近的比率也非常重要，它们往往起到重要的支撑或压力作用。

● 江恩十二条买卖法则

上面我们介绍了江恩理论的各种技术分析方法，那么，是不是只要掌握了这些技术方法，就能够在市场中百战百胜呢？答案显然是否定的！江恩晚年用血的教训告诉我们技术分析只是一种测市工具，真正决定你输赢的则是交易方法。

为此，江恩在总结了华尔街45年投资经验的基础上，制定了一条买卖法则，这条买卖法则是江恩理论的重要组成部分。

法则1　决定趋势

顺势而为，这是投资的真谛。我们经常听人说，轻指数重个股，千万别听信这样的肤浅之言，保证本金安全永远是投资的第一要诀。在江恩看来，决定趋势是投资最为重要的一点，对股票而言，观察综合指数最为重要。

法则2　在单底、双底或者三重底买入

在后面的章节中，我们会看到很多市场底部形态，而单底、双底或者三重底就是其中比较典型的三种。江恩认为，当市场接近前期的底部、顶部或重要阻力位时，可根据单底、双底或者三重底进行买卖。

法则3　根据市场波动的百分比买卖

在江恩回调法则中，我们已经知道，当价格从高位回吐50%时，是一个买入点，而当价格在底部上涨50%时，是一个卖出点。此外，还有3%—5%、10%—12%、20%—25%、33%—37%、45%—50%、62%—67%等百分比位置也值得留意。

法则4　调整三周后入市

江恩通过对金融市场进行大量的统计后发现：当市场趋势向上时，如果股价出现三周的调整，是一个买入点；当市场趋势向下时，如果股价出现三周的反弹，是一个卖出点。此外，当市场上涨或下跌超过30天时，下一个见顶或见底的时间应为6—7周；超过45—49天时，应该留意的时间是60—65天。

法则5　市场分段运行

江恩认为，在一个上升趋势中，市场通常会分三段甚至四段上涨；而在一个下降趋势中，市场通常会分三段甚至四段下跌。所以，当上升趋势开始时，永远不要以为市场会一浪见顶，反之亦然。这个法则跟艾略特波浪理论尤其相似。

法则6　利用五至七点波动买卖

江恩理论的很多推论都建立在数字基础上。例如江恩认为，在上升趋势中，如果市场出现5—7点的调整时，可逢低吸纳；相反，在下降趋势中，如果市场出现5—7点的反弹时，可逢高减仓。当然，这个法则并不是绝对的。

法则7　观察成交量

在股票市场上，价格和成交量关系密切。因此，江恩在制订买卖计划时，特别关注每周和每月的成交量情况。他通过研究发现，当市场接近顶部时，成交量经常大增；而当市场接近底部时，成交量往往持续萎缩。

法则8　重视时间因素

在江恩时间法则中，我们已经了解到，时间是决定市场走势的重要因素，原因在于时间可以超越价位平衡，当时间到达，成交量将增加而推动股价涨跌。为此，江恩特别列出了每个月重要的转势时间，非常具有参考价值。

法则9　当出现新低或新高时买卖

这个法则很容易理解，事实上大多数右侧交易者都遵循这样的交易策略，即当股价创出新高时，表明趋势向上，可以趁机买入；当股价创出新低时，表明趋势向下，可以趁机卖出。不过，在震荡市中，这种交易策略将适得其反。

法则10　趋势逆转

根据江恩对市场趋势的研究，一个趋势逆转之前，在图表形态以及时间周期上都是有迹可循的。在时间周期方面，江恩认为应该特别留意市场假期、周年纪念日、趋势运行时间；在价格方面，江恩则建议参考九点图和三天图。

法则11　寻找最安全的买点

这一点也很容易理解。买入时机对于最终赢利与否至关重要。如果买入时机不佳，那么即使你判断正确，最终也可能亏损出局。在这个问题上，江恩的方法很传统，那就是在趋势确认后再入市是最为安全的。当然，在趋势向上时，追买的价格不能太高，在趋势向下时，追沽的价格不能太低。

法则 12　快速市场的价格波动

江恩对不同的市场走势做过较长时间的研究，在他看来，时间和价格是可以相互转换的。当市场处于超买状态时，如果调整幅度小，所需的调整时间相对而言较长；相反，如果调整幅度很大，则所需的调整时间会比较短。

● 江恩理论的局限性

任何一种理论都有它存在的价值，但同时也有它的局限性，江恩理论也不例外。从上面的介绍中，我们已经了解到，江恩理论建立在数学的基础上，它试图从天文学、数学、几何学的规律中去摸索证券市场的规律。这种尝试尽管有其合理性，但有一个前提，那就是必须承认证券市场是不可能准确预测的。

原因很简单，证券市场是一个复杂系统，它对初始条件非常敏感，任何微小的变化都会带来迥然不同的结果，这跟牛顿力学定义的机械世界完全不同，但与天气系统比较类似，它们同属混沌系统，无法用数学公式精确地定义。

事实上，江恩早年也意识到了这个问题，因此他在发展各种精确的测市工具的同时，也提出了很多的交易法则，这些法则是应对复杂系统的绝佳思路。然而遗憾的是，晚年的江恩陷入了完美主义，他非常坚定甚至顽固地企图发现市场的所有规律，片面地认为所有的市场运动都应该是和谐完美的，都可以用数学公式进行精确的描述。他看不到市场中同时存在着大量不和谐的运动，而这些运动是不可能用经典的数学公式进行描述的。

江恩晚年犯下的错误，恰恰也是很多投资者经常犯而且正在犯的错误，他们天真地认为只要掌握了技术分析，就可以精确地预测市场。然而现实是，历史上从来没有任何一个投资者纯粹通过技术分析赚取大量财富。

因此，江恩理论和其他技术理论一样，仅仅只是一种测市工具，而绝非战胜市场的武器。它们能够为我们提供某种角度的参考，但绝不是赚钱的保证。投资者如果想从市场上赚钱，就必须放弃幻想，放弃对技术分析的完美追求。

第 4 章
波浪理论

波浪理论是技术分析大师艾略特发明的一种分析工具，它用潮汐运动来类比股价运动，从而总结出其中的规律。与其他趋势分析技术不同，波浪理论可以在趋势确立前预测趋势何时结束，因此被认为是最好的预测工具。有人曾经形象地比喻：道氏理论告诉人们何为大海，而波浪理论告诉人们如何在大海上冲浪。

关于波浪理论的创立过程，还有一段曲折的故事。1871 年，艾略特出生于美国堪萨斯州，早年在一家铁路公司担任会计，此后 25 年一直耕耘于此并因为其专长获得政府赏识，于 1924 年被美国政府派往尼加拉瓜担任主会计长。可以说，艾略特早期的职业生涯顺风顺水，如果照此发展下去，他很可能在会计行业终老一生。然而，1927 年的一场大病，彻底扭转了艾略特的命运。

那一年，艾略特因为感染阿米巴原虫致使消化系统受损，不得不于 1927 年返回美国休养。两年后，艾略特的病情迅速恶化，他被迫卧病在床。但是，58 岁高龄的艾略特并不甘心因为疾病而退休，他需要找一些事情来分散病痛的折磨。于是，他全身心投入到对证券市场投资行为的研究中。

R.N.艾略特

毫不夸张地说，正是这场突如其来的疾病孕育了后来的波浪理论。在卧病休养期间，艾略特收集了美国股市 75 年的历史资料，仔细研究年线、月线、日线甚至是 30 分钟线的特征。经过五年的潜心研究，艾略特终于发现在看似混沌的市场行为中，股价是以波浪的形态有规律地向前推进的。

艾略特的发现引起了股票分析师查尔斯·柯林斯的兴趣，1935 年第一季度美国股市跌破了 1934 年的低点，就在所有投资人都惊慌失措时，柯林斯接到了来自艾略特的电报，语气坚定地告诉他，跌势已结束，未来将出现一波牛市。事后证明，艾略特的判断异常精准。此一役让艾略特在华尔街名声大噪。

成名后的艾略特不断在投资期刊上发表有关波浪理论的文章，而他的崇拜者柯林斯更是将其观点印制成一本小册子，取名为《波浪理论》。从此，波浪理论开始在投资界流传，并成为众多投资者分析市场的圣经。

波浪理论的基本形态

艾略特在研究中，对道琼斯工业指数进行了仔细观察，从中精练出 13 种形态或波浪，这些形态在市场上反复出现，但出现的时间间隔和幅度不尽相同，之后他又发现这些不同的形态可以连接起来组成同样形态的更大图形。由此他归纳出了一系列演绎法则来解释市场的波动行为。这就是久负盛名的波浪理论。

在 1938 年出版的《波浪理论》一书中，艾略特第一次向人们展示了波浪理论的核心精髓。他在书中指出，股票市场呈现出一定的规律和形态，由五个上升浪和三个下跌浪构成一个完整的八浪循环。其中，三个下跌浪作为前五个上升浪的调整。如图 4－1 所示。

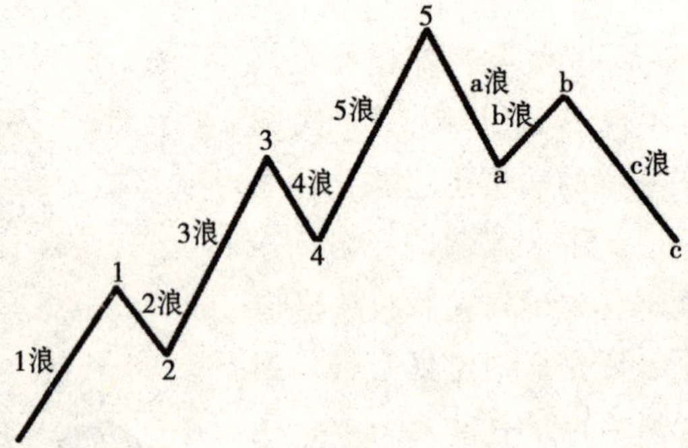

图 4－1　波浪理论的八浪循环

图 4－1 向我们展示了波浪理论最基本的形态，即八浪循环，其中包括五个驱动浪和三个调整浪。驱动浪由 1、2、3、4、5 五个波浪构成，调整浪由 a、b、c 三个波浪构成。每一浪都可以由次一级的八浪循环组成，如此

反复不断。

如果你学过分形学，你一定会惊诧于两者间的相似性。事实上，波浪理论几乎就是分形学的翻版。只是不同的分析周期，构成了不同的八浪循环。这一点我们在波浪的级别中会更详细的介绍。

在波浪理论中，有三个重要的概念：波浪的形态、波幅比率和持续时间。其中，形态最为重要。正如前面所言，波浪有两种基本的形态，一种是驱动浪，一种是调整浪。在八浪循环中，前五段波浪构成一个明显的上升浪，包括1、3、5三个向上的冲击波和2、4两个向下的调整波。在三个冲击波之后，是由三个波浪组成的一个下跌走势，是对前面五浪上升的总调整。

这是艾略特对波浪理论的基本描述，也是我们理解波浪理论的基础。细心的读者会发现，在八浪循环中上升浪和下跌浪各有四个，不管这是不是艾略特的有意安排，我们都忍不住赞叹波浪理论的对称之美。

● 基本浪：驱动浪和调整浪

在前面的分析中，我们已经知道，波浪有两种基本的形态，一种是驱动浪，一种是调整浪。这看似简单，但对初学者来说却有难度，尤其是对驱动浪和推动浪的异同，更是分不清楚。下面我们就来详加解读。

驱动浪

在波浪理论中，我们把以五浪结构进行驱动的模式叫作驱动浪，大牛市和大熊市就是标准的驱动浪。驱动浪有两个特征：其一是有趋势，即方向性；其二是走势倾泻，在较短时间内走完较长距离。驱动浪是趋势的一种表现形式，它笔直向前，总是与大一浪级同向运动，很容易认清和研判。

那么，驱动浪和推动浪有何异同呢？很简单，前者包含后者。驱动浪是主导波浪形态的浪，它分为两种：推动浪和倾斜三角形即楔形。其中，大多数的驱动浪均以推动浪的形式出现。在推动浪中，4浪不会进入1浪的区域，而且推动浪的子作用浪（1浪、3浪和5浪）本身也是驱动浪。

倾斜三角形是驱动浪的一种变异形态，一般比较少见，主要出现在第5浪，极少出现在第1浪，而第3浪属于主升浪，只能是推动浪。斜三角形通常出现在快速上升或赶底的走势中。如图4-2所示。

图4-2是上升趋势中的倾斜三角形（牛市），相对应的还有下跌趋势中的倾斜三角形（熊市），在此略过。由于倾斜三角形往往预示着趋势的逆转，

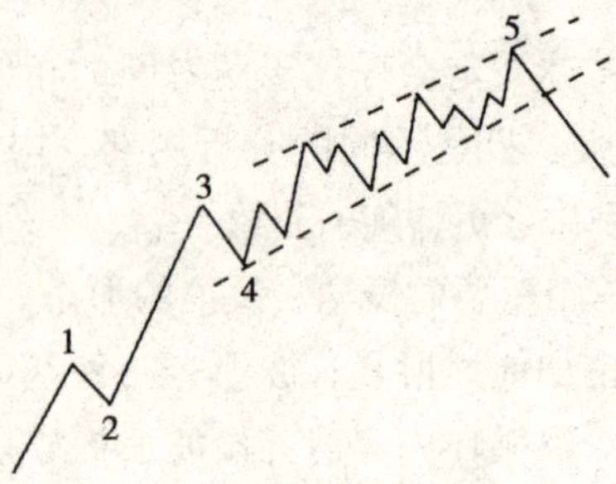

图 4-2　倾斜三角形（上升锲形）

所以我们又将它称为终结三角形。与推动浪不同，在倾斜三角形中，4 浪有可能进入到 1 浪的区域，即两者有可能出现区间的重叠。

除了倾斜三角形，驱动浪还有两种变异形态，即延长浪和失败浪。延长浪是浪的运动发生放大或拉长的现象。当浪发生延伸时，会使得原来的 5 浪上升变为大小相似的 9 浪甚至是 13 浪、17 浪。

无论是 1 浪、3 浪还是 5 浪，都可能出现延长浪，但最常见的还是第 5 浪的延长浪，如图 4-3 所示。

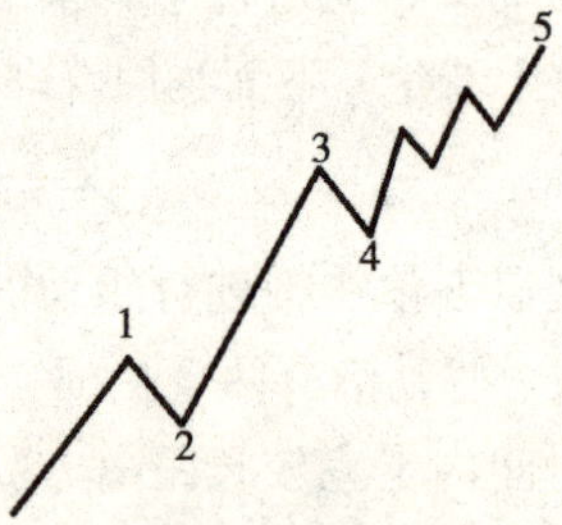

图 4-3　第 5 浪延长

事实上，在大多数推动浪的三个作用子浪中，都有一个也只有一个延长浪。这个事实可以帮助我们预测推动浪的运行长度。例如，当投资者发现第 3 浪出现延伸时，可以推断第 5 浪应该只是一个和第 1 浪相似的简单结构。

失败浪也称为衰竭浪，是波浪理论中驱动浪的一个极端，也是延长浪的反向一面。它的具体含义是，第 5 浪的高度未能超过第 3 浪的终点。如图 4-4 所示。

无论是失败浪、第 5 浪延长还是倾斜三角形，都在暗示同一件事情：反转近在眼前！所以，在复杂的波浪形态中认出这三种形态非常重要。

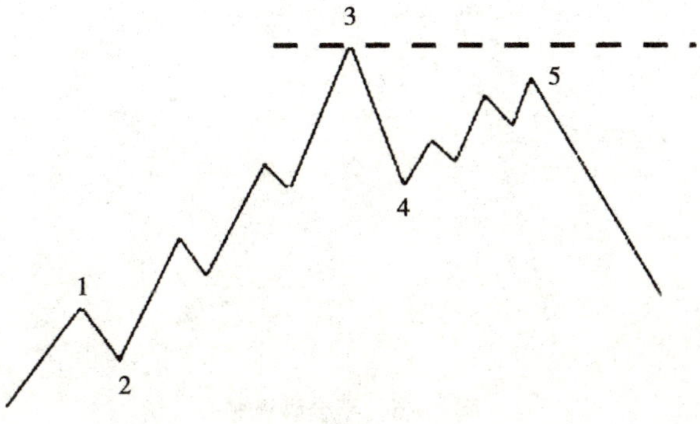

图4－4　失败的第5浪

调整浪

调整浪在波浪理论的基本形态中很简单，就是a、b、c三浪调整，是对前面驱动浪的一个修正，但在实际操作中却很难掌握，因为它是一个没有趋势的浪，其形态异常复杂，许多投资者在驱动浪上赚到的钱，往往在调整浪上又全部回吐出去。简单来说，调整浪分为锯齿形调整、平台型调整和三角形调整三大类。

锯齿形调整，又称为之字形调整，与主要趋势运行方向相反，是波浪理论中最常见的一种调整浪走势，如图4－5所示。

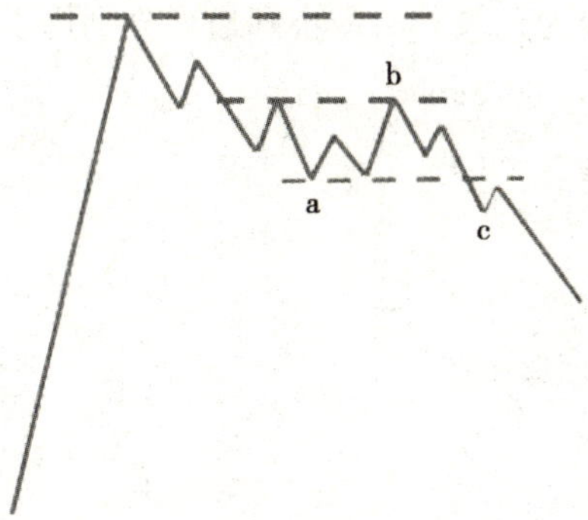

图4－5　锯齿形调整

平台型调整与锯齿形调整的区别在于，前者主要以横向震荡为主，而不是剧烈的向上或者向下，相比之下，锯齿形调整上下波动剧烈。如图4－6所示。

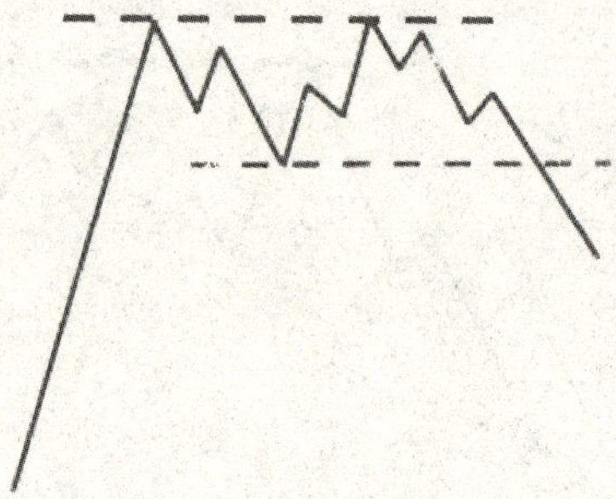

图4－6　平台型调整

三角形调整浪是一种成交量和波动性都逐渐减小的横向运动，它反映了一种力量平衡。根据不同的形态，三角形调整又可分为上升三角形、下降三角形、对称三角形和扩散三角形。在第二篇中我们会详细介绍，这里不再赘述。

● 波浪的级别

对于波浪理论而言，最大的难点，也是最精华的技巧就是级别问题。这个问题解决了，波浪的运用就会迎刃而解，也就不会出现千人千浪的情形。

那么，如何划分波浪的级别呢？对此，艾略特有过明确的定义，他将股市运行中的波浪级数分为九级，从最小到最大分别用不同的名字来命名：

1. 超大循环浪（Grand Supercycle）
2. 大循环浪（Supercycle）
3. 循环浪（Cycle）
4. 基本浪（Primary）
5. 中型浪（Intermediate）
6. 小型浪（Minor）
7. 细浪（Minute）
8. 微浪（Minuette）
9. 次微浪（Subminuette）

为了便于理解，我们可以将九级波浪进一步归纳为三个级别：大级别、中级别和小级别。其中，超大循环浪、大循环浪和循环浪属于大级别，它们持续时间长，一个超大循环浪可包含数年甚至数十年的走势；基本浪、中型浪和小型浪属于中级别，分别对应于年、月、日行情；细浪、微浪和次微浪属于小级别，需要利用每小时走势图方能加以分析。

在艾略特看来，时间的长短不会改变波浪的形态，因为市场仍会按照其基本的形态发展。波浪在运行过程中可以拉长，也可以缩短，但其根本形态则永恒不变。这意味着，尽管波浪有不同的级别，但它们都遵循五浪上升、三浪下跌的基本形态，如图4－7所示。

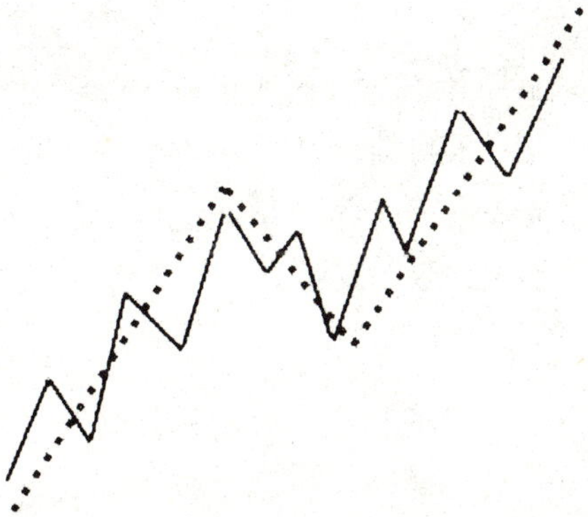

图4－7　波浪的不同级别

图4－7清晰地解释了波浪的级别问题。其中，实线走势为同级别，虚线走势是更高一级别。当然，在实际操作中，股价的走势远比这复杂得多。那么，面对复杂的行情走势，我们又如何判断某个波浪属于哪一个级别呢？

有一个简单的鉴别方法。先来看图4－8。

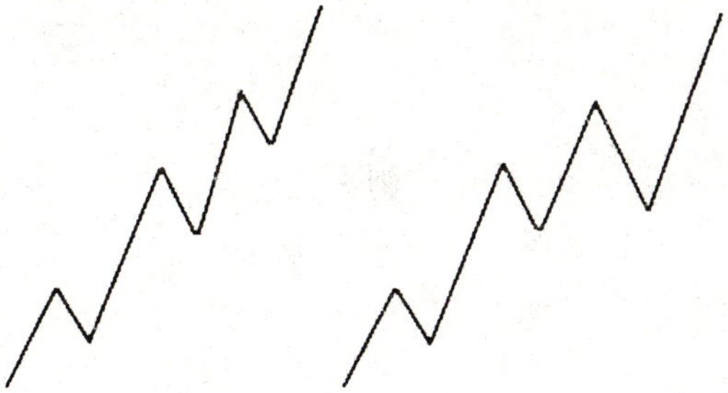

（a）　　　　（b）

图4－8　波浪级别的判断

在图4－8中，（a）走势的每一次回调都没有破前高，由此我们可以判断是同一级别的走势；而（b）走势的回调则跌破了前高，所以我们可以判断级别发生了变化。换句话说，回调破不破前高是我们判断波浪级别的依据。

● 各段波浪的特性

在波浪理论的八浪循环中，每段波浪都有不同的特点。熟悉这些特点，对我们判断波浪的属性非常有帮助。下面我们就来看看各段波浪的特性。

第 1 浪

第 1 浪在整个波浪循环开始后，此时市场上大多数投资者还未意识到上升波段已经开始。所以，在实际走势中，大部分第 1 浪属于构筑底部的一部分，相当于形态分析中的头肩底底部或者双底的右底。从力量和幅度上来看，一般不会太强，往往是不太起眼的反弹。

第 2 浪

第 2 浪属于下跌浪，是对第 1 浪上升的修正。由于市场上大多数投资者还处在熊市思维中，因此第 2 浪的回调幅度通常比较大，可能达到第 1 浪涨幅的 0.382 或 0.618，极端情况下甚至会达到 100%，杀伤力之大可见一斑。

伴随着第 2 浪的展开，成交量逐渐萎缩，股价波动幅度逐渐收窄，反映出市场抛压的逐渐衰竭，各种技术指标出现超卖、背离等现象。

第 3 浪

第 3 浪是整个波浪循环的主升浪，其上升空间和幅度经常超出投资者的预测，属于最具爆发力的一浪。在一般情况下，涨幅可达第一浪的 1.618 倍。在这个过程中，经常伴随着技术分析的突破信号，如跳空缺口等。

第 4 浪

第 4 浪是对第 3 浪的修正。由于刚刚经历了第 3 浪的凌厉涨势，所以第 4 浪的调整往往比较复杂，经常出现倾斜三角形的走势。但是，第 4 浪的低点不能越过第 1 浪的高点，把握这个原则有助于我们更好地分析波浪形态。

第 5 浪

第 5 浪是一轮涨势中的冲刺阶段，其涨幅在大多数情况下小于第 3 浪。这个阶段的特点是市场人气高涨、乐观情绪充斥整个市场，但这一切只是表象，随着第 5 浪的展开，技术指标出现顶背离或钝化现象，多头力量开始衰竭。

第6浪

第6浪即a浪，紧随第5浪产生，此时市场人气高涨，大多数投资者会认为趋势仍未逆转，只将其视为短暂的调整。从形态上看，a浪的调整通常以平台型调整和之字形调整两种形式出现，图表上阴线出现的频率增加。

第7浪

第7浪即b浪，尽管经历了a浪调整，但大多数投资者仍未从牛市思维中摆脱出来，看到股价止跌回升，误以为是另一波涨势的开始，而事实上b浪的出现给了投资者最后的逃命机会。这一阶段成交量稀疏，出现明显的价量背离现象。

第8浪

第8浪即c浪紧随b浪出现。由于b浪的完成使得很多投资者幡然醒悟，确认一轮多头行情已经结束，继续上涨的希望破灭，所以纷纷抛售手中的股票，指数开始全面下跌，从力量和幅度上看，c浪调整的杀伤力非常巨大。

● 波浪理论的数学基础

在介绍江恩理论时，我们曾经领略过数学之美。无独有偶，波浪理论与数学同样存在千丝万缕的关系，尤其是斐波那契数列。艾略特在他的《自然法则》一书中指出，斐波那契数列是波浪理论的数学基础。

那么，什么是斐波那契数列呢？所谓斐波那契数列，是13世纪意大利数学家斐波那契在研究兔子繁衍问题时提出的。一般来说，兔子在出生两个月后就有繁殖能力，一对兔子每个月都能生出一对小兔子来。如果所有兔子都不死，那么一年以后可以繁殖多少对兔子呢？计算结果见表4－1。

表4－1　兔子繁殖计算表

经过月数	0	1	2	3	4	5	6	7	8	9	10	11	12
幼崽对数	1	0	1	1	2	3	5	8	13	21	34	55	89
成兔对数	0	1	1	2	3	5	8	13	21	34	55	89	144
总体对数	1	1	2	3	5	8	13	21	34	55	89	144	233

从表4－1可以看出，幼崽对数、成兔对数、总体对数均构成一个数列。这个数列的特点是前面相邻两项之和构成了后一项。我们将1、1、2、3、5、

8、13、21、34、55、89、144……这样一个数列称为斐波那契数列。

如果我们从第5个数字开始，用任意一个数字与相邻的后一个数字相除，会发现其比值趋向于0.618，如5/8 = 0.625，8/12 = 0.615，13/21 = 0.619……越往后，波动幅度越小。而我们都知道，0.618正是著名的黄金分割比例。

那么，斐波那契数列与波浪理论究竟有何关系呢？细心的读者可能已经发现，在波浪理论里，一个完整的周期包含8浪，其中5浪上升3浪下跌，而这三个数字都是斐波那契数字。当然，波浪理论与斐波那契数列的关系绝不仅仅局限于此，在每个波浪之间还存在比例关系问题，例如将1浪乘以1.618，然后加到2浪的低点上，大致就是3浪的目标价；将1浪乘以3.236（=2×1.168），然后分别加到1浪的低点和高点上，大致就是5浪的最高和最低目标价。

在估算百分比回撤时，斐波那契比值也是一个重要的参考。例如，我们比较熟悉的回撤比例1/3（33%）、1/2（50%）和2/3（67%）都是斐波那契比值，它们预示着重要的支撑和阻力区。

此外，斐波那契数列还为我们提供了重要的时间参考。例如，投资者往往把5、8、13、21、34、55、89等数字视为重要的变盘时间窗口。

● 波浪理论的三大铁律

波浪理论虽然神奇，但也常常因为千人千浪而备受质疑。那么，如果在实践中减少对它的误读呢？有三个铁律必须时刻牢记在心。换句话说，只有满足了以下三大铁律，才能保证你对波浪的解读是正确的。

铁律1　2浪回调不能低于1浪起点

铁律1很容易理解，我们用浅显一点的话来讲，就是上升趋势中的回调不能创新低，否则这个趋势就是无效的。事实上，在实际操作中，创新低和创新高也常常是我们判断趋势逆转的信号之一。

铁律2　3浪不能最短

通过前面的分析，我们已经知道在八浪循环中，3浪是主升浪，也是最具爆发力的一浪。但这并不意味着3浪必须是最长的，在很多情况下，往往会有其他的浪长于3浪。只不过在5浪上涨中，3浪不能是最短的一个浪。

铁律3　4浪不能与1浪重叠

很多人对铁律3疑惑不解，因为在实际操作中，我们经常看到4浪和1浪重叠，换句话说，4浪的低点跌破了1浪的高点。那么，如何理解铁律3呢？事实上，4浪不能与1浪重叠的前提是我们判断4浪和1浪同级，如果两者重叠，那意味着4浪尚未形成，你看到的只是正在形成中的3浪而已。

● 波浪理论的三大原则

除了三大铁律外，波浪理论还有三大原则。

交替原则

交替原则很有意思，它告诉我们：在每一个相似的波浪中，会出现不同的模式，不要因为上一个循环周期是某种形式，就认为下一个循环周期也必如此。

具体而言，交替原则呈现出简单与复杂、上升与下跌、驱动与调整、规则与不规则的关系。例如，2浪为锯齿形调整，4浪多半是平台型或三角形调整；2浪剧烈回调，4浪可能是长时间调整；2浪简单，4浪可能复杂。

斐波那契原则

有关斐波那契原则的内容，我们在讲波浪理论的数学基础时已有涉及，即八浪循环中的波动比率遵循斐波那契数列。例如，3浪为1浪的1.618、2.618，2浪回调为1浪的0.382、0.5、0.618，4浪回调为3浪的0.382、0.5，5浪为1—3浪的0.618，等等。在时间上，也遵循这样的原则。

修正波纵深原则

修正波纵深原则用来衡量修正波的回撤幅度。一般来说，修正波会到达小一级别4浪的低点附近。在强势行情中，只创新高不创新低。对于投资者而言，此时的小一级别4浪低点是一个很好的阻力位，可以借机止损。

第 5 章
其他技术理论

前面我们分别介绍了道氏理论、江恩理论和艾略特波浪理论。除了这三大理论外，技术分析还有其他各种理论，尽管它们在知名度上不如三大理论，投资者也无须完全掌握它们，但了解它们有助于构建我们自己的操作系统。所以，在接下来的章节中，笔者特意精选了其中的六种理论进行介绍。

● 箱体理论

箱体理论是由英文 Box Theory 直译过来的，最早产生于华尔街。说起它的创始人尼古拉斯·达瓦拉，颇有几分传奇色彩，因为这个人完全就是一个股票门外汉。他之所以创立箱体理论，在很大程度上是一种机缘巧合。

达瓦拉 1920 年出生在匈牙利，31 岁时移居美国，刚开始是国际职业舞蹈团的舞蹈家。在 1952 年的一次演出中，由于主办方经费紧张，只好用某只股价不到 1 美元的股票共 6000 股作为酬劳。两个月后，达瓦拉惊讶地发现，股价上涨到每股 1.9 美元，他当即卖出股票净赚 8000 美元，从此迷上了股票市场。

在此后的 18 个月里，达瓦拉先是经历了一连串亏损，然后痛定思痛，通过不断反思，最终发展出一套有效的理论，并从股票市场上赚到了 200 万美元。后来，达瓦拉在自己的书中详细介绍了这套理论，即箱式炒股法。

箱体理论的原理很简单，该理论认为，股价在运行过程中会形成一定的价格区域，换句话说，股价是在一定范围内波动的，这样就形成了一个股价运行的箱体。当股价跌至箱体底部时，会受到买盘的支撑，股价出现反弹；当股价涨至箱体顶部时，会受到卖盘的抛压，股价出现回调。如图 5 - 1 所示。

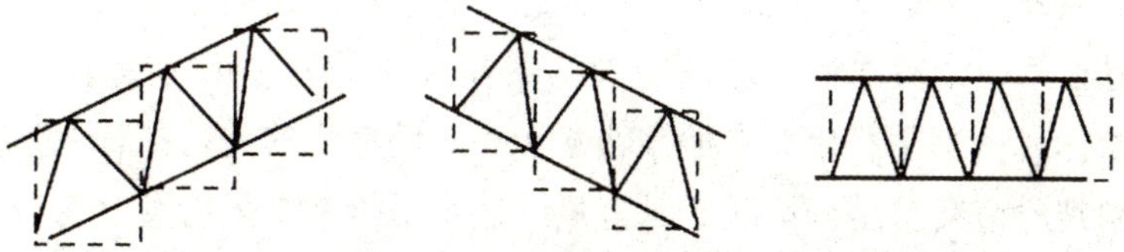

图5-1　箱体的移动方式

图5-1向我们展示了股票箱体的移动方式。从图中可以看出，箱体并不一定是平行移动的，它也可以是上涨趋势中的箱体或者下跌趋势中的箱体。

当然，股价不会一直在箱体内震荡，总有一天它会突破箱体的顶部或底部，进入一个新的箱体运行。在这种情况下，原箱体的顶部或底部将成为重要的支撑位和压力位。因此，当股价突破箱体上沿时，意味着股价的突破，未来必然进入上涨周期，此时正确的做法是买入或持股待涨，反之亦然。

箱体理论的优势在于，它不仅仅是以一天或几天的K线数据为研究对象，而是以整个箱体内的所有K线数据作为研究对象，因而决策的信息量更大。但也正是因为这个原因，在实际操作中，箱体的表现形式远比图5-1复杂得多。

我们知道，波浪有不同的级别，同样的，箱体也有不同的级别。在艾恩箱体理论中，箱体被分为大箱体、中箱体和小箱体。一个大箱体内有两个中箱体，一个中箱体内有两个小箱体。此外，还有子箱体、孙箱体。大箱体用于研判长期走势，中箱体用于研判中期走势，小箱体用于研判短期走势。

不同的箱体在阻力位的确认上有不同的标准。限于篇幅，这里不再赘述，感兴趣的读者可以参阅相关的内容。在笔者看来，箱体理论的意义在于帮助我们厘清买卖股票的思路，而不是纠结于具体的理论上。例如，在股价突破箱体前，我们的策略应该是高抛低吸，而一旦股价突破箱体，则应该采取突破建仓法。

● 量价理论

熟悉技术分析的人都知道一句话：股市里什么都可以骗人，唯独成交量不会骗人。这句话充分显示了成交量在技术分析中的重要性。从历史上看，很多技术派大咖都非常重视成交量指标，例如在著名的江恩十二条买卖法则中，第七条就是观察成交量。不过，江恩并非量价理论的创始人。

世界上第一个提出量价理论的人是美国人约瑟夫·格兰威尔。他在《股票市场指标》一书中指出，在股票市场上，“量是价的先行指标”，量的变动直接影响到股市交易是否活跃，没有量的发生，价就不可能发生变动。

因此，有经验的投资者把成交量当作观察和衡量股价变动的工具，寻找主力动向，选择进场和退出的时机，因为他们知道技术指标千变万化，唯有成交量才是实打实的买卖。那么，成交量和股价都有哪些关系呢?

量增价增

当股价上涨时，成交量也随之放大，说明价格上涨得到成交量的支撑，后市继续看好。需要注意的是，当股价出现在相对高位时，如果成交量突然放大，并创出天量，可能是一个危险的信号。所谓天量天价，天量出现后，天价也就出现了，此时最稳妥的做法是适当减仓，以规避短线风险。

量增价跌

股价下跌的同时，成交量也随着放大。这种形态一般出现在下降通道中，说明卖出筹码多，抛压沉重。对于这种形态，投资者要注意规避风险。当然，从另一个角度来看，一只股票如果在低价区出现放量，说明有资金接盘，有望形成底部或出现反弹，投资者可以适当关注。

量增价平

在成交量增加的情况下，股价却在某一区间内上下震荡。出现这种情形意味着多空双方分歧比较大。量增价平既可以出现在上涨行情中，也可能出现在下跌行情中。当它出现在上涨行情的末期时，代表抛压增加，股价随时可能下跌；当它出现在下跌行情的末期时，代表有新资金介入，估计随时可能反弹。

量缩价增

当股价上涨时，成交量不但没有相应增加，反而减少，也就是我们通常所说的缩量上涨。一般分为两种情况：一种属于惜售现象，筹码高度集中，主力高度控盘，如果随后有成交量跟进，可持续看多；一种是顶背离，虽然股价上涨，但鲜有人跟进，曲高和寡，后市有可能出现雪崩式下跌。

量缩价跌

量缩价跌是指随着成交量的减少，股价也同步下跌。这是量价关系的一种常态，说明买盘衰减，人气涣散。此时，投资者应暂时观望。当然，也不排除主力洗盘的可能，尤其是股价经过一波上涨后，在中级调整中经常出现这种形态。

量缩价平

成交量不断减小，而股价保持横盘不跌。这种情形如果出现在上涨过程的初期，往往是洗盘的表现；如果出现在上涨末期，往往是主力出货的形态。一旦平台被打破，极有可能出现暴跌。

量平价增

股价在成交量走平的情况下持续上涨，表明市场人气较好，主力控盘能力很强，后市看涨。遇到这种形态，投资者应选择持股观望，直至量能发生改变。

量平价跌

股价持续下跌，成交量却没有随之放大，这说明市场并没有形成一致看空的态势，后市股价有可能出现触底反弹。

量平价平

股价和成交量同时处于横盘整理中。量平价平的形态通常出现在上涨过程中的盘整期，或者下跌过程中的盘整期。

● 亚当理论

亚当理论是美国人 J. W. 威尔德创立的投资理论。很多人也许对这个名字感到陌生，但如果我们说 RSI（相对强弱指标）、SAR（抛物线指标）、MOM（动力指标）和 OSC（摇摆指数），那熟悉技术分析的人，几乎是无人不知无人不晓。而这些技术指标全部出自一个人之手，他就是 J. W. 威尔德。

威尔德是一个狂热的技术分析者，他经常半夜起床，把自己在睡梦中的想法写成计算机程序，很多著名的指标就是在这个过程中诞生的。但奇怪的是，威尔德后来放弃了这些分析工具，他另起炉灶，推出了一套崭新的理论——亚当理论，而这套理论几乎与技术分析中常用的数学工具毫无关联。

还记得江恩在提出一系列技术分析工具后，为我们总结的十二条买卖法则吗？在笔者看来，威尔德之所以在后期放弃了纯粹的技术分析，其原因一点也不复杂。打个比方，如果技术分析是功夫，那么操作系统就是内功心法，一个人即使功夫再高，如果缺乏内功修为，也会走火入魔，最终误入歧途。

亚当理论正是威尔德的内功心法，它告诉我们：任何技术分析都有缺陷，都无法准确预测市场。如果技术分析真的能准确预测市场，那么掌握了RSI、SAR等技术指标的人，就可以毫不费力地成为百万富翁。但实际上，正是那些迷信RSI、SAR等技术指标的人在股市里亏得一塌糊涂。

如何解释这一现象呢？威尔德认为，必须放弃主观的技术分析，炒股就是要顺势而为，不可逆势而为。具体来讲，需要遵循以下十大守则：

守则1　赔钱的仓位绝不加码。很多投资者在被套后，喜欢越跌越买，但亚当理论认为，赔钱说明你的判断错误，此时最佳的策略是及时止损。

守则2　新开仓的同时，设定好止损位。俗话说，不打无准备之仗。大多数投资者在买入之前，只想着赚钱，压根儿没考虑过如果赔钱怎么办？这也是他们一旦被套，就被套牢的原因。事先设定止损位，有助于我们减少损失。

守则3　除非朝有利方向发展，否则绝不取消或移动停损。当你赢利时，你可以通过平移止赢来扩大战果，但是当你亏损时，一定不能心存幻想。

守则4　不要让小错变成大错。如果你已经设好止损位，那么一旦股价向下突破止损位，就要立即退场，留得青山在，不怕没柴烧。

守则5　任何一笔操作，或者任何一天，不要亏掉本金的10%以上。这个标准其实有点宽松，很多严谨的投资者都会把止损位设在5%以内，一旦本金回撤5%，将无条件止损。记住，任何时刻都不要冒亏大钱的危险。

守则6　不要试图抄底或逃顶。很多投资者总是渴望抓头部和底部，但大多数人都因此赔了钱，原因很简单，抓头和底的赌注只有一次是对的。

守则7　别挡在列车前面。趋势一旦形成，就不会轻易改变。此时如果逆势而为，豪赌趋势会逆转，无异于螳臂当车，最终的结果必然是玉石俱焚。

守则8　保持弹性。记住，你可能会错，亚当理论可能会错，世界上任何事情都可能出错，因此不要一次赌上自己的身家性命，任何投资都要留有后手。

守则9　操作不顺手时，不妨休息一下。如果你一再亏损，那么最好的选择就是暂时离场，让自己的情绪冷静下来，等头脑变得清醒一些再说。

守则10　认清自己。在市场上，如果你想赚钱，就必须认清自己。亚当理论不是灵丹妙药，你不会因为使用亚当理论或其他理论就成为赢家。它只是告诉你一个进场的理由，即市场有很高的概率朝某个特定方向移动一段时间。

● 随机漫步理论

随机漫步理论历史悠久，早在1900年法国数学家路易·巴舍利耶就首次提出金融资产价格服从对数正态分布的假设，并认为股票价格服从布朗运动（物理学中的一种无序运动），这也成为随机漫步理论和有效市场假说的共同源头。

1964年，保罗·H. 库特纳在《股票市场价格的随机行走特点》一书中，第一次集中介绍了随机漫步理论，次年芝加哥大学经济学教授尤金·法玛正式提出有效市场假说，该假说认为股价价格总是正确的，因此市场走势是随机的，没有人能够预测市场未来的方向。而该假说，正是随机漫步理论的核心精髓。

随机漫步理论认为，股票市场上有成千上万的精明人士，他们决策理性，每个人都懂得分析，而且市场上的消息是公开的，所有人都可以知道，并无什么秘密可言。因此，股票现在的价格已经反映了供求关系，离本身价值不会太远。

正是基于这样的判断，随机漫步理论指出，股价的波动是随机的，就像一个在广场上行走的人一样，下一步走向何处是毫无规律的。一件不起眼的小事也可能对市场产生巨大影响，从长期来看，股价上下波动的机会差不多是均等的。

显然，随机漫步理论对技术分析而言，是一种彻头彻尾的颠覆！后者认为市场是可以预测的，而前者则否定了这种可能性。因此，随机漫步理论一经提出就遭到技术分析人士的猛烈抨击，包括约翰·迈吉、约翰·墨菲等技术派大咖都曾对该理论进行过无情的鞭挞，这些反驳据理据实，可谓难以辩驳。

那么，究竟哪一派的观点更靠谱呢？在笔者看来，两派都有其合理的一面，只是他们都走入了极端，如果偏听偏信很容易走向极端。技术分析认为，市场是可以预测的，这显然不是事实，除了预测以外，内功心法也很重要；随机漫步理论认为，市场是不可预测的，这显然也不是事实，市场不可能是完美的，信息不可能畅通无阻，投资人也不可能完全理性，这使得市场表现出某些规律性。

总之，抛弃理论的束缚，灵活掌握和利用才是正道！

● 相反理论

相反理论的核心思想很简单，该理论认为：在投资市场上，当所有人都看好时，说明牛市已经见顶；当所有人都看空时，说明熊市已经见底。

这种投资思想自古就有之，中国古代商人早就明白奇货可居的道理，越是人迹罕至、稀缺的东西，越容易赚大钱。在股市里，我们也经常听说某个牛人在营业厅门庭稀落时买入、在人声鼎沸时卖出，然后赚大钱的传奇故事。其实，故事也好，传奇也罢，无非传递了这样一种信息：成功的道路上往往人迹罕至！

这也得到了市场数据的佐证：在股票市场上，赚大钱的往往是少数，大多数人扮演了给别人送钱的角色。当然，这并不意味着相反理论认为，只要大多数人看好，我们就要看淡，或者大多数人看淡，我们就要看好。看好看淡在很大程度上只是一种直观的感受，要想准确认清市场方向，还需要结合以下两个指标：

好友指数

好友指数从零开始，一直到100%。该指数为零，表示所有人都看淡；该指数为100%，表示所有人都看好，包括散户、基金、券商、机构投资者、报纸杂志等。在具体运用时，好友指数又分为0%—5%、5%—20%、20%—40%、40%—55%、55%—75%、75%—95%、95%—100%等比例，不同的比例反映了不同的市况，投资者可根据市况作出相应的判断。

市场情绪指标

投资者的情绪会影响他们的行为决策，进而影响到市场的整体走势。国外研究表明，市场情绪对股票收益具有预测功能，投资大师安德烈·科斯托拉尼更是认为，心理情绪造就90%的行情。在海外成熟市场上，人们经常采用直接调查的方式来编制情绪指数，比较著名的包括摩根富林明投资者信心指数、道富投资者信心指数。相比国外，目前国内主要用量化的方法来构建市场情绪指数。

遗憾的是，在实际操作中，无论好友指数还是市场情绪指标，都不是随时随处可见，难点在于如何收集相关资料上，这也限制了它们的应用。

● 循环周期理论

在技术分析者眼中，时间是一个重要的参数。很多投资大师都相信，股价的运动存在周期变化，不管什么股票，其价格都不会朝一个方向永远走下去，在波动的过程中必然会产生局部的高低点，这些高低点在时间上有一定的规律性。

比如，我们熟知的J. M. 薛斯、威廉·江恩、杰克·伯恩斯坦等人，都是周期大师。在江恩的理论中，时间处于绝对核心的地位，因为江恩相信未来是历史的周期重现。而在杰克·伯恩斯坦看来，在股市运动中存在大小不同的循环周期，大循环周期中包含着小循环周期，多个小循环周期组成一个大循环周期。

从可靠性来看，时间长短差不多的周期重复出现的次数越多，表明该周期的可靠性越高。此外，波谷比波峰更可靠，因为绝大多数的走势变化都出现在波峰上。因此，很多周期长度的度量都是从波谷到波谷的。

伯恩斯坦还根据循环周期理论，提出四种买卖信号。

突破信号

当价格向上突破向右下方倾斜的阻力线时，循环低点确立，可以买入。价格连续突破的阻力线越多，上升趋势持续的时间越长。反之亦然。

转向信号

转向信号按方向可分为向上和向下两种，按信号强度可分为普通转向和特殊转向。在这里，我们仅以向上普通转向信号为例，当日最低价低于前一日最低价，同时当日收盘价高于前一日收盘价，属于买入信号。

高低收盘价信号

如果前一日收盘价接近于最低价，而当日收盘价接近于最高价，便构成由低到高的转势特征，是买入信号。反之，则是卖出信号。

3高3低信号

如果当日收盘价高于相邻的前3个交易日的收盘价，是3高买入信号；如果当日收盘价低于相邻的前3个交易日的收盘价，是3低卖出信号。

第2篇

技术形态

前面几章，我们对技术理论进行了系统梳理，这个过程让我们对技术分析的定义、分类、方法和历史脉络有了清晰的认识。接下来，我们将转向实战，逐一介绍股票交易中涉及的技术形态、技术指标和交易策略。

第 6 章
分时图

分时图，全称分时走势图，是在坐标图上用曲线实时显示股票市场交易信息的技术图形。坐标的横轴是交易时间，纵轴分上下两部分，上半部分是指数或股价，下半部分是成交量。分时图在实战中具有重要的意义，是投资者观察多空力量变化的直接途径，也是大多数初学者学习技术分析的入门级课程。

● 分时图基础

分时图根据分析对象的不同，可分为指数分时图和个股分时图两大类。指数分时图，顾名思义，就是记录指数交易信息的分时图，如图 6 – 1 所示。

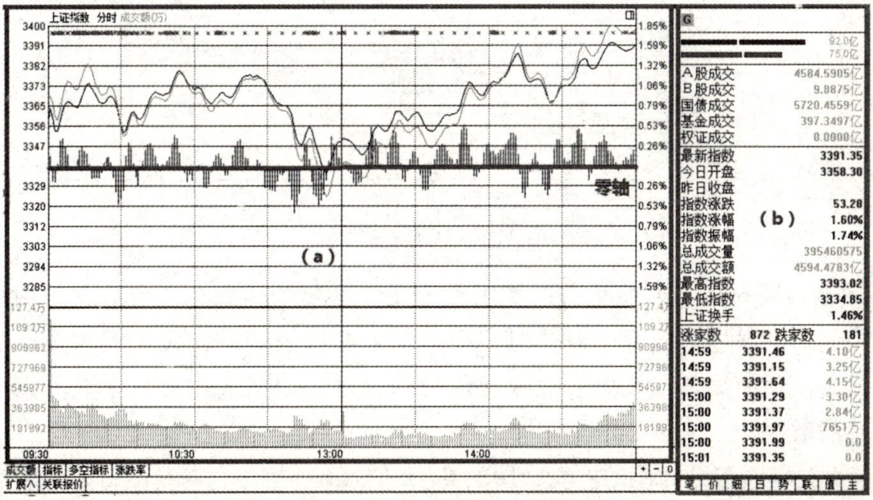

图 6 – 1 指数分时图

观察图6－1，大致可分为左右两部分，左边为图表区，右边为数据区。在图表区（a）的上半部分，有深浅两条曲线。深色曲线代表大盘加权指数，即交易所每日公布的大盘实际指数；浅色曲线（在交易软件上通常显示为黄色）代表大盘不含加权指数，即不考虑股票盘子大小，将所有股票对指数影响视为相同而计算出来的大盘指数。当指数上涨时，浅色线在深色线之上，说明小盘股的涨幅较大；浅色线在深色线之下，说明小盘股涨幅落后于大盘股。反之亦然。

在深浅两条曲线下方还有一些柱线，这些柱线反映了大盘所有股票的买盘和卖盘在数量上的比率。其中，红柱（图中为零轴上柱线）的变化代表买盘力量的增减，绿柱（图中为零轴下柱线）的变化代表卖盘力量的增减。

个股分时图，顾名思义，就是记录个股交易信息的分时图，如图6－2所示。

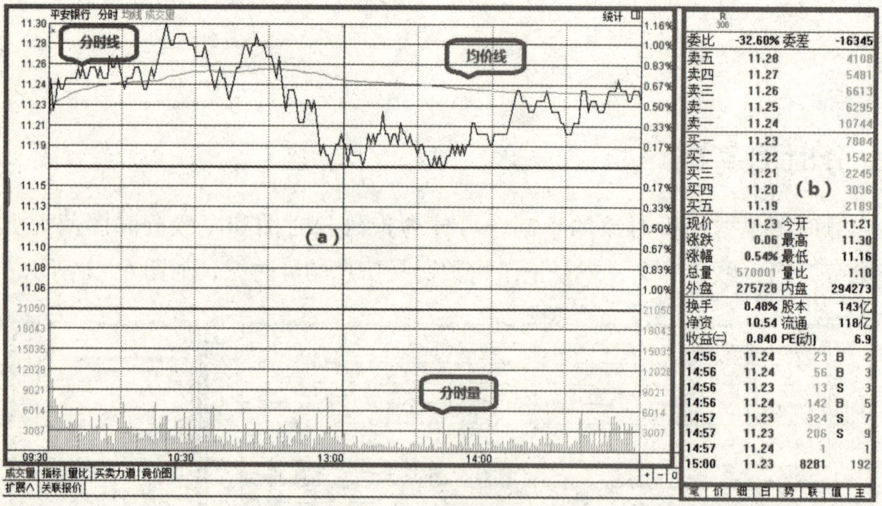

图6－2　个股分时图

观察图6－2，与指数分时图大致相当，主要的区别在于个股分时图没有中间的红绿柱，同时个股分时图中的深色曲线表示该种股票实时成交的价格，浅色曲线表示该股实时成交的平均价格，即当天成交总金额除以成交总股数。

此外，个股分时图的右侧，即图6－2的（b）栏，也与指数分时图存在显著差异。下面我们来介绍一下（b）栏中出现的一些概念。

委比、委差

委比、委差是衡量某一时段买卖盘相对强弱的指标。

委差的计算公式是：委买手数 - 委卖手数。委比的计算公式是（委买手数 - 委卖手数）/（委买手数 + 委卖手数）。数值范围从 - 100% 到 + 100% 不等，- 100% 表示全部委托均为卖盘，一般出现在跌停时；+ 100% 表示全部委托均为买盘，一般出现在涨停时；0 表示委买和委卖数量相同，多空双方势均力敌。

五档买卖

在委比、委差下面列出了买卖五个价格，分别是卖五、卖四、卖三、卖二、卖一、买一、买二、买三、买四、买五。其中，卖一是未成交的最低卖价，买一是未成交的最高买价，以此类推。

量比

量比是衡量相对成交量的指标，其计算方法是当天每分钟成交量与过去五个交易日平均每分钟成交量之比。量比反映出主力的行为，量比的数值越大，表明当天就出的资金越多，市场活跃度越高。反之亦然。

外盘、内盘

内盘是指股票在买入价成交，成交价为申买价，说明抛盘踊跃。外盘是指股票在卖出价成交，成交价为申卖价，说明买盘积极。在实际交易中，当外盘数量大于内盘时，表示买方力量较强；反之，则表示卖方力量较强。

换手率

换手率是指一段时间内某交易品种转手买卖的频率，其计算方法是用某一时间内的成交量除以发行总股数。换手率反映了一只股票的活跃性，换手率越高，说明该股票交投越活跃，属于热门股；反之，则为冷门股。

除了上面介绍的这些指标外，在分时图上还有一种指标非常重要，这就是成交量指标。我们看到，在图6 - 1（a）、图6 - 2（a）的下方有很多长短不一的柱线，这些柱线就代表了成交量。

研究成交量对于趋势的判断非常重要，因为成交量是买卖双方在成交这一时刻的认可程度，只有买卖双方均认为当前的价格是合理的，才能够成交。主动买量推动价格上升，主动卖量推动价格下跌，于是就有了量在价先的说法。

在通达信软件中，系统默认的分时量柱线为黄线。我们也可以点击

【Ctrl + D】→【设置4】→勾选【分时图中成交量颜色区分显示】来选择分时量的颜色。此时，分时量柱线显示为红绿白三色。红柱表示上涨时的成交量，绿柱表示下跌时的成交量，白柱表示平收时的成交量。量价齐升，这是最理想的上涨趋势。

综合以上分析可知，在个股分时图中有三个要素是我们应该重点关注的：分时线、均价线和分时量。分时线即图6－2中的深色曲线，均价线即图6－2中的浅色曲线，分时量则为6－2中的成交量柱线。

● 分时图走势分析

在每个交易日的不同时点上，分时图具有不同的特征。为了分析方便，我们将整个交易时段分为开盘、盘中和收盘三个阶段。下面我们分别对这三个时段的分时图走势特征进行分析。

开盘走势

分时图的开盘走势非常重要，它直接奠定了全天的基调，决定了全天走势的可能性，因此通过分析分时图的开盘走势，我们可以获得大量的信息。

首先，我们要观察股价的开盘情况，在低开、高开、平开三种情况下，多空双方的力量对比是不一样的。低开说明空头占优，高开说明多头占优，平开说明多空双方势均力敌。其次，要观察开盘后形成的第一个高点和第一个低点。这两个点连同开盘点，是我们分析全天走势的基础。

接下来，我们要观察开盘半小时的走势，很多经验丰富的投资者只需观察头30分钟的分时图，就能大概推断出全天的走势，而且八九不离十。

低开低走

低开低走是一种比较弱的走势。在这种走势下，股价不仅低开，而且开盘后连续跳水，直线下行，这说明空头力量很强。短线投资者应该及时出场，当股价跌破开盘后的第一个低点，就应该有所行动。

低开高走

如果低开后，股价直线向上，或者震荡上行，说明多头力量很强，后市有望上涨。投资者也可观察均价线的得失，如果在上行过程中，股价在均价线附近得到有力的支撑，那么后市上涨的概率更高。

高开低走

高开低走是一种虎头蛇尾的走势。在这种走势下，股价未能延续开盘时的强势，而是一路大幅下挫，或者震荡下行。对于短线投资者而言，此时应该果断卖出股票，以避免损失。尤其是当反抽止步于均价线附近时，更是如此。

高开高走

股价高开本身已经说明多头占据主动，如果此后股价继续拉升，或者震荡上行，则说明后市上涨的可能性很大，投资者可以逢低买入。这种走势如果出现在市场的底部区域，则多为行情的反转。

平开低走

所谓平开，就是开盘价接近前一日的收盘价。平开说明开盘时多空双方势均力敌。但如果平开后，股价直线向下跳水，则意味着后市看跌，尤其是在股价始终未能收复均价线的情况下，投资者更应该保持警惕，千万不可心存侥幸。

平开高走

如果平开后，股价一路震荡上行，则后市上涨的概率比较大，尤其是当股价回调时在均价线附近得到有力的支撑时，这种趋势更加明确。此时，激进的投资者可以选择在均价线附近买入，持股待涨。

盘中走势

尽管开盘走势在很大程度上决定了股价全天的运行特征，但这并不意味着我们可以高枕无忧，因为很多短期趋势的逆转就发生在盘中。作为投资者，除了观察开盘情况，还应该密切关注股价在盘中的表现。

平台上涨

平台上涨是一种典型的上涨分时图。在这种走势下，股价依托均价线震荡上行，成交量稳步放大。在这个过程中，股价没有特别大的回落，而是在每一波上涨后形成一段时间的横盘，之后继续上涨。

平台下跌

与平台上涨相反，平台下跌是指股价依托均价线震荡下行，期间没有特别大的反弹，而是在每一波下跌后形成一段时间的横盘，之后继续下跌。

冲高回落

冲高回落是一种典型的出货形态。最常见的走势是，开盘后几笔大单迅速将股价拉高，随后开始回落并击穿均价线，此后一路震荡下行。有时候，这种走势也出现在盘中，股价先是在低位徘徊，然后盘中突然拉升，随后大幅回落。

触底反弹

触底反弹一般出现在市场底部，股价在开盘后或者因为惯性，或者受到利空消息的影响，一路震荡下跌。此后，股价突然开始拉升，回到均价线以上，成交量也随着放大，这说明后续力量继续支持股价回升。

上下震荡

有时候，股价的走势并没有明确的方向性，而是选择反复震荡的格局，不断围绕某一价格区间内上下波动。这种走势既可能是上升趋势中的休整，也可能是下跌趋势中的中继，对普通投资者而言，并没有实际的参与价值。

收盘走势

熟悉盘面的投资者都知道，尾盘是最容易出现变盘的时间点，尤其是最后半个小时。因此，有经验的投资者往往会选择在尾盘进行操作。

收盘前急拉

股价全天运行平稳，只在临近尾市时才开始拉升，短时间内呈现凌厉上攻态势。这种扫盘表明主力想做多，第二天继续上涨的可能性比较大。但是，也要警惕主力拉高出货，尤其是那种旱地拔葱式的上涨，第二天很可能大幅低开。

收盘前暴跌

收盘前暴跌也是一种常见的变盘形态。在这种走势下，股价全天运行平稳，或者温和上涨，然而临近收盘的半个小时内，股价开始直线下跌，并伴随着成交量的放大。遇到这种情况，一定要及时减仓。

● 分时图买入形态

前面我们已经介绍了分时图的开盘、盘中和收盘走势。尽管这些走势都非常经典，但在实际操作中，分时图的走势远比这复杂得多。那么，面对看似杂乱无章的走势，我们究竟应该怎样精确地掌握买卖点呢？

平台突破法

股价经过短暂整理后，放量突破前一波上涨的高点，这说明有主动性买盘通吃前高附近的所有抛盘，主力向上做多的意愿比较强烈。如果后市展开新一轮的上涨行情，那么突破新高时的价位，将成为新上涨行情的起点。

我们以莫高股份为例。2009 年 5 月 29 日，该股以 18.78 元高开后，股价出现了逐级上涨的态势，每一次上涨前都经过短暂的休整，之后突破前高，继续向下一个目标位挺进，最终全天以涨停的大阳线报收。如图6－3所示。

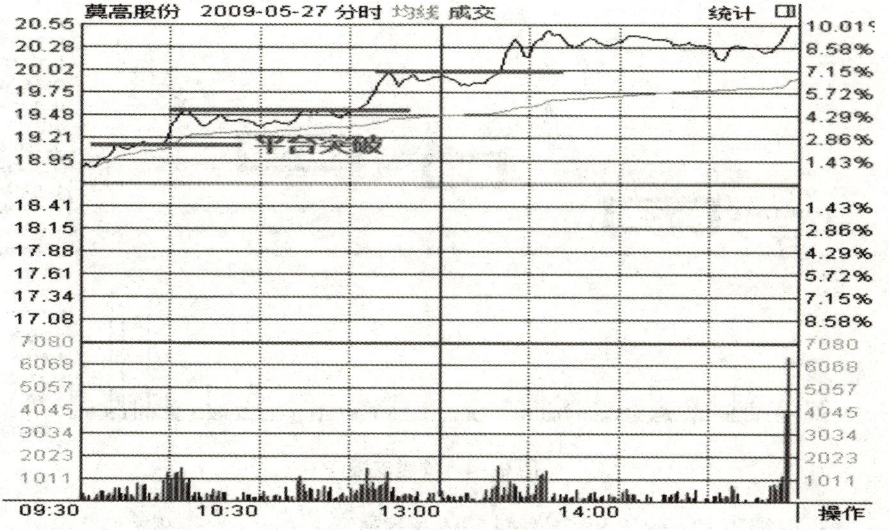

图6－3　平台突破法

均线支撑法

在分时图中，均价线具有重要的参考意义，它能够对股价起到支撑或压制的作用。在第一次支撑出现后，如果股价涨势平稳，没有出现急拉，随后出现第二次和第三次支撑走势，我们可以断定均价线的支撑有效，进而选择买入。

我们以浙江广厦为例。2011年8月11日，该股以3.95元开盘，之后在均价线的支撑下震荡上行，每次回调至均价线附近，都获得了有效支撑。如图6－4所示，每一个黑框附近的位置都是理想的买入点。

上穿均线法

前面我们提到，均价线具有支撑或压制作用。这是在股价不破均价线的前提之下，一旦股价突破均价线，那意味着短期趋势有可能逆转。因此，当股价由下向上突破均价线时，我们可以判断为上涨趋势，此时是极佳的买入时机。

我们以德赛电池为例。2010年8月17日，该股以25.27元开盘，之后股价一直运行在均价线之下，临近午盘时，股价突然拉升，上穿均价线并一举突破前高，此后在平台a附近震荡，直至再次拉升，全天以涨停报收。如图6－5所示。

二次探底法

股价在空头打压下出现当天第一次低点，之后在多头的反击下逐步上涨，此时空头再次打压，但已无力创出新低，而是在前一低点处获得支撑。这说

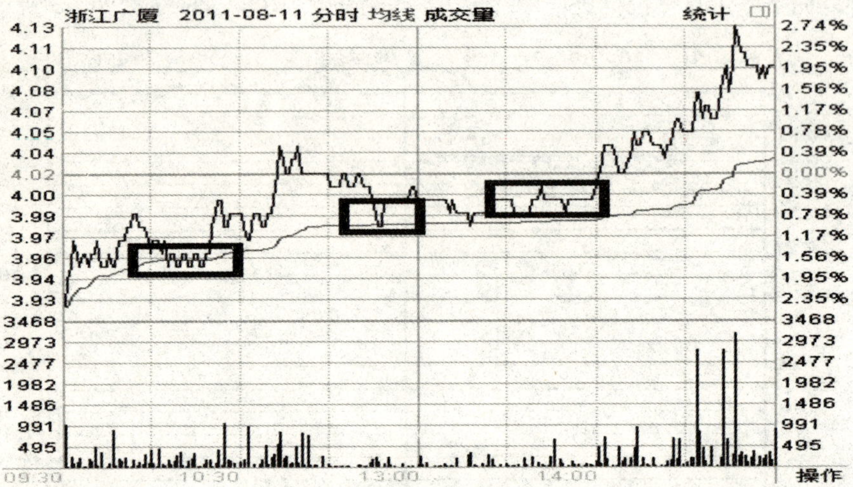

图 6-4 均线支撑法

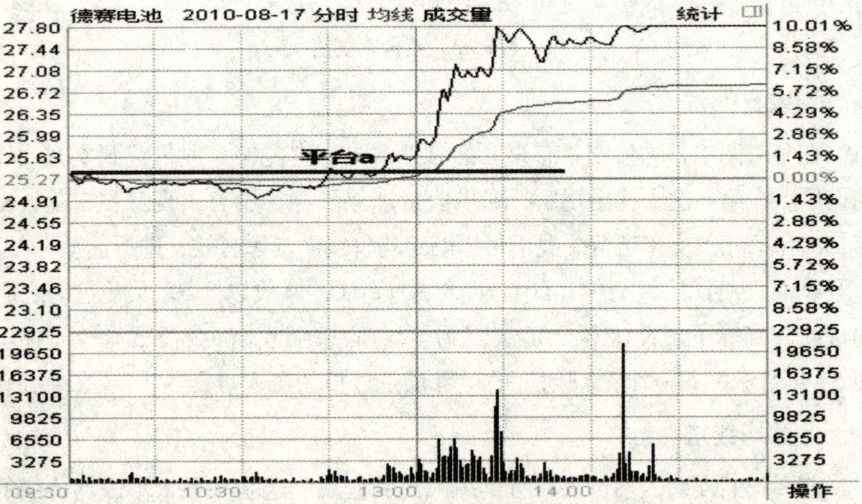

图 6-5 上穿均线法

明空头的力量已经衰竭，当股价再次站上均价线时，是一次绝佳的买入机会。

我们以大智慧为例。2015 年 9 月 16 日，该股以 8.35 元高开，随后下跌，最低探至 8.22 元，之后开始探底回升，但在触及 8.55 元后再次回落，并在前一低点附近止跌，形成二次探底形态，全天以涨停报收，如图 6-6 所示。

量比买入法

量比指标反映了成交量的变化情况，我们都知道量在价先，如果某只股

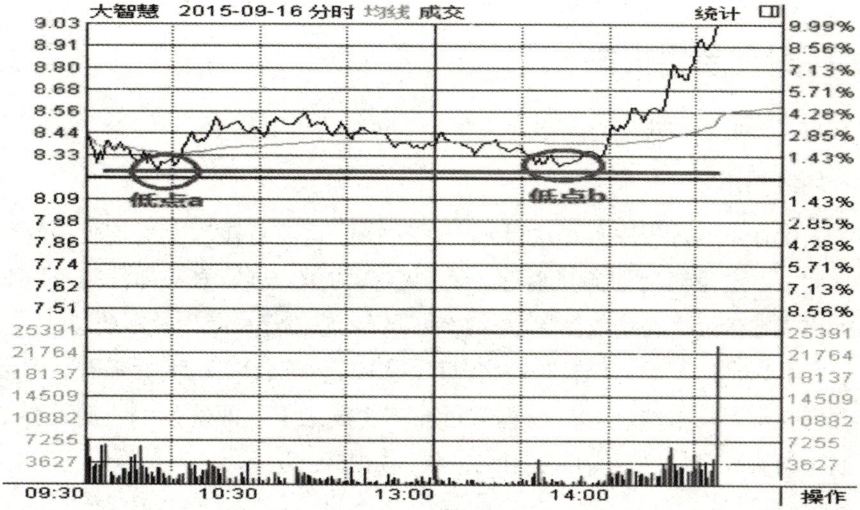

图6-6 二次探底法

票的量比在开盘后出现异动，例如比前一个交易日大数倍甚至十几倍，说明主力吸筹或拉升的愿望非常强烈，短线必有丰厚的获利空间。

我们以铜峰电子为例。2007年8月20日，该股以7.03元大幅低开，量比超过200倍，随后股价在探至6.67元后，向上持续拉升，全天成交量剧增，最终股价报收于8.00元，涨幅达到8.7%。如图6-7所示。

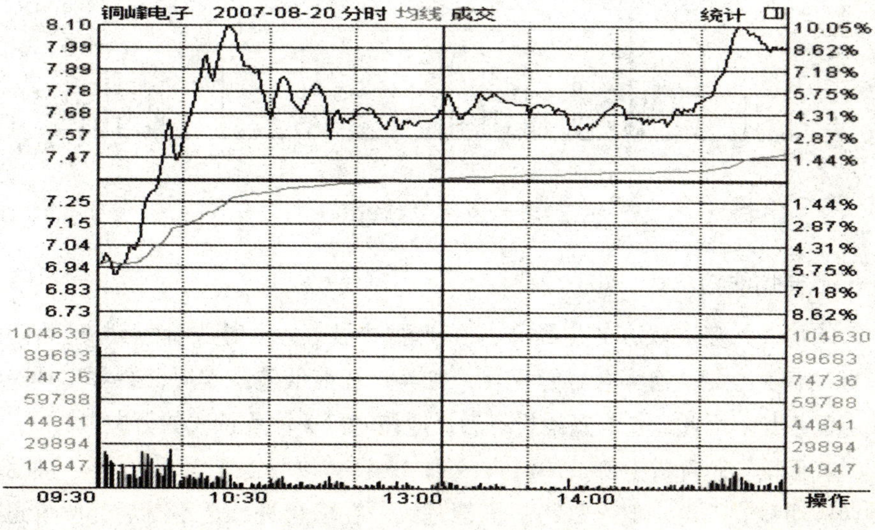

图6-7 量比买入法

● 分时图卖出形态

与买入形态相对应，卖出形态也大致可分为五类：

均线挡道法

股价在下跌过程中，每次反抽至均价线附近或者短暂上穿均价线后，就掉头向下。这是典型的弱势形态，表明空头力量很强，多头即使想反扑，也只能以失败告终。在均线挡道下，短线投资者应该逢高减磅，不要恋战。

我们以世纪星源为例。2013 年 11 月 13 日，该股以 2.58 元低开，之后稍作反弹便击穿均价线，此后一直运行在均价线之下，即使盘中一波反弹，也受制于均价线，最终全天以中阴线报收，如图 6－8 所示。

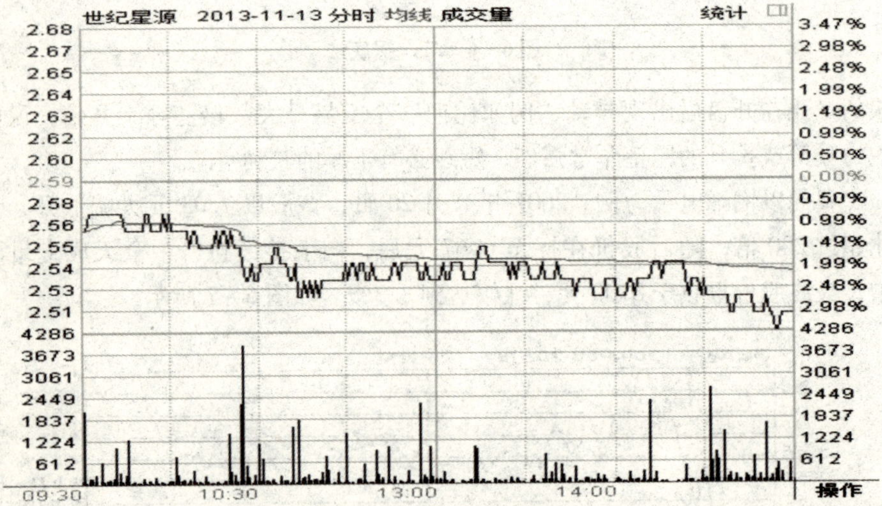

图 6－8　均线挡道法

下穿均线法

均价线是多空双方的生死线，在上涨过程中，它对股价起到支撑作用，一旦被有效击穿，趋势有可能反转，尤其是在前低被跌破后，经常出现一轮快速的杀敌。因此，作为短线投资者，应该时刻关注均价线的得失。

我们以合肥百货为例。2014 年 9 月 16 日，该股以 6.35 元高开，随后出现两波明显的上涨。但这种趋势未能延续，在横盘近一个小时后，股价迅速击穿均价线，并出现连续下跌，盘中没有任何反弹。如图 6－9 所示。

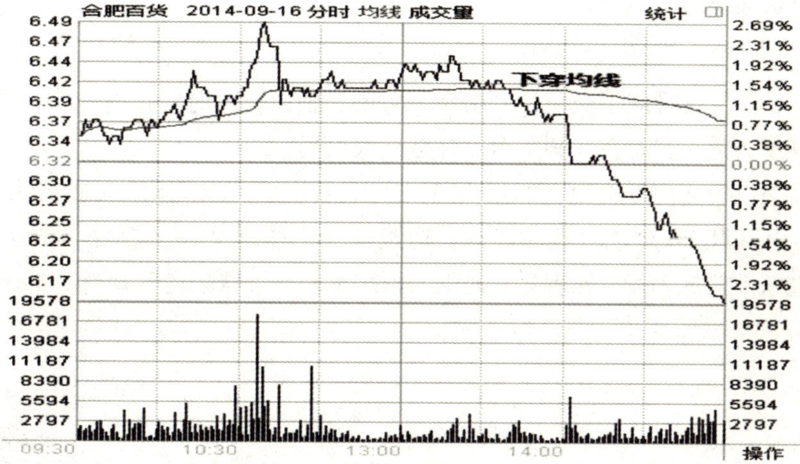

图6-9 下穿均线法

冲高回落法

冲高回落是一种比较经典的分时图形态，尤其以开盘冲高最为常见。在这种走势中，股价往往在开盘十五分钟内直线拉升，之后迅速回落并击穿均价线。如果此后股价不能及时收复均价线，那么短线就需要引起投资者的重视。

我们以黑芝麻为例。2013 年 3 月 4 日，该股以 13.05 元开盘，随后在短短十分钟内迅速拉高至 13.74 元，涨幅近 5%。只可惜好景不长，此后股价一路下跌，无力反弹，最终以 12.8 元报收，跌幅达 2.22%，如图 6-10 所示。

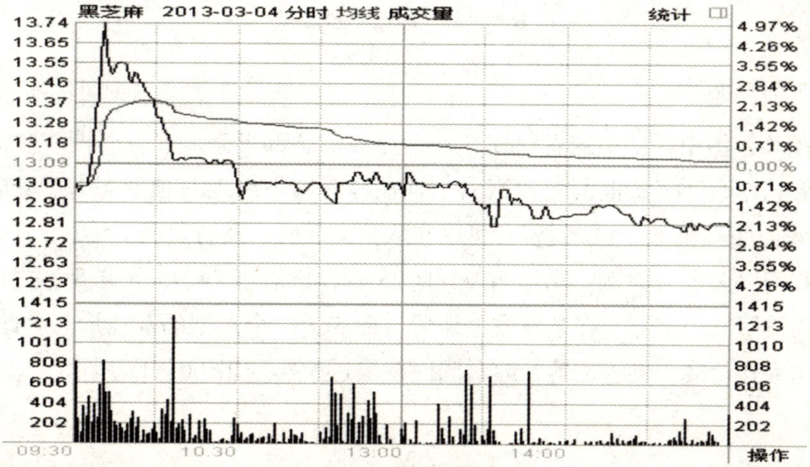

图6-10 冲高回落法

跌破平台法

股价在离均价线不远的地方进行长时间的横盘整理，并形成一个明显的平台后，突然选择向下破位，并击穿平台的最低点。此时，作为短线投资者，应该高度警觉，及时在跌破平台之际减仓或出局。

我们以东方海洋为例。2010 年 11 月 12 日，该股以 21.52 元低开后，在 21.87 元和 21.38 元之间窄幅震荡，构筑了一个整理平台。之后，临近午盘时，在跌破前低 21.38 元后突然向下大幅跳水，全天跌幅达 7.26%，如图 6－11 所示。

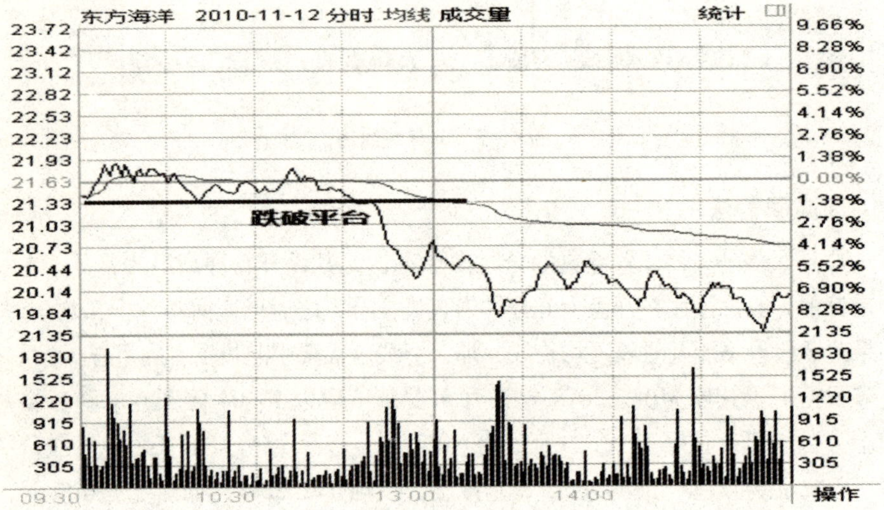

图 6－11 跌破平台法

双顶形态法

在 K 线图中，M 头或者双顶是一种经典的顶部形态。在分时图中也有类似的形态，而且含义也大致相当。一旦在分时图中出现双顶形态，意味着短线有可能冲高回落，短线投资者可以在双顶形成时，及时获利了结。

我们以天士力为例。2010 年 11 月 25 日，该股以 44.75 元开盘，之后形成了三波明显的上涨。在第三波上涨后，形成了一个典型的双顶形态。此后，股价击穿均价线，迅速回落，短时间内振幅达 5%。如图 6－12 所示。

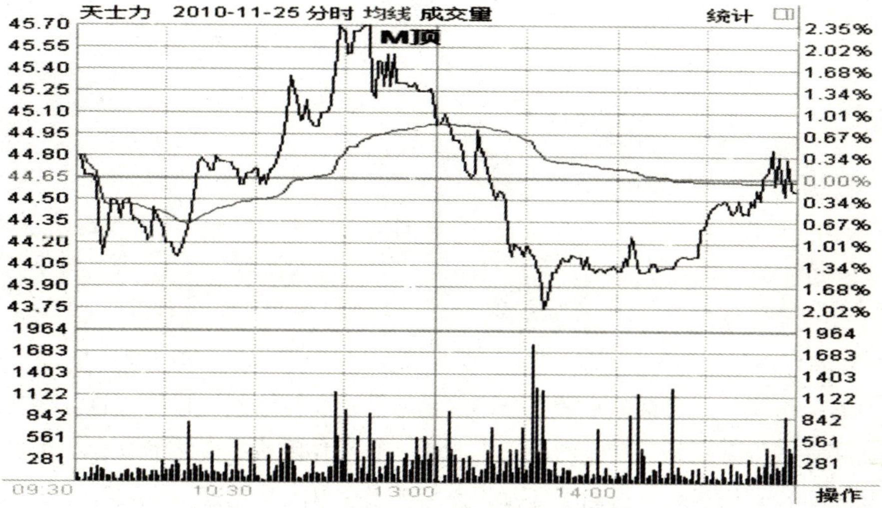
天士力 2010-11-25 分时 均线 成交量
统计
M顶
45.70
45.55
45.40
45.25
45.10
44.95
44.80
44.65
44.50
44.35
44.20
44.05
43.90
43.75
1964
1683
1403
1122
842
561
281
2.35%
2.02%
1.68%
1.34%
1.01%
0.67%
0.34%
0.00%
0.34%
0.67%
1.01%
1.34%
1.68%
2.02%
09:30
10:30
13:00
14:00
操作

图6-12 双顶形态法

第7章
成交量

在股市里，成交量是非常重要的数据，其重要性仅次于价格。这是因为，没有买卖就没有交易，只要价格发生波动，必然伴随着成交量的变化。因此，股市里有句老话：技术指标千变万化，只有成交量才是实打实的买卖。

● 成交量基础

成交量是指单位时间内的成交数量。狭义的成交量仅指成交股数，广义的成交量既包括成交股数，也包括成交金额、换手率。需要注意的是，在日常交易中人们所说的成交量指的是成交金额，英文缩写是VOL。

在图表分析中，成交量既可以绘制在分时图上，也可以绘制在K线图上，例如日K线、周K线、月K线，甚至是5分钟线、15分钟线、30分钟线等。下面我们结合图表来介绍成交量的分析基础，如图7-1所示。

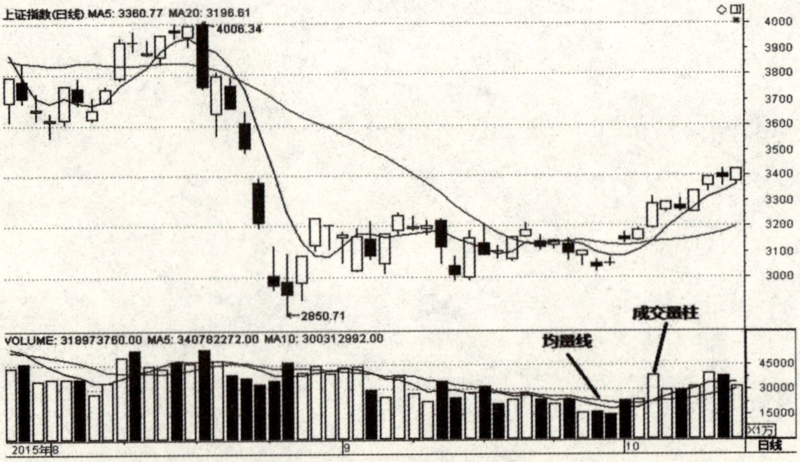

图7-1 成交量示意图

图7－1显示的是上证指数的K线＋成交量图。从图上我们可以看出，成交量显示为一根黑白柱状线，其中白线是阳线成交量，黑线是阴线成交量，与上方同一个交易的K线图一一对应。

在成交量柱上方，还有两条曲线围绕成交量柱上下波动，这就是均量线，即成交量的移动平均线，图7－1中显示的是5日、20日均量线。

在分析成交量时，投资者要注意几个原则：

首先，对成交量的分析，应该与价格、趋势联系起来，不可脱离股价变动而单独分析成交量。这一点，我们会在后面的量价分析中具体介绍。

其次，对不同板块、不同股票，分析标准应该有所区别。举个例子，对于一只大盘股来说，5%的单日换手率已经很高，但对于小盘股而言，可能超过20%的单日换手率才能称得上是大幅放量。

最后，股价上涨时需要成交量的配合，但下跌时则不需要。这就好比我们推一块石头爬坡，上山时需要不断用力，下山时则不必费力。

除了成交量柱、均价线外，量比、能量潮（OBV）、成交量比率（VR）也是我们需要关注的成交量指标。量比我们前面已经介绍过，能量潮和成交量比率我们将在“技术指标”一篇中进行专题介绍，在这里就不再赘述。

● 成交量的四种形态

通常情况下，成交量会呈现出四种量能形态。学会识别这四种量能形态，对于我们认识股价的趋势和变化非常有帮助。

放量

放量是指股票成交量与前期相比，有放大的趋势。例如，昨天的成交量是1亿元，今天突然变成4亿元。这种放量一般发生在趋势的转折点，由于市场各方对未来的分歧加大，一部分人看多，积极买入股票；另一部分人看空，急于抛售股票，于是成交量比之前显著增加。

根据放量的速度，又可分为温和放量和急剧放量。温和放量是指成交量呈小幅递增的态势，急剧放量是指成交量在短时间内成倍放大，如图7－2所示。不论温和放量还是急剧放量都没有固定的模式，它们既可能出现在上涨行情中，也可能出现在下跌行情中，不同的时期含义也不尽相同。

缩量

缩量与放量相对应，是指市场成交极为清淡，大部分人对后市的意见趋

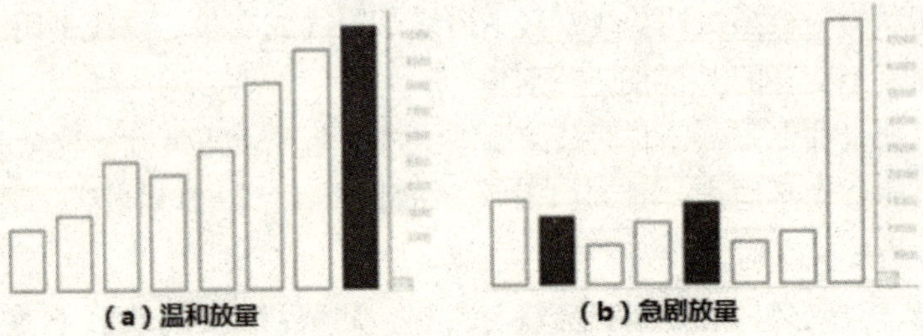

图 7－2　放量形态

于一致。这里面又分两种情况：一是投资者看空后市，只有人卖，没有人买，所以急剧缩量；二是投资者看好后市，只有人买，没有人卖，所以急剧缩量。

根据缩量的速度，又可分为温和缩量和急剧缩量。温和缩量是指成交量呈小幅递减的态势，急剧缩量是指成交量在短时间内成倍缩小，如图 7－3 所示。与放量类似，不同时期出现的缩量，其含义不尽相同，需要区别对待。

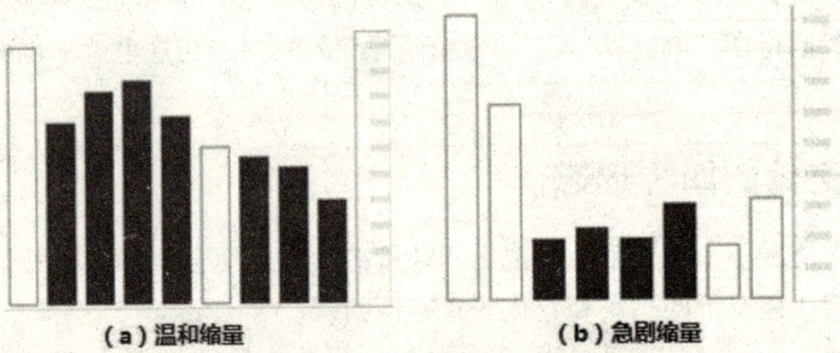

图 7－3　缩量形态

堆量

堆量是指股价经过长时间盘整后，成交量突破，出现一个像小山堆一样的放量形态。一般来讲，当股价处于底部时，堆量意味着主力吸货，未来可能出现大涨；相反，当股价处于顶部时，堆量意味着主力出货，未来可能出现大跌。

我们以底部堆量为例。图 7－4 是深华发 1996 年 1—3 月的 K 线图，该股分别在 2. 40—2. 60 元、2. 60—2. 80 元形成两次底部堆量，之后形成突破并展开了一轮波澜壮阔的行情，最高探至 17. 90 元，涨幅惊人！

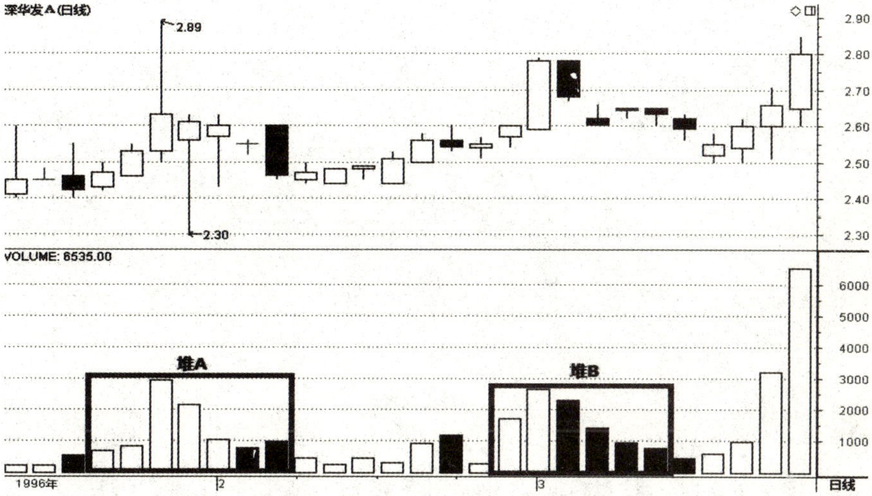

图7-4 堆量形态

锯齿量

锯齿量是指成交量不规则地放大或缩小。这种情况一般出现在没有突发性的利好消息或股价基本稳定的前提下。如果在成交量风平浪静之际，突然放出一根巨量，随后又归于平静，多半主力为了吸引市场注意，其目的是为了出货。

● 九种基本的量价关系

量价关系我们在第一篇量价理论中已经有所涉及，只不过限于篇幅，没有展开。接下来，我们将详细介绍九种基本的量价关系以及涨跌规律。

规律1 量增价平，转阳信号

量增价平是指股价在成交量增加的情况下，几乎维持不变，或者在某一价格区间内上下波动。这种形态一旦出现，表明多空双方的意见分歧比较大。量增价平可能出现在上升行情的各个阶段，也可能出现在下跌行情的各个阶段。当它出现在底部区域时，预示着主力资金在打压建仓，股价即将上涨；当它出现在顶部区域时，预示着主力资金在借机出货，股价即将下跌。

我们以吉林化纤为例。2010年7—8月，该股的股价在经过持续大幅下跌后，成交量开始温和放大，但与此同时，股价却维持在5.00—5.40元窄幅震荡。这说明做多力量在底部蓄势，此后股价果然一飞冲天，如图7－5所示。

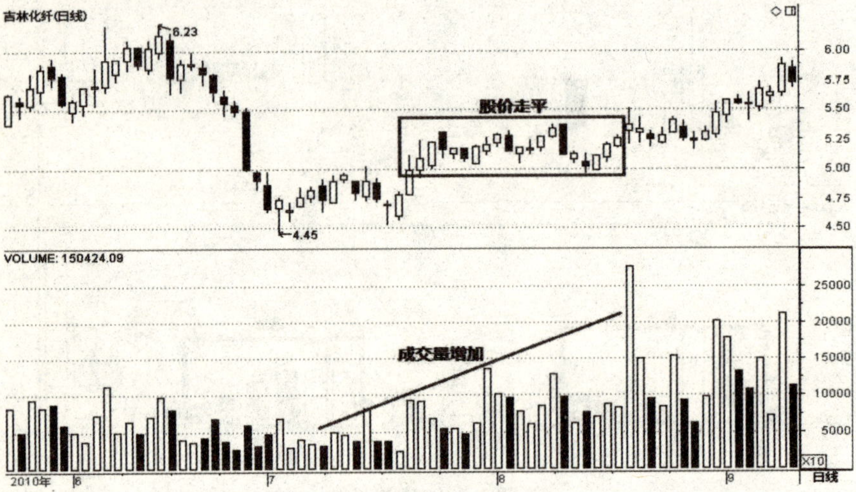

图7－5　量增价平，转阳信号

规律2　量增价升，买入信号

量增价升是指在股价的上涨过程中，成交量也随之逐渐增加。这种形态一旦出现，表明后市继续看好。原因在于，量在价先行，当某只股票的买方力量开始转强时，随着买入者增多，成交量必然逐步温和放大。

我们以轴研科技为例。该股在2015年2月9日创出新低后，成交量也跟着创出地量。之后，该股出现了量价齐升的态势，表明后市看好。

在所有的量增价升信号中，尤其以波浪式量增价升最具爆发力，遇到这种信号时，投资者应该以持股待涨为主。但同时也要注意，量增价升的持续时间不能太短，放量节奏要均匀，不能大起大落，否则股价很可能出现剧烈波动。

规律3　量增价跌，弃卖观望

量增价跌是指股价在成交量放大的情况下不涨反跌的走势，属于比较典型的量价背离的现象，大多出现在下跌行情的初期，也有小部分出现在上升行情的初期。当它出现在相对高位时，成交量的放大意味着获利盘在大量抛售出逃，随着抛盘压力增大，股价呈现下跌走势。因此，量增价跌是股票卖出的信号。

我们以德力股份为例。2011年12月，该股从22元一路下跌至16元，期

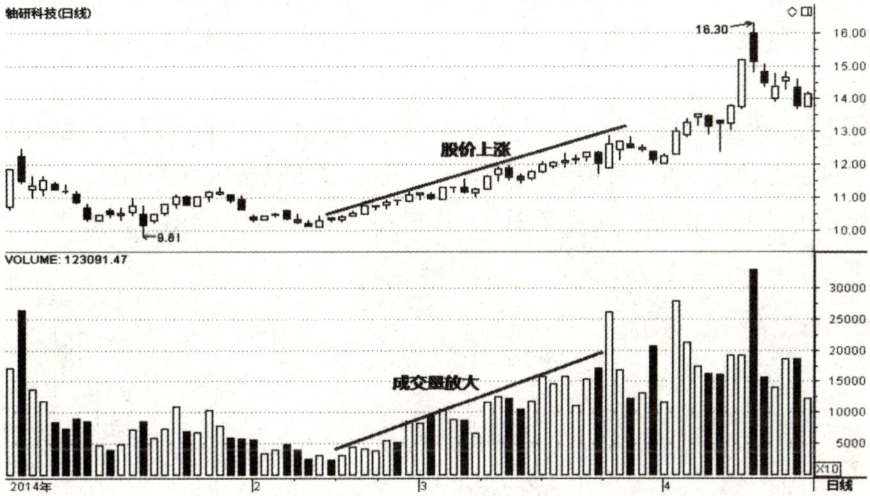

图7－6　量增价升，买入信号

间没有任何像样的反弹，成交量不跌反增，说明多空双方分歧较大，看空的人急于抛售股票，看多的人则急于抄底。如图7－7所示。

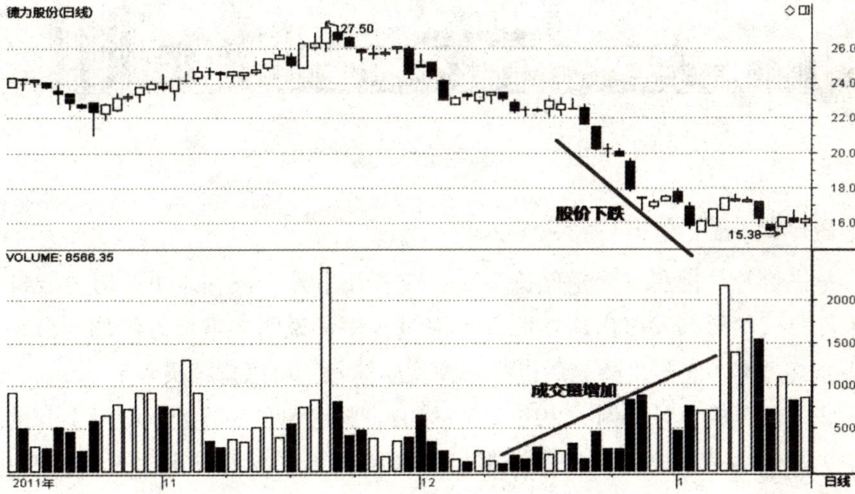

图7－7　量增价跌，弃卖观望

规律4　量平价平，谨慎乐观

量平价平是指股价和成交量在一段时间内都比较平稳，没有显著的增加或者减少。这种形态比较少见，通常发生在底部、顶部或者中途盘整期。因此，当股价经过大幅下跌后，出现量平价平，投资者可谨慎乐观，适当参与。但除非股价经过平台整理后，开始放量上攻，否则不宜躁进，以免被套在半山腰。

我们以中视传媒为例。2014 年 6—7 月，该股股价在 14—15 元窄幅波动，成交量也无显著变化，维持在低位水平，暗示股价已进入底部盘整期，但仍然属于多空不明状况，直到 7 月 31 日放出一根巨量突破阳线，如图 7 – 8 所示。

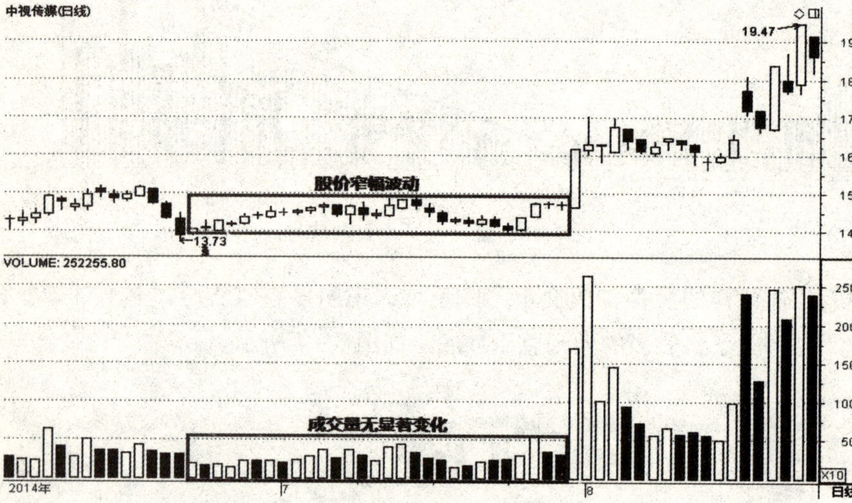

图 7 – 8　量平价平，谨慎乐观

规律 5　量平价升，持续买入

量平价升是指在成交量保持不变，或者几乎处于同一水平线时，股价却在上涨。这种形态大多出现在股价上涨过程中，说明多空双方势均力敌，但多头始终占据一定的优势，所以是一种看涨信号，可以持续买入。

我们以天成控股为例。2014 年 7—8 月，该股股价一直处于缓慢上升的过程中，与此同时，成交量却保持在相对平稳的水平，没有出现大幅的变化，这说明后市持续上涨的空间比较大，投资者可以逢低买入。如图 7 – 9 所示。

规律 6　量平价跌，继续卖出

量平价跌是指在股价持续下跌的同时，成交量却没有同步地有效扩大，这通常是主力退出市场的前兆。由于成交量平稳，散户投资者误以为是主力洗盘的结果，他们多不会抛出手中的筹码。而这种心理恰恰被主力用来出货。

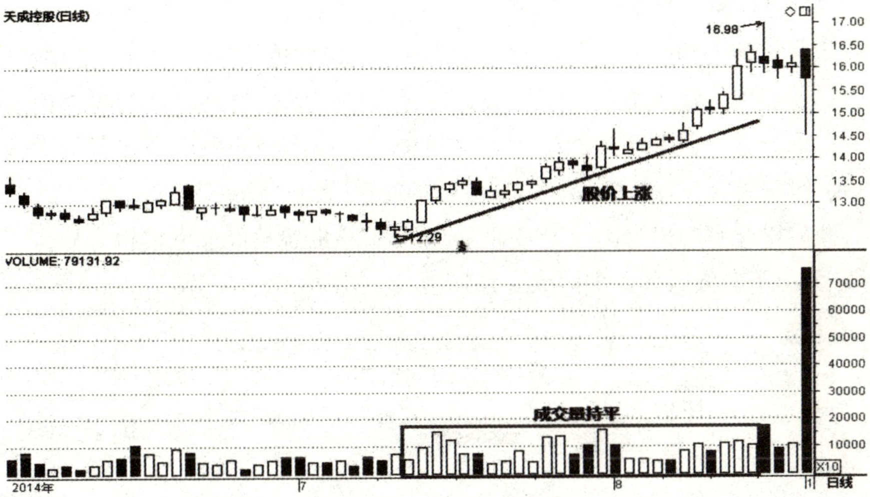

图7－9　量平价升，持续买入

我们以特变电工为例。2001 年 8—9 月，该股股价从 14. 50 元一路下跌至 11. 55 元，期间成交量一直保持稳定，没有明显的放量。遇到这种情况，投资者不可心存侥幸，以为主力还在场内，而应该逢高减磅。如图 7－10 所示。

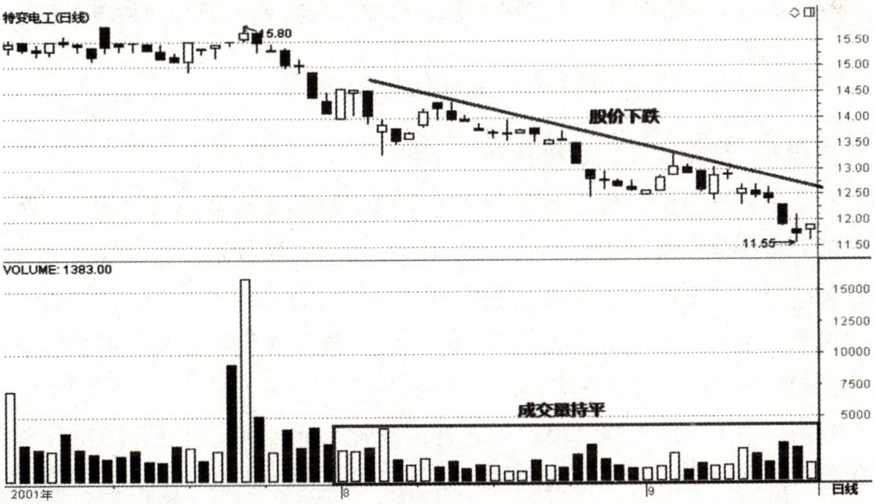

图7－10　量平价跌，继续卖出

规律7　量减价平，警戒信号

量减价平是指在成交量减少的情况下，股价维持在某一区间内窄幅震荡。这是一种典型的整理信号，是多头进攻乏力的表现。价格空间的滞涨说明多空双方都处在观望中，等待趋势的明朗化。这种走势如果出现在股价大幅拉升后，投资者应该保持警惕，应该股价随时可能出现暴跌。

我们以金宇集团为例。2002年6—8月，该股股价经过大幅拉升后，一直在20元上下窄幅震荡，期间成交量显著。

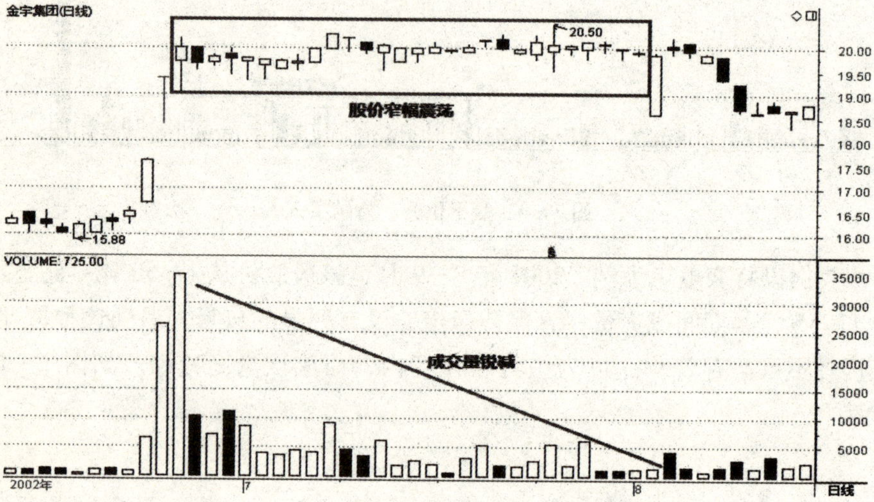

图7－11　量减价平，警戒信号

规律8　量减价升，继续持有

量减价升是指在股价上涨的过程中，成交量却逐渐缩小的过程。这属于典型的背离现象，说明成交的只是场内资金买盘，场外资金进场不积极。出现这种信号，一来可能是股价处于控盘状态，主力无心出货；二来可能是缺少跟风盘，主力无法出货。无论哪一种情况，投资者均可以继续持股，直到筹码松动。

我们以中国软件为例。2009年3月，该股股价从9元附近连续拉升至20元附近，期间成交量不但没有增加，反而持续萎缩。事后证明，这种背离是主力控盘惜售的表现，之后股价又继续放量拉升至33.90元，如图7－12所示。

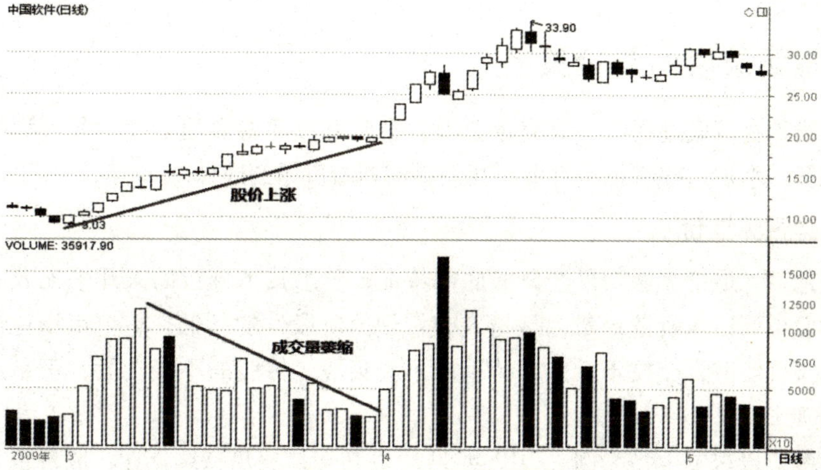

图7-12　量减价升，继续持有

规律9　量减价跌，卖出信号

量减价跌是指随着成交量不断萎缩，股价也持续下跌的现象。这属于典型的熊市特征，遇到这种情况，投资者最好卖出观望，避免损失。当然，如果量减价跌出现在上涨初期，也有可能属于正常回档，投资者可逢低买入。

我们以建投能源为例。该股股价在2011年5月出现持续下跌，从6.71元跌至5.01元，期间没有任何反弹，成交量也大幅萎缩。如图7-13所示。

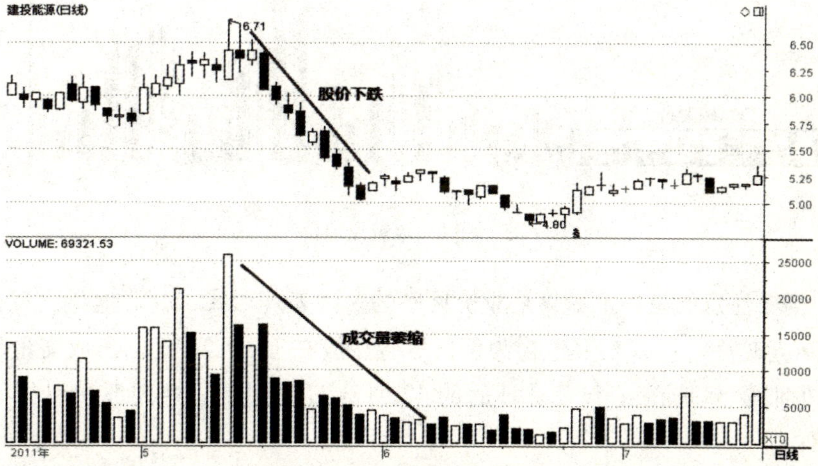

图7-13　量减价跌，卖出信号

● 市场筑底的量价关系

股价在筑底过程中，成交量会因为多空双方的博弈而形成一些典型的形态特征，掌握这些特征，有助于我们提前判断市场的底部。

地量见地价

地量见地价，这是最经典的底部特征，熟悉技术分析的人几乎无人不知这句股市谚语。所谓地量，是指成交量创出阶段性的新低，整个市场行情低迷，人气涣散，交投不活跃，持币的不愿买股，持股的不想卖股，于是地量就出现了。

我们以东宝生物为例。2012 年 11 月，该股成交量持续低迷，股价也在地量中创出新低 8. 15 元，之后该股出现了翻倍行情，如图 7 – 14 所示。

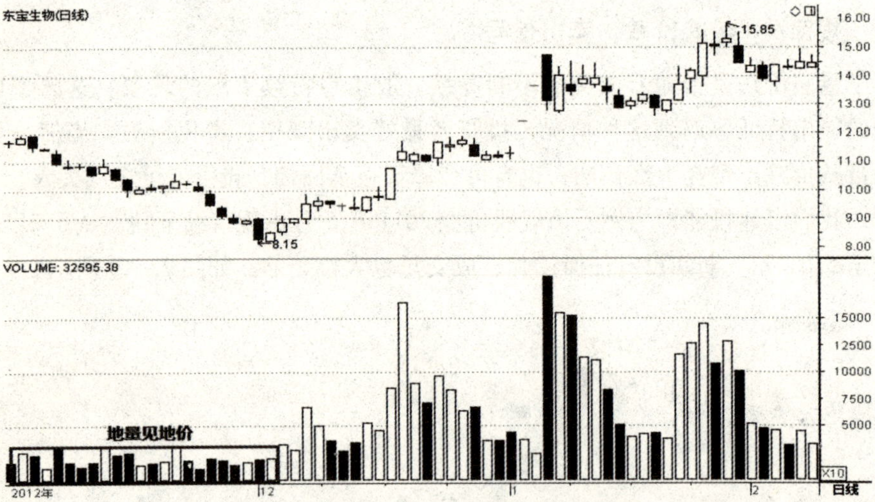

图 7 – 14　地量见地价

需要注意的是，地量只是股价见底的一种表现形式，并非地量出现，股价就一定见底。仍以东宝生物为例，尽管该股在 11 月 26 日创出成交量的新低，但股价却是在五个交易日后的 12 月 3 日见底的，期间股价继续下跌了 18%！

另一方面，所谓地量，只是一个相对的指标，没有绝对的标准，地量之后还可能有地量。因此，投资者在运用该指标时，最好等待上涨趋势确立。

底部放量大阳线

底部放量是指股价在一个相对较低的位置突然放出巨量。这种现象的出现表明多空双方产生了很大的意见分歧，导致有人看多，有人看空。此时，股价既有可能上涨，也有可能下跌。如果股价出现大幅上涨，说明多方占据优势，下跌趋势已经被打破，激进的投资者可以选择伺机介入。

我们以维科精华为例。该股股价先是在4.00 4.50元的底部区域温和震荡了半个多月，随后在2014年2月7日收出一根巨量阳线，一举突破前期的整理平台，并连续收出大阳线，一口气涨至6.15元。如图7-15所示。

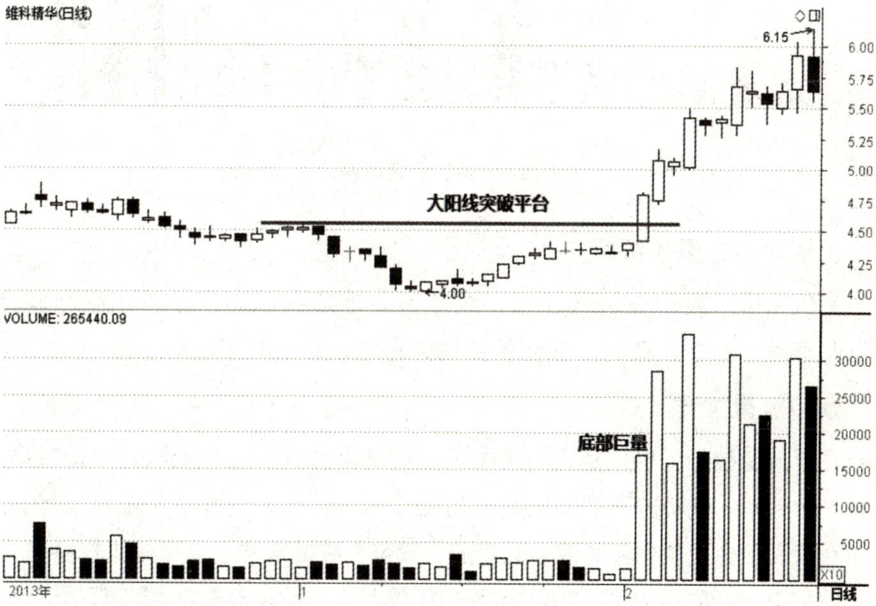

图7-15 底部放量大阳线

无量涨停

无量涨停是指在成交量极度萎缩的情况下，股价出现涨停的现象。这是缩量上涨的一种极端情形，意味着上方抛压盘很少，同时又出现巨大的封单。之所以出现这种情况，一般是企业突发重大利好，后市可以看高一线。

我们以上海物贸为例。2013年7月4日，该股在上海自贸区概念的刺激下，以涨停开盘，全天换手率不足1%，代表主力强烈看好后市。此后，在短短两个月时间内，该股即从3.69元涨至18.30元，如图7-16所示。

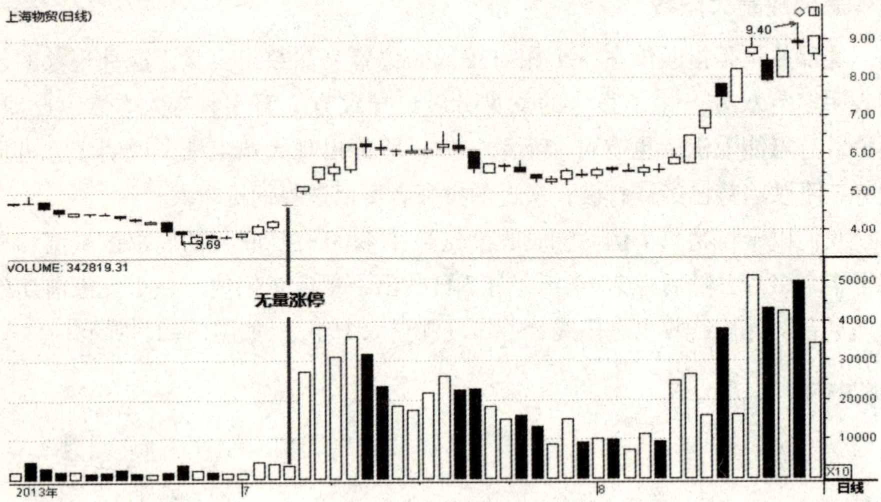

图 7－16　无量涨停

上涨途中的量价关系

一般来讲，股价在上涨途中，成交量会维持在较高水平，或温和放量，或巨量突破。而在回调时，成交量往往会萎缩，显示抛压较小。

逐步放量拉升

逐步放量拉升，也就是我们前面讲过的量价齐升，这是上涨途中最典型的一种量价关系。股价脱离底部区域之后逐步攀升，此时场外资金渐渐入场，成交量在盘面上会呈现出温和放量的走势，股价上涨的节奏也会显得比较稳健。

我们以百联股份为例。2013 年 8—10 月，该股股价经过底部整理后，进入了一波中级上涨行情。在这个过程中，股价呈波段上涨的特征，每一波上涨都伴随着成交量的温和放大，回调时则伴随着成交量的萎缩，如图 7－17 所示。

缩量十字星

在股价经过一波上涨行情后，特别是在股价呈现出逐步攀升的过程中，经常会出现十字星的 K 线形态，而且在这个过程中，成交量并没有放大，反而出现了明显的缩小。这种缩量十字星走势，往往是上涨途中的洗盘或者休整。

我们以自仪股份为例。2015 年 1—5 月，该股股价经历了一波涨势如虹的牛市，股价从 10 元附近涨至 25 元，期间收出了多根缩量十字星，从 K 线图

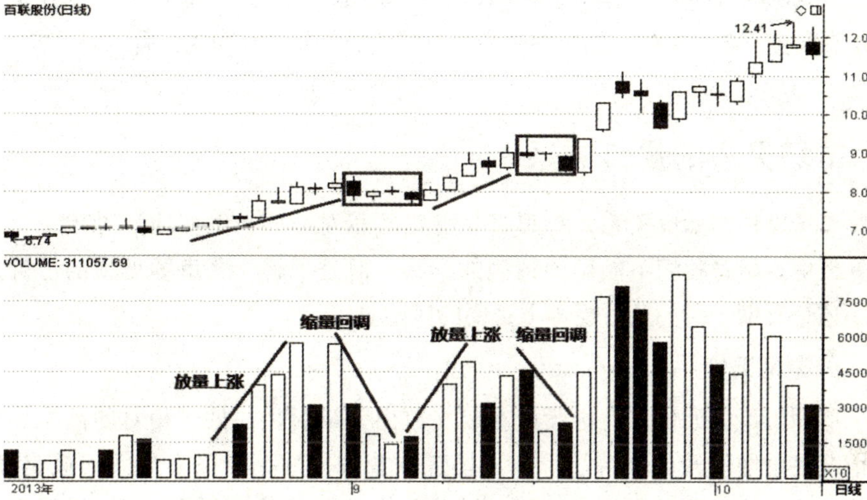

图7－17 逐步放量拉升

形态来看，这是典型的上涨中继，投资者可以放心持股，如图7－18所示。

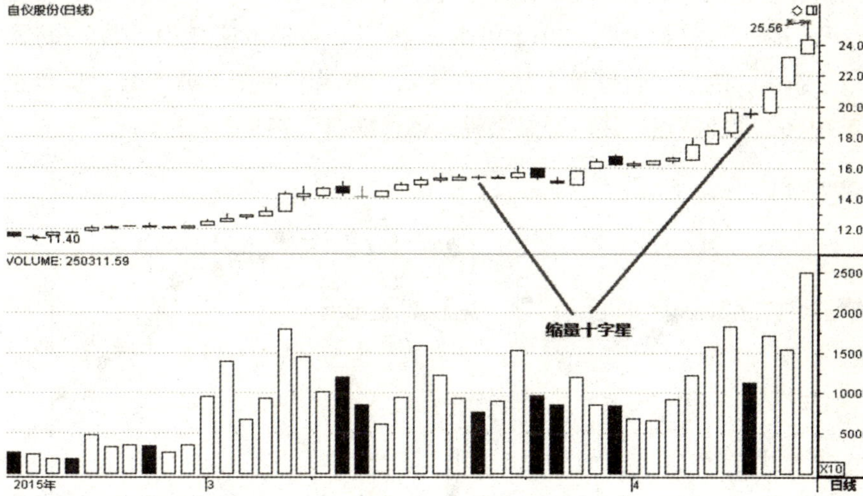

图7－18 缩量十字星

缩量小阴线

缩量小阴线和缩量十字星，都是股价上涨途中常见的调整形态，由于两者具有较高的相似度，在这里就不再赘述。需要注意的是，缩量小阴线强调的不仅是缩量，而且阴线实体不能太大，收盘最好不要跌破5日均线。

一旦阴线实体过大或者击穿5日均线，短期上涨趋势可能被改变，投资者需要观察接下来的走势，如果两个交易日内无法收复5日均线，后市应谨慎。

● 市场见顶的量价关系

市场见顶的量价关系，有很多是与筑底相对应的，例如地量见地价，天量见天价。尽管我们不能做到精确的逃顶，但是了解一些市场见顶的量价关系，还是有助于我们及时规避不必要的风险。

天量见天价

所谓天量见天价，是指股价在成交放出天量时往往处于相对的高位。此类情况是量增价升的极端情形。天量意味着阶段性上涨以来最大的成交量，天价则对应着上涨以来的最高价。天量天价通常出现在上涨末期，说明市场极度疯狂。

关于天量见天价，还有一个有趣的规律：先见天量，后见天价。这跟先见地量，后见地价一个道理，都是量先于价的体现。

我们以天赐材料为例。2015年5月28日，该股成交量创下5.79亿元的阶段性新高，之后股价继续上涨，直到六个交易日后的6月5日，股价也创下了61.98元的高点，之后开始大幅回落，如图7－19所示。

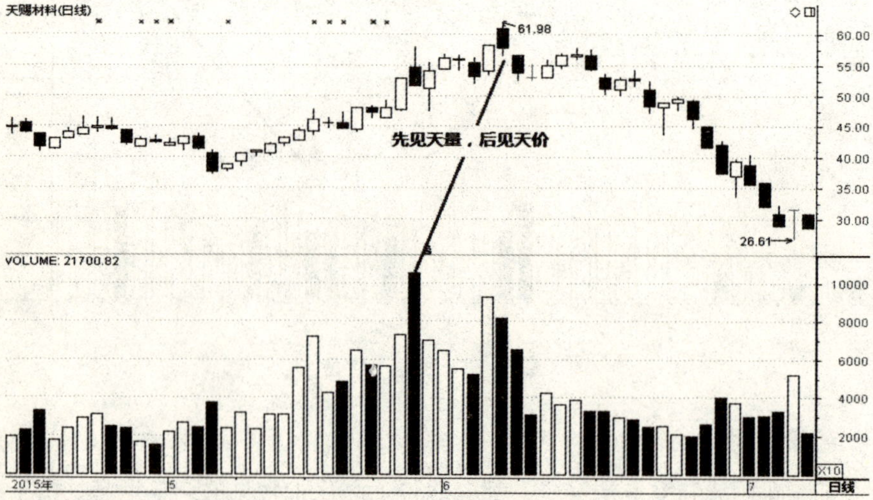

图7－19 天量见天价

放量滞涨

放量滞涨是一种非常典型的见顶信号。在这个信号出现之前，股价经过长期拉升，已经处于相对的高位，然后短期内出现成交量不断放大而股价却止步不前的情况。这种情况一般是由于主力出货造成的，需要引起我们高度重视。

我们以龙溪股份为例。2011年11月，该股成交量急剧放大，几乎是平时正常成交量的七倍，然而在成交量剧增的同时，股价却没有大幅拉升，而是在11元附近上下震荡，随后开始出现连续暴跌走势，如图7－20所示。

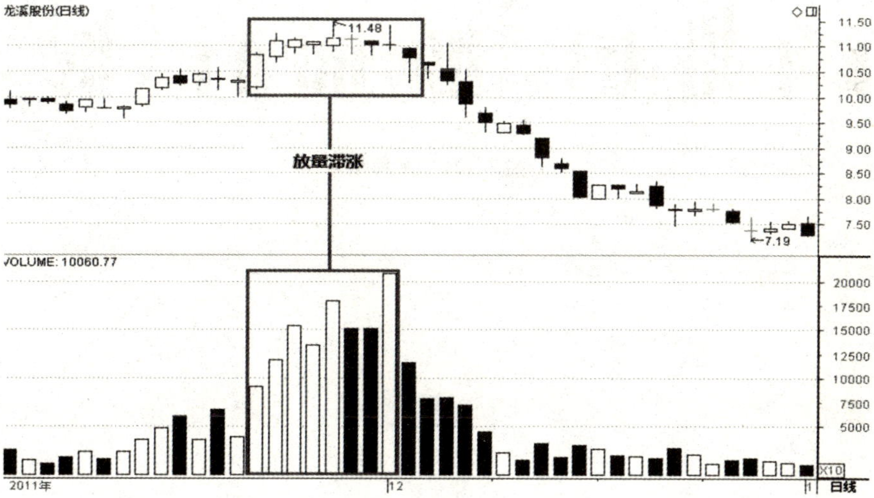

图7－20　放量滞涨

吊颈线

吊颈线也叫吊死鬼线，是指股价开盘后大幅下跌，但尾盘又大幅收高，留下长长的下影线。从名字就可以看出，这是一种不吉利的K线形态，尤其是当这种走势出现在股价大幅上涨后，并伴随着放量的过程时，那么股价将会面临很大的回调压力，有时候甚至可能是趋势转变的开始。

我们以勤上光电为例。2015年6月4日，该股股价低开低走，一度回调至跌停板附近，随后开始大幅反弹，并收出一根吊颈线，盘中击穿了前期低点，显示股价有进一步下跌的风险。最终，该股从30元跌至13元，如图7－21所示。

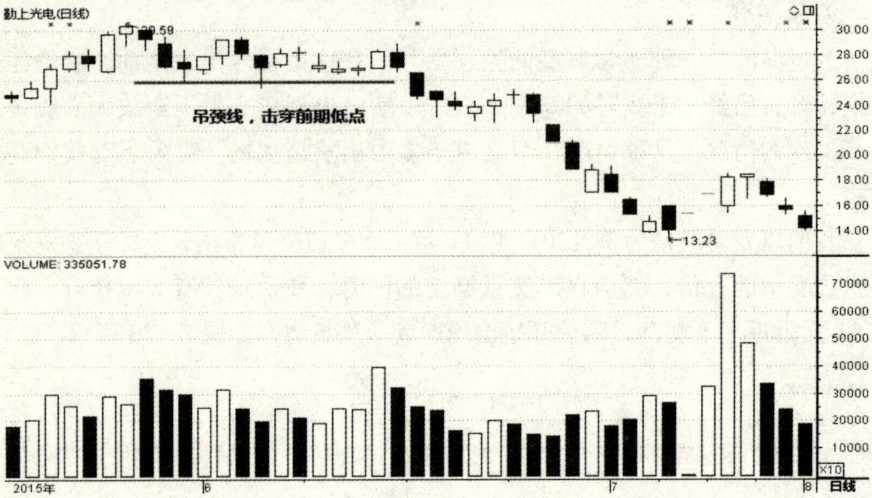
勤上光电(日线)
29.59
吊颈线，击穿前期低点
13.23
30.00
28.00
26.00
24.00
22.00
20.00
18.00
16.00
14.00
VOLUME: 335051.78
70000
60000
50000
40000
30000
20000
10000
×10
2015年
6
7
8
日线

图 7－21　吊颈线

第 8 章
K 线图

在股市里，成交量是非常重要的数据，其重要性仅次于价格。这是因为，没有买卖就没有交易，只要价格发生波动，必然伴随着成交量的变化。因此，股市里有句老话：技术指标千变万化，只有成交量才是实打实的买卖。

● K 线图基础

K 线图又称蜡烛图，最早起源于 18 世纪日本德川幕府时代的米市交易，人们用它来计算米价每天的涨跌，后来引入股票市场，经过 300 多年的发展，已经广泛应用于股票、期货、外汇等市场。下面我们来学习 K 线图的基础知识。

K 线图主要由开盘价、最高价、最低价和收盘价绘制而成，在绘制时，我们首先要确定开盘价和收盘价，在它们之间的部分画成矩形实体。如果收盘价高于开盘价，我们称为阳线，用空心实体表示；反之，如果收盘价低于开盘价，则称为阴线，用黑色实体表示。如图 8－1 所示。

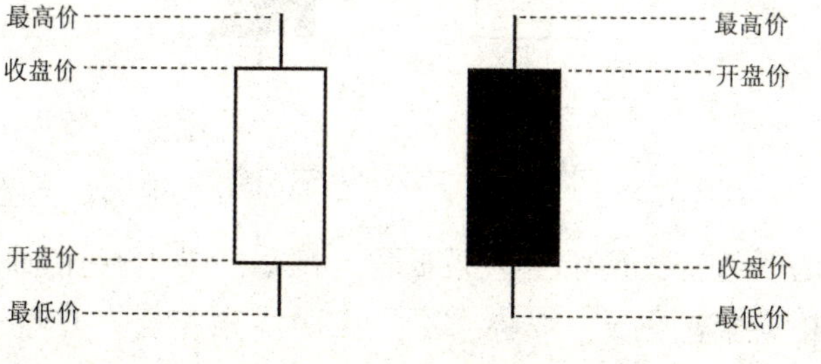

图 8－1　K 线图基本形态

根据不同的时间周期，我们可以将 K 线分为日 K 线、周 K 线、月 K 线、年K线，日K线往下还可以分为60分钟线、30分钟线、15分钟线、5分钟线甚至1分钟线。其中，年K线、月K线用于分析长期趋势，周K线、日K线用于分析中期趋势，分钟级别的K线用于分析短期趋势。

在看K线图时，我们需要重点观察三个方面：一是看阴阳，阴阳代表趋势方向，阳线表示将继续上涨，阴线表示将继续下跌；二是看影线，影线代表转折信号，长上影线表示上涨受阻，长下影线表示下跌企稳；三是看实体，实体大小代表内在动力，实体越大，上涨或下跌的趋势越明显。

● 单根K线分析

很多人认为，单根K线太简单，也决定不了什么。但事实恰恰相反，如果我们仔细观察，会发现每一根K线都是有生命的，它能够告诉我们很多的信息。尤其对于初学者而言，掌握单根K线的含义有助于我们理解K线组合形态。

大阳线、大阴线

大阳线是指最高价和收盘价相同或略高于收盘价，最低价和开盘价相同或略高于开盘价，上下影线比较短而实体比较长的阳线。大阴线则相反，是指最高价和开盘价相同或略高于开盘价，最低价和收盘价相同或略高于收盘价，上下影线比较短而实体比较长的阴线。如图8－2所示。

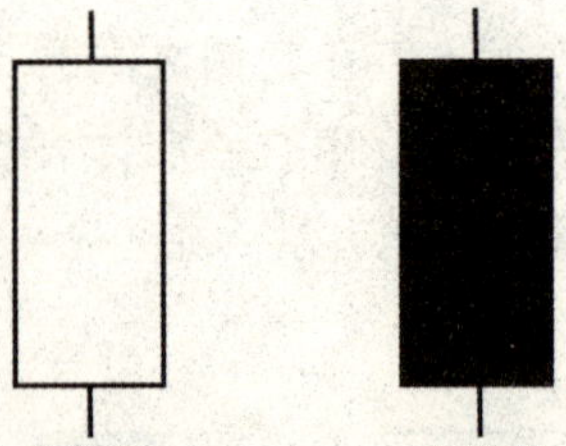

图8－2　大阳线、大阴线

大阳线的开盘价接近于全天最低价，随后价格一路上扬，至最高价处收盘，表示市场买盘踊跃，涨势未尽。大阴线则相反，开盘价接近于全天最低价，随后价格一路下跌，至最低价处收盘，表示市场卖盘踊跃，跌势未止。

小阳线、小阴线

小阳线和小阴线的定义，与大阳线和大阴线差不多，只不过前者的实体部分比后者要小得多，上下影线也不长，如图8－3所示。

图8－3　小阳线、小阴线

对个股而言，小阳线的涨幅通常在2%以内，它表示在多空双方的博弈中，尽管多方力量占优，但优势并不明显。小阴线的含义与此同理。由此可见，单根小阳线和小阴线的含义并不明确，遇到这种情况，我们需要看更多的K线组合。

光头光脚阳线、光头光脚阴线

光头光脚阳线是指最高价和收盘价相同、最低价和开盘价相同，没有上下影线的K线；光头光脚阴线则相反，是指最高价和开盘价相同、最低价和收盘价相同，没有上下影线的K线，如图8－4所示。

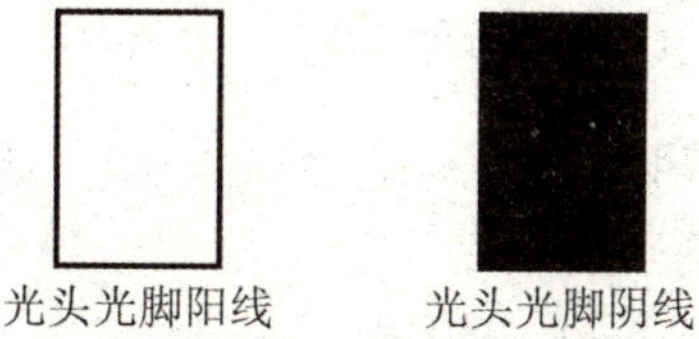

8－4　光头光脚阳线、光头光脚阴线

光头光脚阳线表明从一开盘，买方就积极进攻，中间尽管有波折，但买方始终牢牢掌控局面，股价一路上扬，直至收盘；光头光脚阴线则相反。当然，在实际操作中，我们还要结合K线的实体大小和股价的位置进行综合分析。

光头阳线、光头阴线

光头阳线是指收盘价即最高价，没有上影线的K线。光头阴线则相反，是指开盘价即最高价，没有上影线的K线。如图8－5所示。

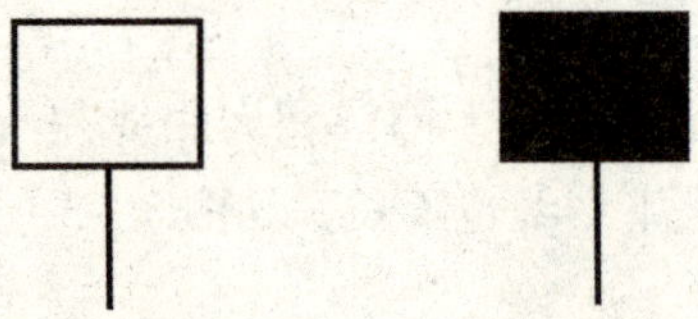

图 8－5　光头阳线、光头阴线

光头阳线属于先跌后涨型，多头占优，下影线越长，表明多头攻击力越强；光头阴线属于下跌抵抗型，空头占优，下影线越长，表明多头抵抗力越强。在实际操作中，根据实体和下影线长短不同，多空双方力量对比也不同。

光脚阳线、光脚阴线

与光头阳线相反，光脚阳线是指开盘价即最低价，没有下影线的 K 线。光脚阴线是指收盘价即最低价，没有下影线的 K 线。如图 8－6 所示。

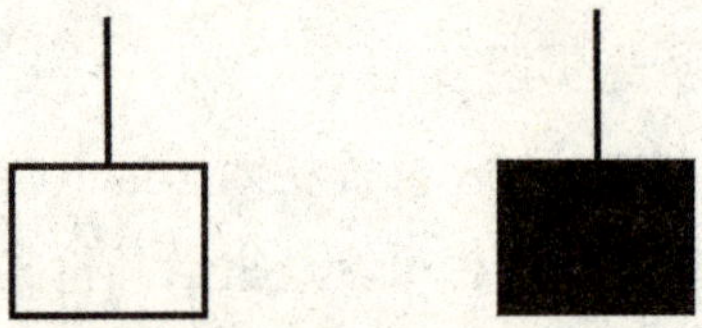

图 8－6　光头阳线、光头阴线

光脚阳线属于上升阻力型，多头占优，但涨后遭遇压力，后市可能下跌，上影线越长，显示上方压力越大；光脚阴线属于先涨后跌型，空头占优，后市可能下跌，上影线越长，显示回调压力越大。

十字线、一字线

十字线，也叫十字星，是指收盘价和开盘价相同，带上下影线的 K 线。根据上下影线的长短不同，又可以分为多空平衡、卖压沉重、买方旺盛和深幅震荡四种类型，如图 8－7 所示。

一字线比较特殊，我们可以将其视为十字线的变体，不但收盘价和开盘价相同，最高价和最低价也相同，不带上下影线，例如我们熟知的一字涨停和一字跌停。一字线属于比较极端的行情，在这种情况下，盘中几乎没有对手盘。

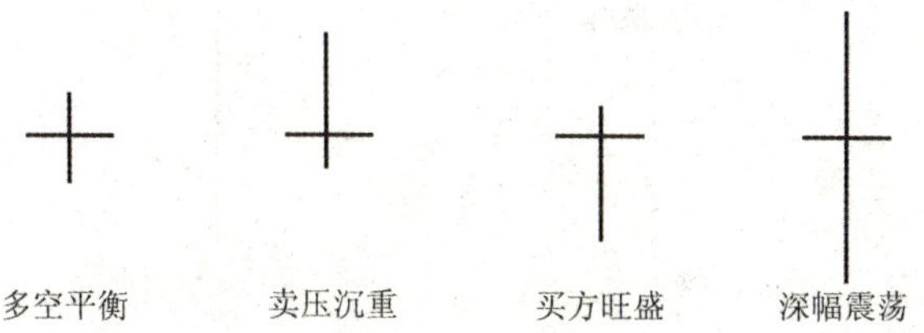

图8-7　十字星

T字线、倒T字线

T字线是指开盘价、收盘价和收盘价相同，带有上影线的K线；倒T字线则是指开盘价、收盘价和收盘价相同，带有下影线的K线，如图8-8所示。

图8-8　T字线、倒T字线

T字线的信号强弱，与下影线的长度成正比，下影线越长，表明多头势力越强大；同理，倒T字线的上影线越长，表明空头势力越强大。当然，在实际操作中，还需要结合股价的位置来判断，不同的位置，其技术含义也不一样。

锤头线、倒锤头线

锤头线也叫吊颈线，是指实体很小，一般无上影线（即使有，也很短），但下影线很长的K线，既可以是阳线，也可以是阴线；倒锤头线则相反，是指实体很小，无下影线（即使有，也很短），但上影线很长的K线，如图8-9所示。

当吊颈线出现在一轮股价拉升之后，而且实体为阴线，那么见顶回落的概率比较大，是强烈的卖出信号，因此又被称为吊死鬼线。当倒锤头线出现在一轮下跌之后，而且实体为阳线，那么探底回升的概率比较大，尤其是当倒锤头与后面讲到的早晨之星同时出现，那么见底的信号就更加可靠。

图 8－9　锤头线、倒锤头线

● K 线图经典形态

前面我们介绍了单根 K 线的含义，尽管它能够告诉我们很多信息，但毕竟趋势不是一天走出来的，要想更加精准地研判趋势，我们还必须学会观察 K 线组合的意义。接下来，笔者为大家总结了最经典的 24 种 K 线图形态。

仙人指路

仙人指路，又名宝剑出鞘，是指主力在大幅拉升股价之前，先打出一个长长的上影线，看似空头的力量很强大，实则表明主力已经控盘，在拉升过程中欲擒故纵，目的是充分消化获利盘，以便进一步拉升股价，如图 8－10 所示。

从图 8－10 可知，所谓仙人指路，其实就是上涨途中的一根倒锤头线，可以是阳线，也可以是阴线。当这种形态出现在相对低位，而且成交量较小，那将是极好的买入机会，投资者可以在收上影线当天收盘前介入。

射击之星

射击之星，从形态上来讲，与仙人指路几乎一样，只不过它们出现的位置不同。仙人指路出现在上涨初期，射击之星则出现在上涨末期。如图 8－11所示。

尽管如此，在实际操作中，通过股价所处的位置来区分射击之星和仙人指路是比较困难的，因为我们并不知道上涨行情到底处于哪一个阶段。唯一靠谱的做法是买入后观察第二天的走势，如果收阳线并创出新高，那么仙人指路的概率比较大，如果收阴线并创出新低，那么射击之星的概率比较大。

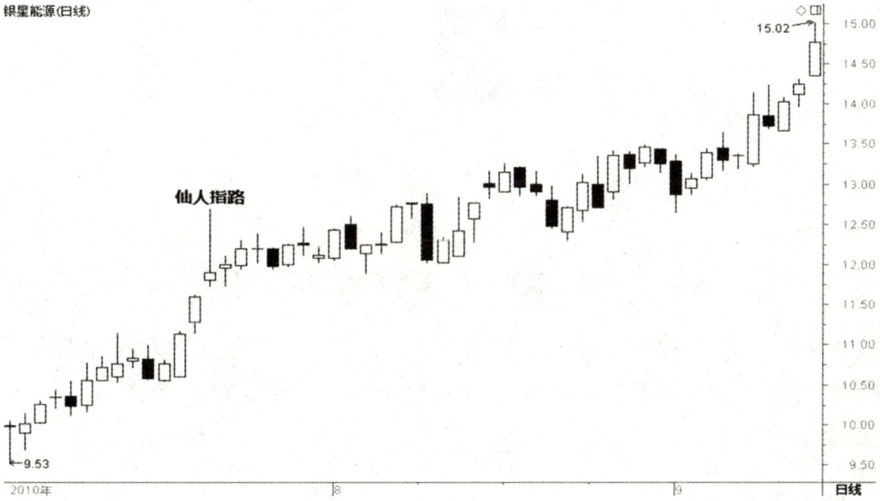

图8-10　仙人指路

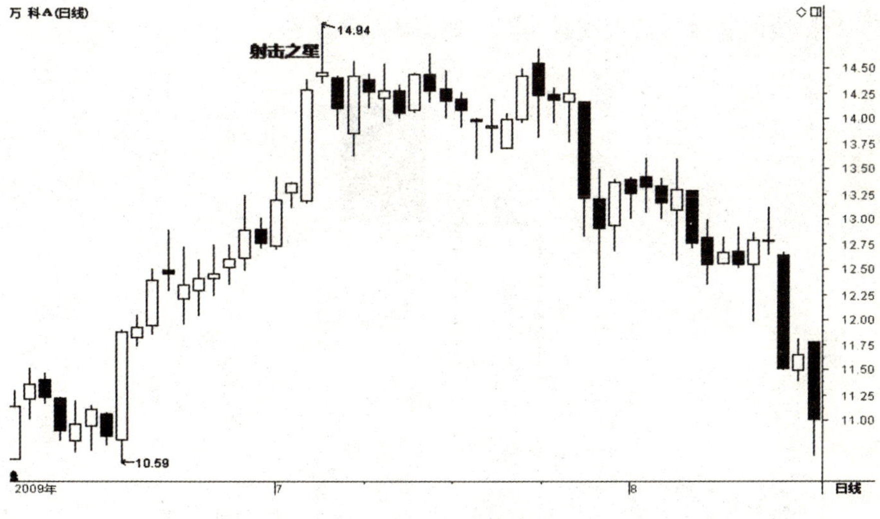

图8-11　射击之星

好友反攻

好友反攻通常出现在下跌趋势中，由一阴一阳两根K线组成，先是一根大阴线，接着跳空低开，最终收出一根中阳线或大阳线，收盘价与前一日收盘价相同或者相近。如图8-12所示。

在实际操作中，好友反攻是股价见底的信号，提示投资者不要再盲目看

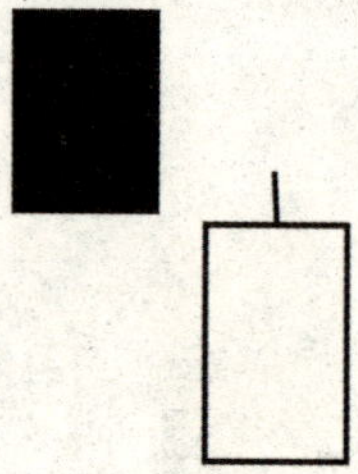

图 8-12　好友反攻

空。尤其是当股价涨幅不大时，如果出现好友反攻形态，应果断加仓跟进；如果在高位震荡中出现好友反攻，可短线做多，但要时刻保持警惕，以免高位套牢。

淡友反攻

淡友反攻与好友反攻正好相反，是由一阳一阴两根 K 线组成，先是一根大阳线，接着跳空高开，但最终以一根大阴线或中阴线收盘，而且收盘价与前一根阳线的收盘价接近或者相同，如图 8-13 所示。

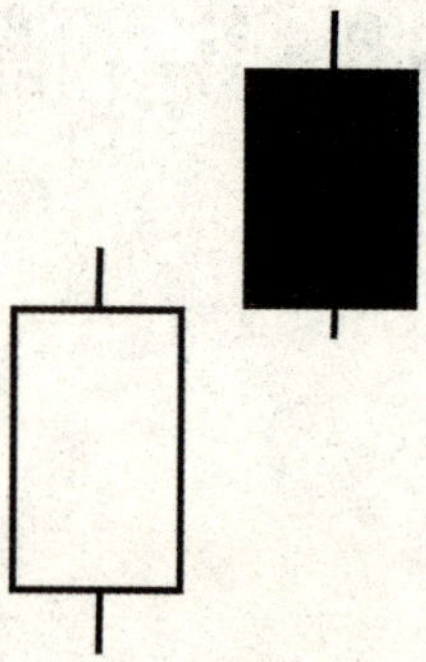

图 8-13　淡友反攻

在实际操作中，淡友反攻是股市见顶、后市看跌的信号。尤其是在股价经过长时间大幅拉升后出现这种形态，表明多头力量已经衰竭，要及时出局观望。即使在相对低位出现淡友反攻，我们也要保持警惕，以观望为主。

曙光初现

曙光初现通常出现在下跌趋势中，是由一阴一阳两根 K 线组成，意味着后市可能转阴为晴。从形态上看，第一根 K 线为处于跌势的大阴线，第二根

K线为逆转的大阳线，其开盘价必须低于第一根K线的最低价，而收盘价则必须高于第一根K线实体的二分之一以上，如图8－14所示。

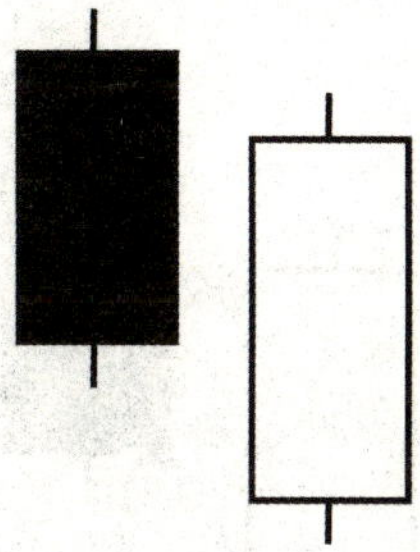

图8－14　曙光初现

需要注意的是，在熊市中运用曙光初现信号时，第二根阳线的最低价必须是最近一段时间以来的最低价，例如有投资者设为13个交易日。与此同时，要提前设定好止损位，一旦信号出错，应该及时止损出局。

旭日东升

旭日东升与曙光初现在形态上比较相似，也是由一阴一阳两根K线组成，只不过旭日东升的第二根阳线是跳空高开，而且收盘价超过前一根大阴线的开盘价。如图8－15所示。

图8－15　旭日东升

在实际操作中，这种形态如果出现在连续下跌过程中，那么形成阶段性底部的可能性比较大，而且第二根阳线的实体和成交量越大，反转的力度就越强。

乌云盖顶

乌云盖顶与旭日东升恰好相反，是由一阳一阴两根K线组成，第一根K

线为中阳线或大阳线，第二根K线高开低走，收出一根中阴线或大阴线，而且阴线实体深入到第一根阳线实体二分之一以上，如图8-16所示。

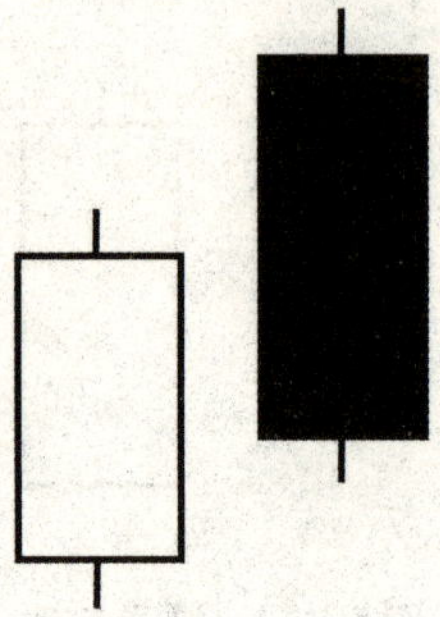

图8-16 乌云盖顶

乌云盖顶是一种重要的反转信号，一般出现在股价顶部区域。第二天伴随着成交量高开，意味着很多新买家终于下定决心入市，但随后市场却出现了抛售行情，转为空头行情。因此，投资者应坚决出局观望。

倾盆大雨

倾盆大雨与乌云盖顶类似，也是由一阳一阴两根K线组成，第一根K线为中阳线或大阳线，但第二根K线为低开低走的中阴线或大阴线，而且收盘价比前一天的阳线开盘价要低。如图8-17所示。

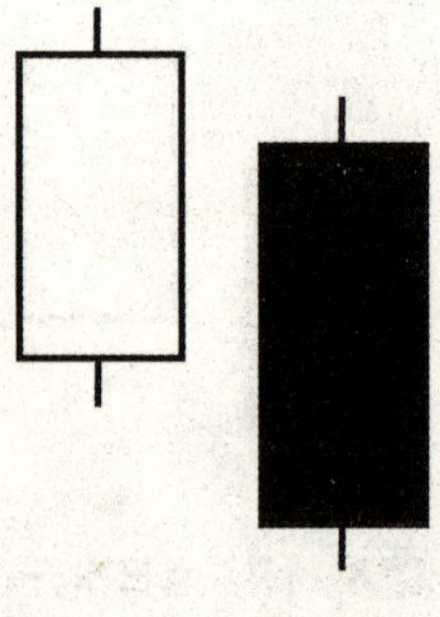

图8-17 倾盆大雨

从力度上来讲，倾盆大雨的杀伤力要大于乌云盖顶，特别是在成交量同步放大的情况下，跌势更加惨烈。因此，一旦出现这种信号，离场是最佳选择。

钳子底

钳子底又叫平底，通常出现在下跌趋势中，由两根或两根以上K线组成，最低价处在同一水平位置上。如图8－18所示。

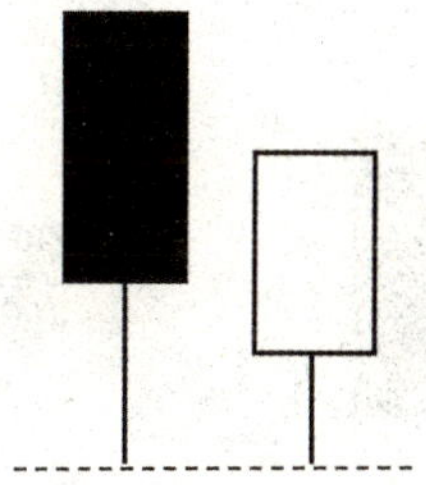

图8－18 钳子底

一般来讲，钳子底是行情见底的信号，后市看涨。

钳子顶

钳子顶又叫平顶，通常出现在上涨趋势中，由两根或两根以上K线组成，最高价处在同一水平位置上。如图8－19所示。

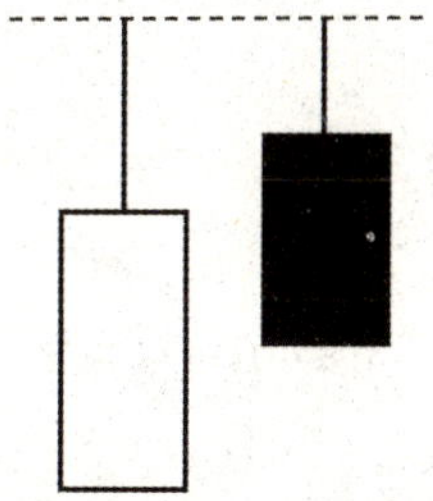

图8－19 钳子顶

一般来讲，钳子顶是行情见顶的信号，后市看跌。

穿头破脚

穿头破脚由两根K线组成，其中第二根K线将第一根K线从头到脚全部穿在里面，故此得名。根据阴线和阳线位置的不同，又可分为阴包阳和阳包阴两种类型。其中，阴包阳出现在头部，预示着后市偏空；阳包阴出现在底部，预示着后市偏多，如图8－20所示。

从技术上来讲，顶部阴包阳是强烈的回调信号，预示着股价将由升势转为跌势；底部阳包阴是强烈的上涨信号，预示着股价将由跌势转为升势。

尽头线

尽头线，顾名思义，就是行情到头的意思。从形态上来看，尽头线是指上影线或下影线的右方藏着一根很小的K线，如十字星。与穿头破脚形态一样，尽头线也分为上涨尽头线和下跌尽头线，如图8－21所示。

图8－20　穿头破脚

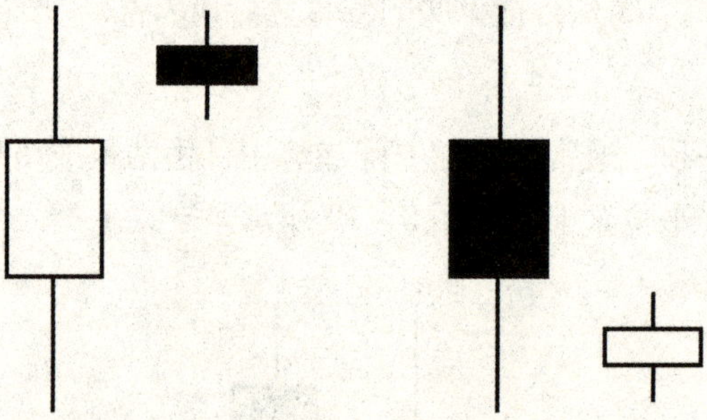

图8－21　尽头线

如果在上涨过程中出现尽头线，说明上升动力不足，投资者宜减仓观望；如果在下跌过程中出现尽头线，说明下跌动力不足，投资者可适当加仓。

早晨之星

早晨之星由三根日K线组成：第一天，股价继续下跌，并由于恐慌性抛盘收出一根大阴线；第二天，跳空下行，但跌幅不大，构成星的形态；第三天，一根大阳线如旱地拔葱，气势如虹，收复第一天大部分失地。如图8－22所示。

早晨之星一般出现在下跌趋势的末期，是一种强烈的趋势反转信号，预示着股价未来即将上涨，谨慎的投资者可以结合成交量，伺机买入。

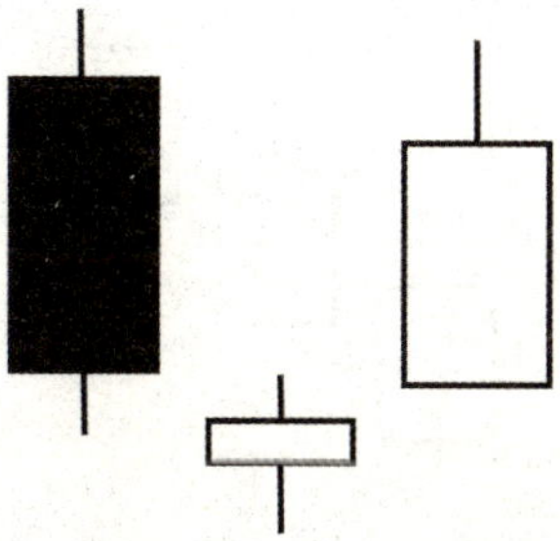

图8-22　早晨之星

黄昏之星

黄昏之星也是由三根日K线组成：第一天，股价继续上涨，拉出一根大阳线；第二天，全天波动很小，收出一根小阳或小阴线，构成星的形态；第三天，突然一根大阴线，抹去前两天的涨幅。如图8-23所示。

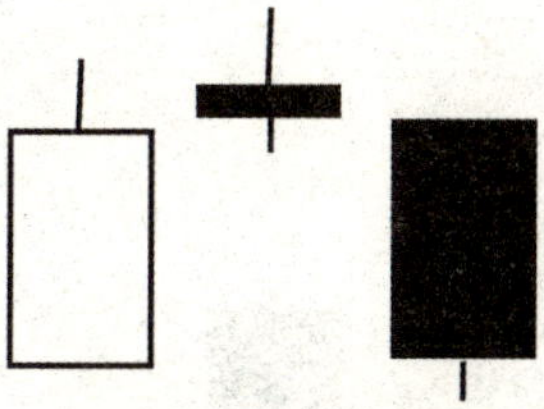

图8-23　黄昏之星

黄昏之星一般出现在上涨趋势的末期，是一种强烈的趋势反转信号，预示着股价未来即将下跌，谨慎的投资者应该择机降低仓位。

红三兵

红三兵是指股价在连续下跌或较长时间横盘后，连续拉出三根阳线。红三兵如果出现在下跌趋势中，一般是强烈的反转信号；如果出现在横盘整理中，并伴随着成交量的逐渐放大，则是股价启动的前奏。如图8-24所示。

在使用红三兵时要注意两点：一是三根阳线不能太长，最好是三根中阳线或小阳线，否则可能面临获利回吐的压力；二是三根阳线对应的成交量应该温和放大，显示有资金不断介入，成交量太大和太小都不利于后市行情的走好。

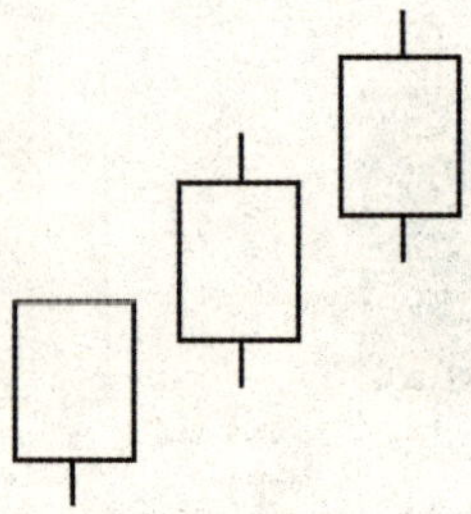

图 8－24　红三兵

黑三兵

黑三兵，俗称三只乌鸦，是指股价连续拉出三根阴线，而且最低价一天比一天低。黑三兵既可以出现在上涨趋势中，也可以出现在下跌趋势中。当它出现在上涨趋势的末期，预示着行情可能反转；当它出现在下跌趋势的末期，预示着股价即将结束调整，并有可能展开新一轮的升势。如图 8－25 所示。

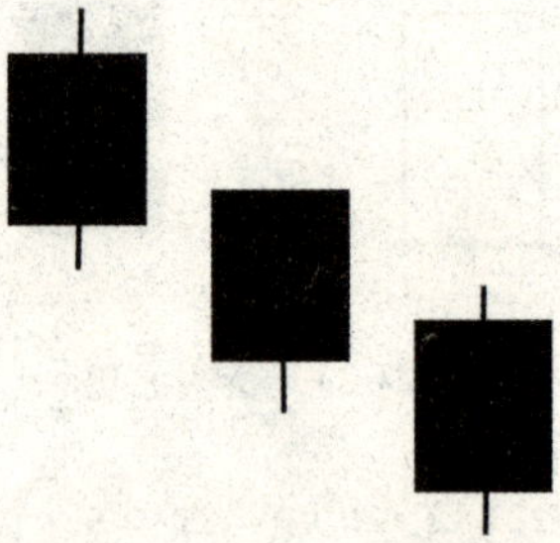

图 8－25　黑三兵

尽管黑三兵在不同的阶段有不同的市场含义，但总体而言，它是一种下跌的信号，投资者对此保持警惕是十分有必要的。

镊子线

镊子线是指三根 K 线的最高价或最低价几乎处在同一位置，从形状上看，像一把镊子，故称镊子线。它在上涨或下跌趋势中均可能出现，如图 8－26 所示。

当镊子线出现在上涨过程中时，为头部信号，投资者宜减仓观望；当镊子线出现在下跌过程中时，为底部信号，投资者可以适当加仓。

图 8－26　镊子线

多方炮

多方炮由三根 K 线组成，其中左右两根阳线完全包住中间一根阴线，形成两阳夹一阴的做多形态，如图 8－27 所示。

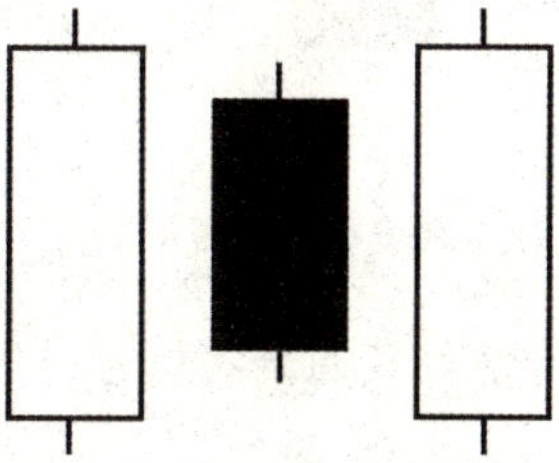

图 8－27　多方炮

多方炮通常出现在市场底部，属于盘整形态，具有筑底功能。有时，多方炮也出现在上涨过程中，是股价上涨前的途中盘整，投资者可以适当看多。

空方炮

空方炮与多方炮相反，由三根 K 线组成，其中左右两根阴线完全包住中间一根阳线，形成两阴夹一阳的做空形态，如图 8－28 所示。

空方炮的出现预示着在多空双方的力量对比中，空头取得了支配性地位，多头虽有反抗，但力量微弱，明显不敌空头，因此在操作上宜减仓观望。

塔形底

塔形底因其形状像个倒立的塔顶而得名。在一个下跌趋势中，股价先是拉出一根长阴线，之后跌势趋缓，并开始出现一连串小阳、小阴线，紧接着拉出一根大阳线，此时塔形底形成。如图 8－29 所示。

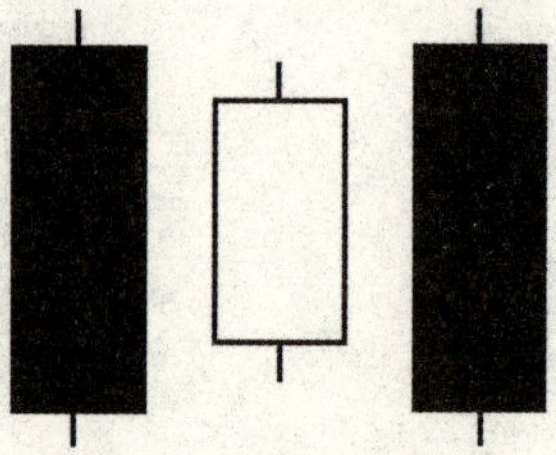

图 8－28　空方炮

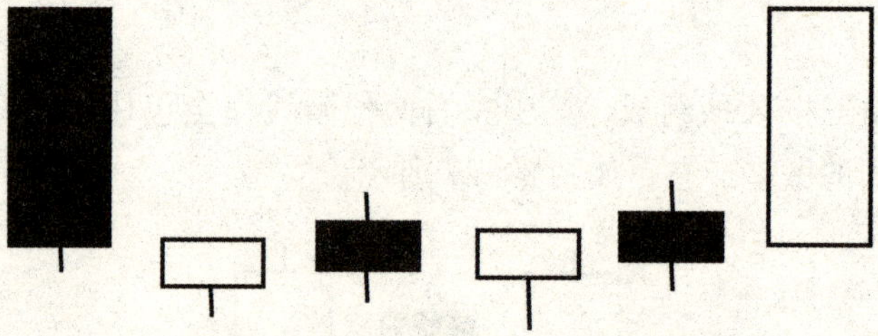

图 8－29　塔形底

一般来讲，塔形底是行情见底回升的信号，后市看涨。

塔形顶

塔形顶因其形状像个正立的塔顶而得名。在一个上涨趋势中，股价先是拉出一根长阳线，之后涨势趋缓，并开始出现一连串小阴、小阳线，紧接着拉出一根大阴线，此时塔形顶形成。如图 8－30 所示。

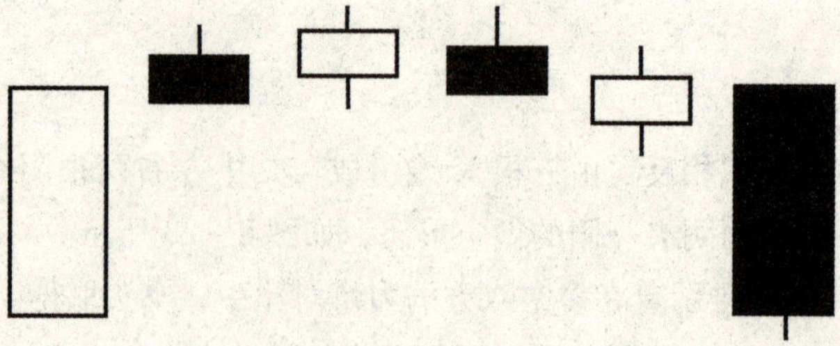

图 8－30　塔形顶

一般来讲，塔形顶是行情见顶反转的信号，后市看跌。

上升三部曲

上升三部曲由 5 根长短不一的 K 线组成，先是一根中阳线或大阳线，接着连续出现三根小阴线，但三根阴线均没有跌破第一根 K 线的最低点，最后一根中阳线或大阳线又一下子吃掉前面三根小阴线，如图8－31所示。

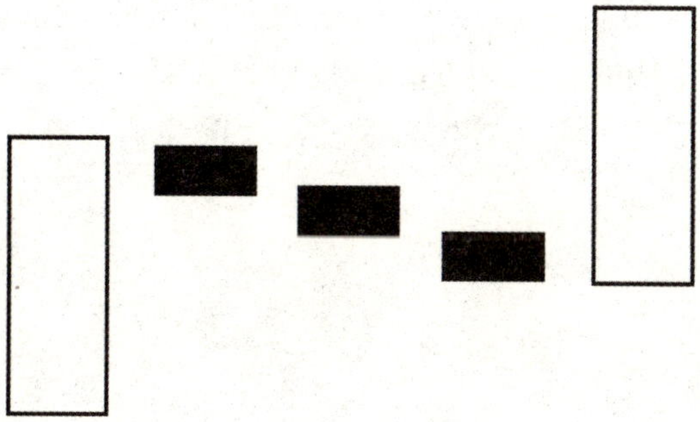

图8－31　上升三部曲

上升三部曲是看涨信号，说明多头在积蓄力量，伺机上攻。遇到这种情况，可以在最后一根阳线放量突破前期高点时积极跟进做多。

多头尖兵

多头尖兵由一组K线组成，其中第一根K线为带上影线的中阳线或大阳线，上影线的长度一般为阳线实体的三分之一，随后股价围绕第一根K线的收盘价上下窄幅震荡，直到再次拉出大阴线，突破前高，如图8－32所示。

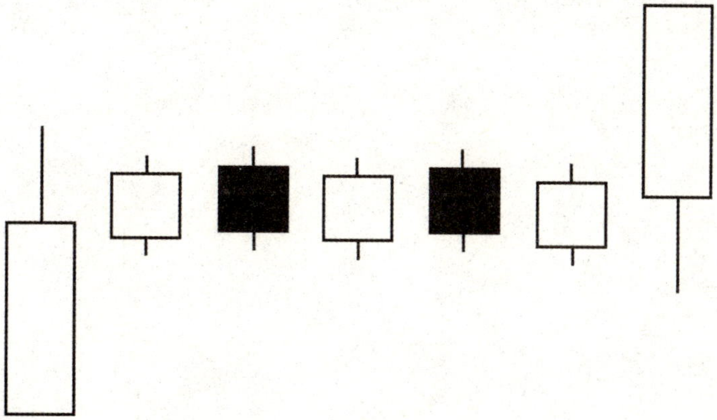

图8－32　多头尖兵

多头尖兵是股价拉升前的一次试探性上攻，该信号的出现预示着股价将继续上涨，但前提是短期均线系统一定要多头排列，同时伴随成交量的放大。

空头尖兵

空头尖兵与多头尖兵恰好相反，是由一组K线组成，其中第一根K线为带下影线的中阴线或大阴线，随后股价在第一根K线的基础上展开震荡，以小阴小阳线为主，直到再次拉出大阴线，突破前低，如图8－33所示。

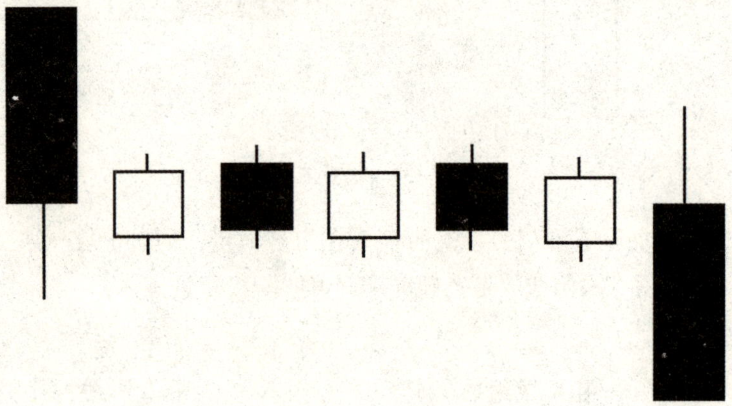

图8－33 空头尖兵

空头尖兵具有向下牵引的作用，是股价即将大幅下跌的确认信号。遇到这种情况，投资者应该在最后一根阴线击穿前期低点时及时止损出局。

第 9 章
反转形态

股价以趋势运动，有时短暂，有时长久；有时呈直线，有时呈曲线；有时不规则，有时很规则。但不管怎么说，趋势总有反转的一天，例如从上涨变为下跌。在这个过程中，股价会在 K 线图上留下一些特殊的形态，我们将这样的形态称为反转形态。掌握这些形态的特征，有助于我们更好地制定操作策略。

● 重要的反转形态

关于反转形态，目前缺乏统一的分类标准，包括约翰·迈吉的《股市趋势技术分析》一书，对反转形态的归纳也略显凌乱，以致很多人将三角形、菱形、楔形等也归入反转形态。这种分法当然也有其逻辑，但在笔者看来，将它们归入整理形态似乎更合理。因此在本章中，我们将重点介绍最重要的五种反转形态。

头肩顶（底）

观察 K 线图时，我们经常在顶部或底部发现这样的特征：在某一区间内，K 线图上会出现三个顶点或底点，其中第二个顶点或底点比其他两个顶点或底点更高或更低，我们将这种形态称为头肩型。

头肩型是最为人熟知，也是最为可靠的反转形态之一。根据反转的性质，又可分为头肩顶和头肩底。其中，一顶二肩的为头肩顶，一底二肩的为头肩底。当然，有时候还会出现三个以上顶点或底点，我们会在后面进行介绍。

头肩顶是上涨行情接近尾声时的看跌形态，其 K 线图由左肩、头部、右肩和颈线组成。其中，左肩、右肩的最高点基本相同，如图 9－1 所示。

头肩顶是一个不容忽视的技术形态，从这个形态中，我们可以看到多空

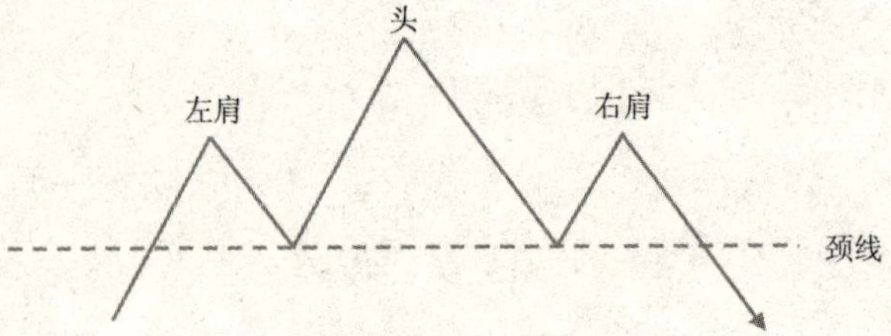

图9－1　头肩顶

双方激烈的博弈过程。刚开始，看多的力量不断推动股价上涨，投资者热情高涨，成交量也随之放大。之后，股价经过短暂的回落，前期踏空的人开始买进，推动股价继续上涨，而且越过前期高点。表面上看，股价即将拉开新一轮的涨势，然而成交量已大不如前，反映出多方力量在衰减。此时，短期获利盘和对股价未来走势没有信心的人开始抛售股票，于是股价再次回落并在颈线附近获得支撑。

随后的反弹给了那些错过前期行情的后知后觉者又一次机会，但由于跟进者寥寥，股价已无力突破上次高点，成交量则进一步萎缩。市场上的乐观情绪开始消散，股价再次掉头向下，并一举击穿颈线，预示着一轮大幅下跌即将开始。

头肩顶是一种杀伤力十分强大的反转形态，投资者不可等闲视之。在实际操作中，对于股价在相对高位出现这种走势的个股，千万要留心。

头肩底与头肩顶相反，是下跌行情接近尾声时的看涨形态，其K线图由左肩、底部、右肩和颈线组成。其中，左肩、右肩的最低点基本相同，如图9－2所示。

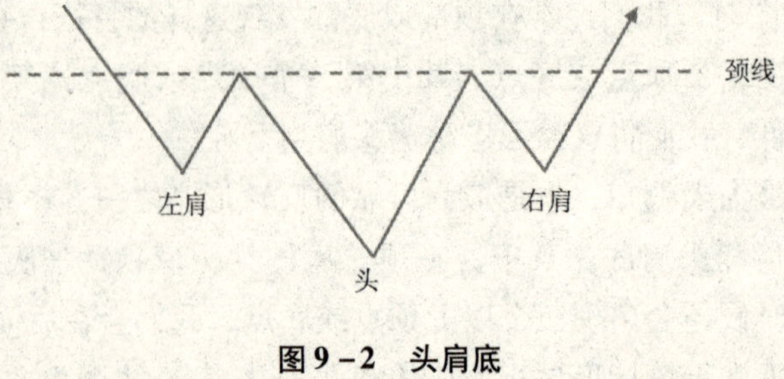

图9－2　头肩底

由图9－2可知，头肩底和头肩顶形状一样，只不过是把图形颠倒过来而已，故又称为倒转头肩型。其特征是，刚开始股价急速下跌，随后止跌反弹，形成第一个波谷，也就是左肩。在这个过程中，成交量随之放大，但在反弹时却出现萎缩的倾向。之后，股价反弹受阻，再次回落并跌破前一低点。表面上看，股价即将拉开新一轮的跌势，但很快股价就止跌反弹。

由于上方抛压依旧沉重，很多前期错过反弹止损机会的人开始抛售股票，股价在颈线位置再次回落，但跌势已经趋缓，在股价触及第一个波谷附近时做多力量再次聚集并展开反弹，在成交量的配合下，一举突破颈线位置。

头肩底是一种非常可靠的底部信号，一旦得到确认，后市涨幅可观。激进的投资者可以在股价突破颈线位置的时候伺机介入。

为了让读者有一个更加直观的感受，我们举一个头肩顶的例子。图9－3是中信证券2007年8月到2008年1月的走势。

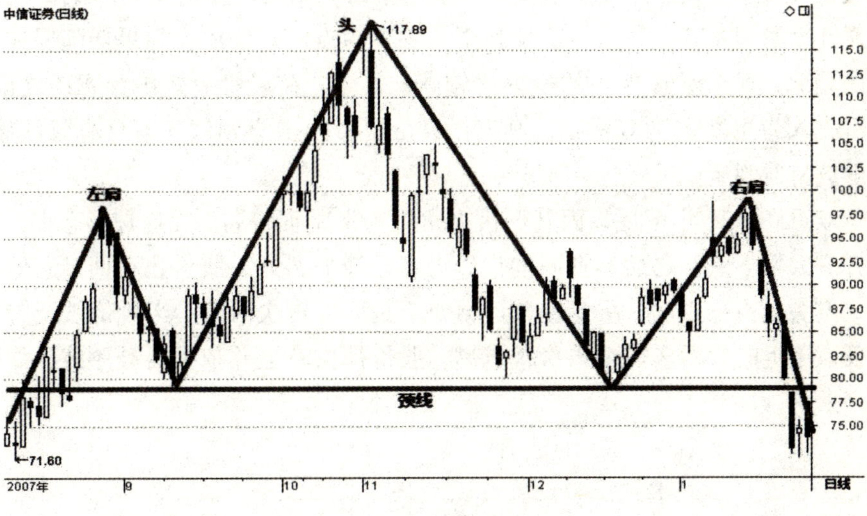

图9－3　中信证券头肩顶走势

在图9－3中，中信证券的股价构筑了一个标准的头肩顶形态，左肩和右肩分别位于头部两侧，最终股价击穿颈线，开始了长达六年的漫漫熊途。

双重顶（底）

双重顶和双重底形态，也就是我们熟知的M头和W底，是一种非常重要的反转形态，在实际操作中比较常见，其出现频率仅次于头肩形态。

双重顶，又叫M头，因其形状像英文字母M而得名。在这种形态中，股价先是在成交量的配合下上涨至某一高点，随后开始回落；当跌至某一位置时，股价再次反弹上行，但成交量较第一个高点时有所萎缩，而且股价在前一高点附近再次掉头向下，并一举击穿了第一次回落的低点，如图 9-4 所示。

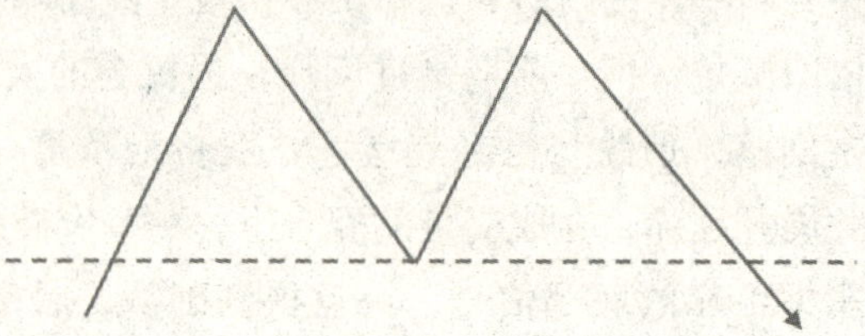

图 9-4　双重顶

双重顶是一种常见的顶部反转信号，一旦形成，股价下跌的概率极高，对此投资者不可大意，应采取及时止损的策略。当然，在判断 M 头时，还要注意几个原则：其一，在股价反弹至第一个高点的过程中，如果伴随着成交量的萎缩，那么形成 M 头的概率比较高；其二，在股价有效击穿颈线之前，不可先入为主断定为双重顶；其三，只是下影线击穿颈线，不算有效跌破，可继续持股观望。

双重底，又叫 W 底，因其形状像英文字母 W 而得名。在这种形态中，股价先是大幅下跌，之后有抄底的投资者开始逢低买入，股价止跌回升。但此时，空头仍占据主动，买盘比较谨慎，于是股价再次回落。当股价跌至前一个低点附近时，做多热情再次被点燃，股价掉头直上并依据突破颈线，如图 9-5所示。

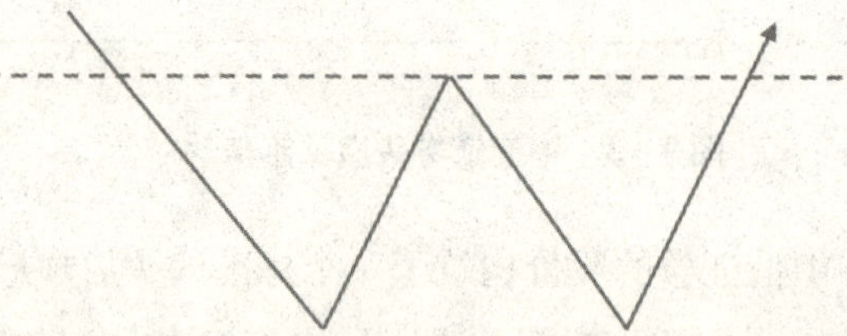

图 9-5　双重底

从图 9-5 可知，双底只是将双顶倒转过来，形成 W 字母状。这种形态一般出现在股价大幅杀跌之后，空头动力逐渐衰竭的过程中，是一种典型的底部反转形态。当然，在判断 W 底时，还要注意几个原则：其一，W 底形态必须出现在股价大幅杀跌之后，在其他地方出现 W 底，则应该谨慎操作；其二，W 底形态的两底之间应该有一定间隔，这种间隔越大，后市反转的概率越高；其三，必须等股价有效突破颈线位置后，例如连续三天收盘价站在颈线之上，方可买入。

下面我们以西藏矿业为例来解读双重底形态。如图9-6所示，该股股价先是经过了一轮大幅下跌，并于2013年4月上旬在10元附近见底。随后，该股在10元和11.30元之间构筑了一个标准的双底形态。4月22日，股价突破颈线位置，从而拉开了一轮新的涨势，涨幅达60%！

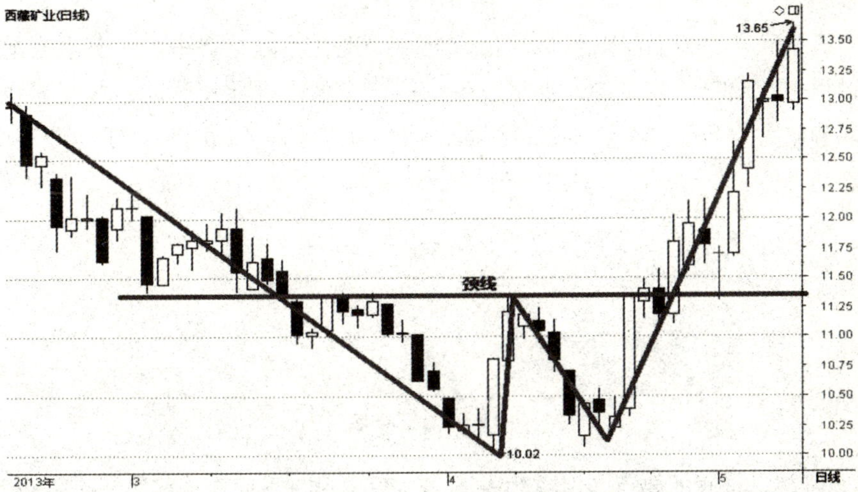

图9-6　西藏矿业双重底走势

三重顶（底）

三重顶（底）从某种程度上来讲，是前面两种反转形态的结合体。它既可以被视为是头肩型的一般形态，只是没有头部；又可以被视为是双重顶（底）的扩散形态，只不过多了一个波峰（波谷）而已。

先来看三重顶。这是一种以三个高位相近而形成的反转形态，通常出现在上升趋势中。它与头肩顶的唯一区别是，三重顶的颈线和顶部连线是水平的，也正是因为这个原因，三重顶更容易演变成整理形态，如图9-7所示。

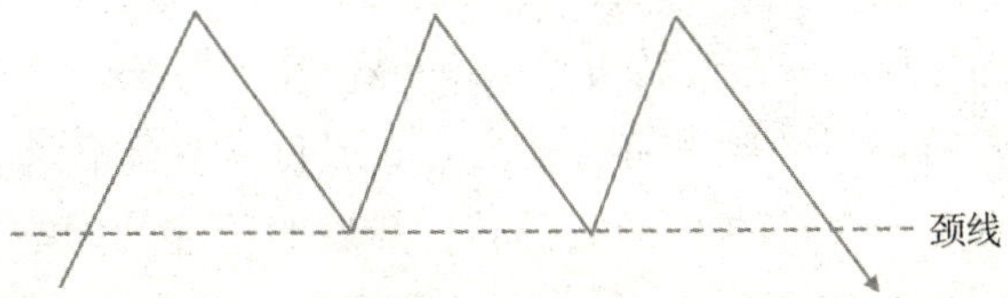

图9-7　三重顶

在三重顶形态中，三个顶点的成交量依次递减，当股价形成双顶并在颈线位置获得支撑后，再次反弹至原先双顶的位置，但遭遇阻力再次回落。此时，如果股价跌破颈线，便宣告三重顶形态成立，投资者宜出局观望。

在研判三重顶时，有几个要点：其一，三重顶的三个顶点之间时间和距离间隔不必相等；其二，如果形成第三个顶点时的成交量很小，后市击穿颈线并大幅下跌的可能性也更高；其三，从理论上讲，三顶点之间距离越大，力量越强。

三重底在形态上与三重顶相反，通常出现在下跌趋势中。在三重底的形成过程中，成交量会减少，直至股价从第三个低点开始反弹时，成交量也随之温和放大，当股价有效突破颈线时，信号得以确认，如图 9－8 所示。

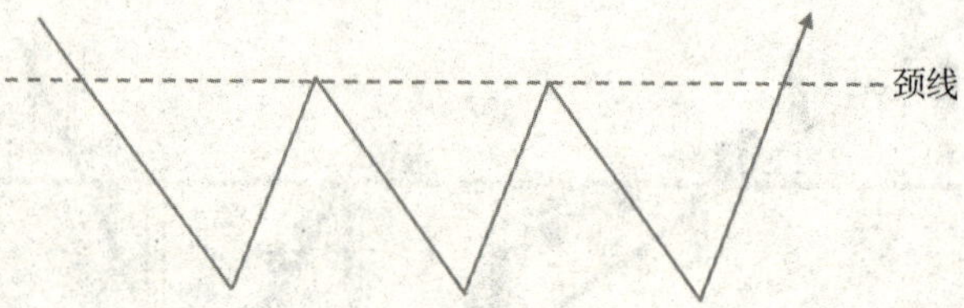

图 9－8　三重底

研判三重底的要点与三重顶差不多，只不过三重底在形成第三个低点后，成交量会伴随股价上涨而放大，这是股价即将突破颈线的有力信号。

下面我们以上风高科为例来解读三重顶形态。如图 9－9 所示，该股股价经过大幅拉升后，在 9 元到 15 元之间宽幅震荡，构筑出一个标准的三重底，之后股价击穿颈线，开始了漫漫熊途，期间跌幅惊人！注意，这里用的是周 K 线。

V 形顶（底）

V 形反转是一种变化较快、转势力度极强的形态，这种形态一般出现在市场剧烈波动之时，在价格顶部或底部区域只出现一次低点或高点，随后就改变原来的运动趋势，股价呈现出相反的剧烈变动。

根据反转的性质，V 形反转可分为 V 形顶和 V 形底。V 形顶出现在牛市末期或熊市反弹阶段，一般只有一个高点，股价从底部启动，经过一波急速的拉升后形成单日或双日的 V 形大反转，此后股价连续大幅暴跌。V 形顶一旦形成，其杀伤力非常惊人，往往不容人们思考，股价便已经跌落谷底。

V 形底与 V 形顶刚好相反，它通常出现在熊市末期或牛市回调阶段，一般

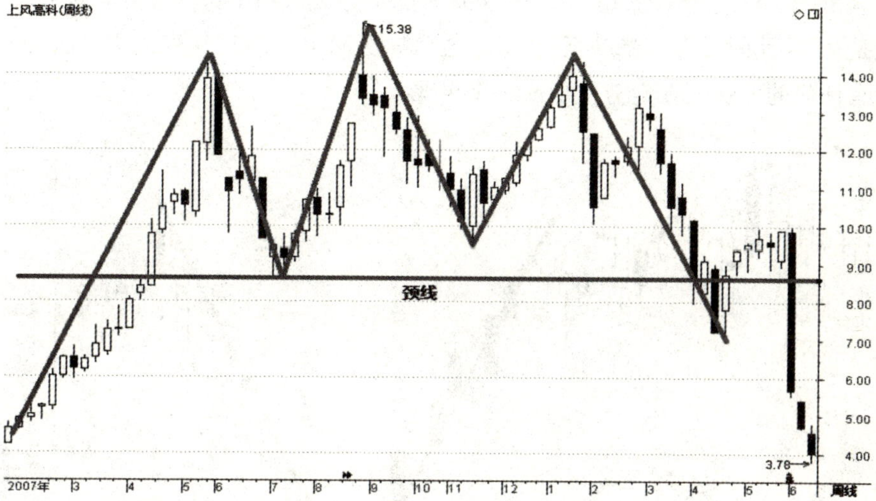

图9-9 上风高科三重顶走势

只有一个低点，股价先是连续大幅下跌，市场处于极端恐慌状态，随后突然形成单日或双日的V形大反转，并伴随着成交量的急剧放大，股价大幅飙升。

由于V形顶（底）在图形上比较简单，我们这里不再画示意图，而是直接给出两个案例。图9-10是康达新材2015年8月的K线图。从图中可以看出，该股股价从18元附近迅速拉升到30元，之后掉头向下，一口气跌至16元，期间没有任何像样的反弹，在走势上形成一个倒V形。

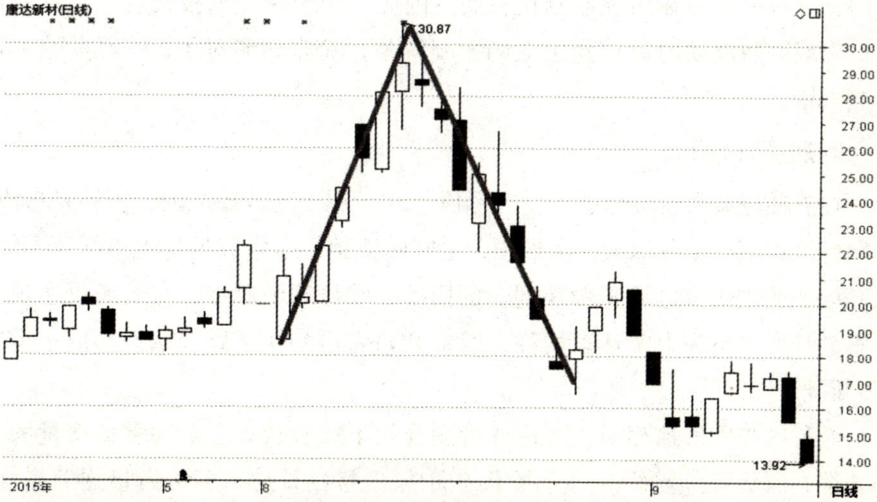

图9-10 康达新材V形顶

图 9－11 是利民股份 2015 年 7 月份的走势。从图中可以看到，该股股价先是从 48 元附近直线暴跌至 20 元，之后掉头向上，一口气涨回 49 元，期间没有任何的停顿，在走势上形成一个 V 形。

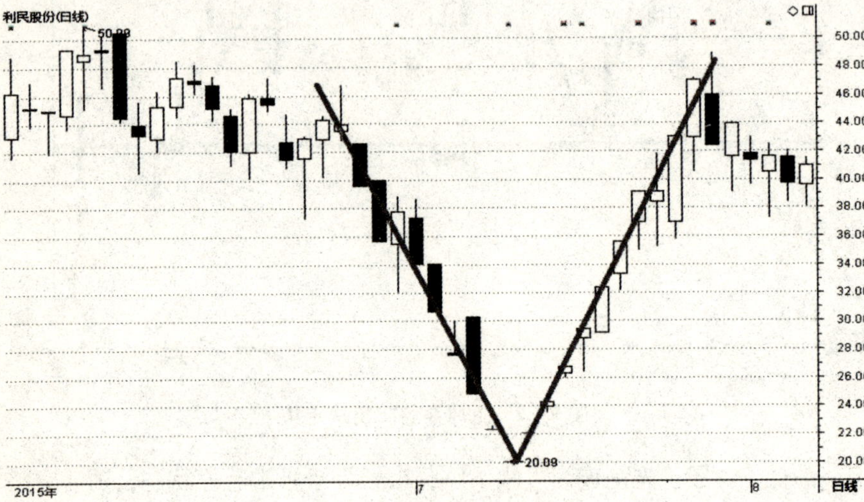

图 9－11　利民股份 V 形底

从上面两个案例可以看出，尽管 V 形反转的力度非常惊人，但在实际操作中，这种走势却很难把握，因为它变化非常剧烈，几乎是来无影去无踪，当你意识到形态反转时，股价早已脱离底部或顶部，而一旦你追进去或忍痛割肉，很有可能追在山顶或割在谷底。因此，作为保守的投资者，要避免在股价出现剧烈波动时进行仓位上的大幅调整，除非你赌对了，一旦赌错，将铸成大错。

圆形顶（底）

在五种经典的反转形态中，圆形顶（底）属于比较少见的，可一旦形成，后期的涨跌幅也十分惊人。圆形顶，也叫圆弧顶，是指股价呈现出圆顶走势，刚开始上涨较快，之后随着获利盘的回吐，涨势逐渐趋缓，直至股价在顶部盘整数日后，空头力量逐渐增强，股价开始由慢到快下跌，从而形成一个向下的圆形。

圆形底与圆形顶相对，是指股价刚开始下跌较快，之后随着成交量的不断萎缩，跌势逐渐趋缓，直至股价在底部盘整数日后，多头力量逐渐增强，股价开始由慢到快上涨，从而形成一个向上的圆形。如图 9－12 所示。

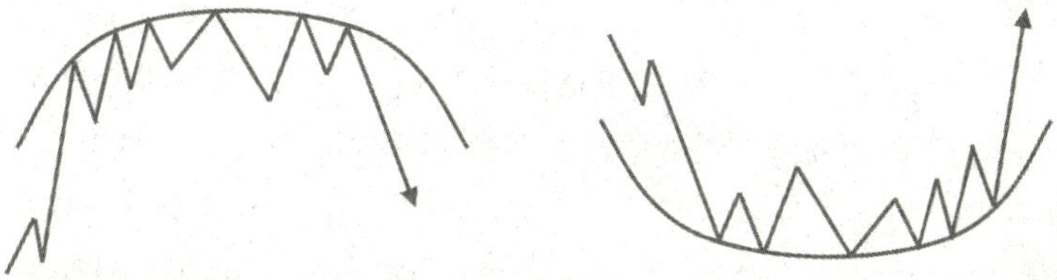

图9－12 圆形顶（底）

与其他几种反转形态相比，圆形顶（底）的形成耗时较长，也没有标志性的买卖点，但也正因为如此，它给了投资者足够的思考时间，可以在趋势形成之初且股价相对合理的位置买入或沽出。

图9－13是中铁二局2008年7—11月的K线图。从图中可以看出，该股股价在底部区域反复震荡，逐渐构筑出一个圆弧形，之后在指数的配合下股价开始出现拉升，最终股价从3.60元涨至10.20元，涨幅高达183%。

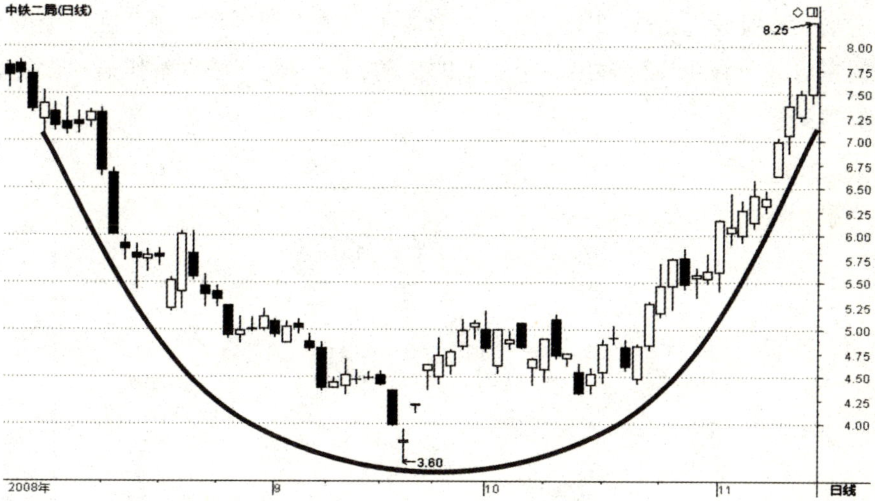

图9－13 中铁二局圆形底走势

● 其他反转形态

除了以上五种标准的反转形态外，还有一些特殊的反转形态同样值得我们关注。在这里，我们主要介绍复合头肩型、潜伏顶（底）和岛形反转。

复合头肩型

复合头肩型，从名字上便可知是头肩型的一种变形，其走势和头肩型十分相似，只不过它更加复杂，头部、肩部或两者同时出现多次。具体而言，可以分为一头双肩式、一头多肩式、多头多肩式等多种类型。

复合头肩型的市场含义与普通头肩型一样，当它出现在底部时，预示着后市即将迎来一轮上涨；当它出现在顶部时，预示着后市即将下跌。在形成头肩型的初期，由于成交量可能不规则，使得形态难以辨认，但稍后我们就会发现，它的走势与普通头肩型几乎完全一致。

在实际操作中，复合头肩型的杀伤力巨大，但由于其形态比较复杂，每一个头部和肩部的回调低点并不会全落在同一条直线上，很难画出颈线来。因此，在操作上应该以最明显的两个短期低点为准连接成颈线，以此作为参考。

图 9 - 14 是华能国际 2007 年 5 月至 2008 年 4 月间的走势。从图中我们可以看出，该股股价在 A、B、C 三点处形成了一个大型的头肩顶，在这个头肩顶的左肩 A 处还可以分解出一个小型的头肩顶。因此，可以看作是一个复合头肩顶。

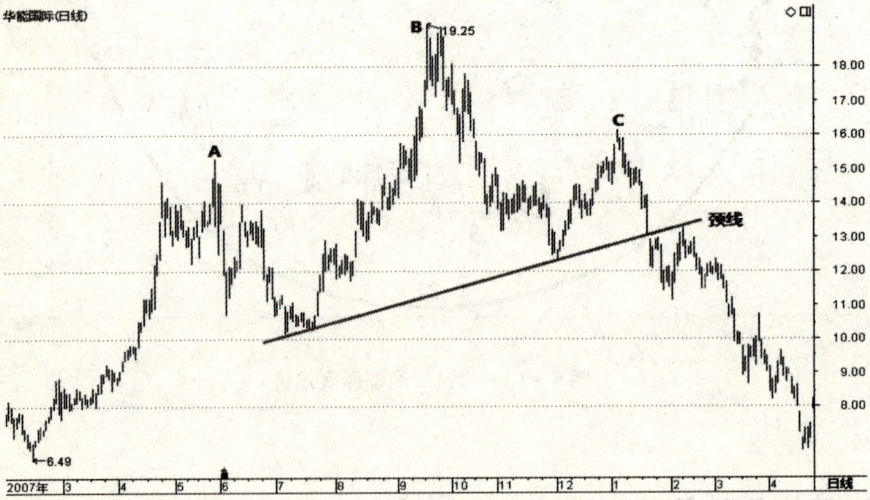

图 9 - 14　华能国际复合头肩顶走势

当然，在实际操作中，要从复杂的 K 线图中辨认出复合头肩型并不容易，因为有时候我们看到的细节越多，就越容易偏离大趋势。此时，我们需要从一个更长的周期来考虑问题，例如将图9－14中的日K线换成周K线，我们就会很容易地辨认出一个标准的头肩顶形态。如图9－15所示。

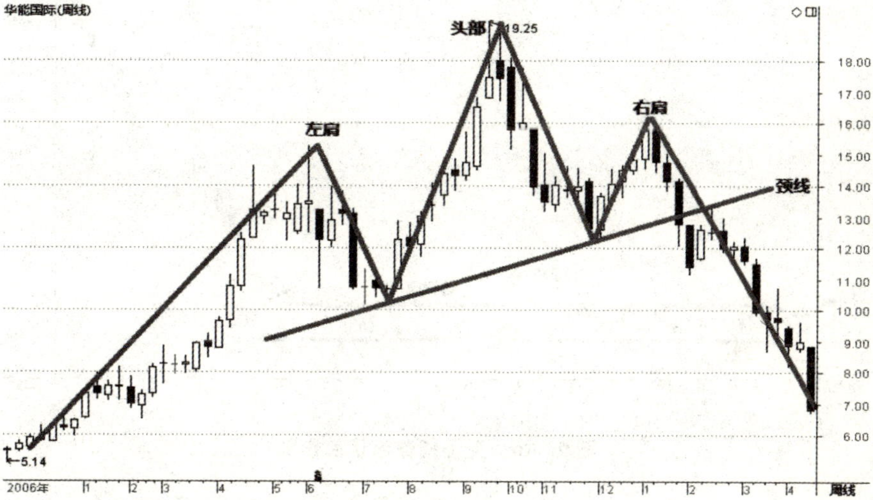

图9－15 华能国际头肩顶走势（周K线）

潜伏顶（底）

潜伏顶（底）在形态上有些类似于圆形顶（底），只不过它在顶部或底部的走势并不是圆弧形，而是形成一条带状，股价在一个狭窄的区间内波动，交易十分清淡。因此，我们可以将潜伏顶（底）理解为平顶。

与其他反转形态不同，潜伏顶（底）一旦形成突破，股价会一路下跌（或上涨），期间很少出现折返走势。这是因为股价在平顶横盘期间，换手相当充分，一旦趋势形成，阻力比较小，走势自然比较平顺。

关于这种走势，现实中有很多经典的案例。记性好的投资者一定还记得，在2014年7月牛市启动之前，上证指数曾经在1991到2087之间不到100点的区间内反复震荡了近三个月之久，之后于7月15日形成突破，并掀起了一轮波澜壮阔的牛市，不到一年时间，指数涨幅高达160%。如图9－16所示。

岛形反转

岛形反转虽然被我们归入其他反转类型，但它的名气很大，熟悉技术分析的人几乎无人不知无人不晓。其中一个原因是，岛形反转的形态很特殊，很容易辨认，而且它的信号准确率比较高。

那么，什么是岛形反转呢？所谓岛形反转，就是股价经过持续下跌后，

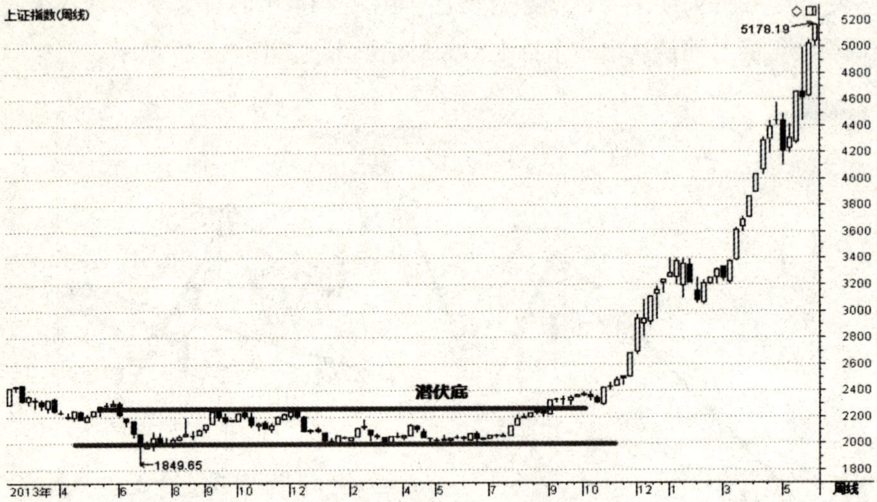

图 9－16　上证指数潜伏底走势

某日突然跳空低开留下一个缺口，随后几天股价继续下跌，当其跌至某个低点时突然峰回路转，向上跳空开始急速拉升。这个向上的跳空缺口与前期下跌的跳空缺口基本上处在同一个价格区域，使得 K 线图看上去就像一个与世隔绝的孤岛。

根据反转的性质，岛形反转又分为顶部岛形反转和底部岛形反转两类。上面定义中介绍的是底部岛形反转，顶部岛形反转则与其相反，如图 9－17 所示。

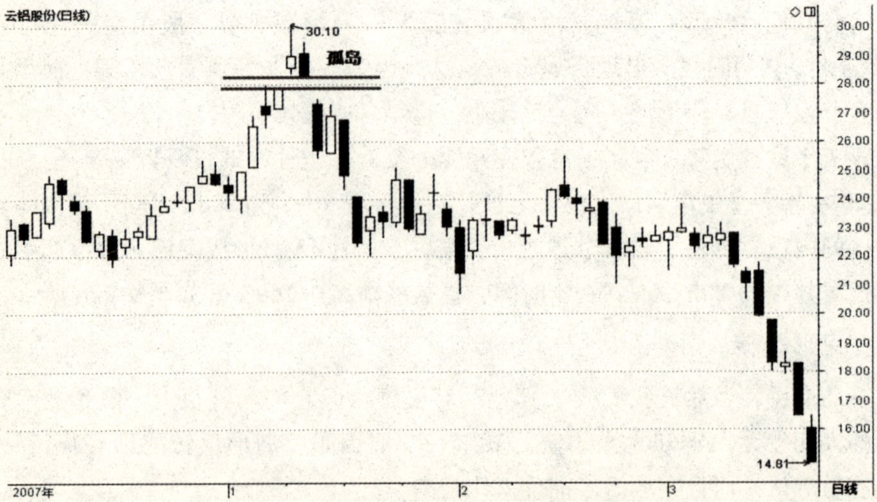

图 9－17　云铝股份顶部岛形反转走势

图9－17是云铝股份2007年1月份的K线图。我们看到，该股先是在1月10日形成一个向上的跳空缺口，之后股价未能延续涨势，于两天后出现向下的跳空缺口，岛形反转成立，由此拉开了漫漫熊途，股价从30元跌至3.8元！

第 10 章 整理形态

当股价持续上涨或下跌后，通常会有一个中场休息的过程，之后再继续上涨或下跌。这种中场休息在 K 线图上就表现为整理形态，其成因在于多空双方的力量经过一段时间的上涨或下跌后，暂时达到了一种均衡。

整理形态有时是自发形成的，有时则是主力洗盘的痕迹，但不管怎样，它都是一种中继行情，没有方向，操作起来比较困难，适合高抛低吸，而不适合突破建仓法。这是我们面对整理形态时，必须掌握的一个操作策略。

根据不同的形状，整理形态可分为三角形整理、菱形整理、旗形整理、矩形整理等不同的类型。我们先来看三角形整理。

● 三角形整理

三角形整理是一种常见的整理形态，根据不同的形状，又可分为上升三角形、下降三角形、对称三角形、扩散三角形四种类型。

对称三角形

对称三角形又称为等边三角形，是由一系列的价格变动组成，其变动幅度逐渐缩小，每次变动的最高价均低于上一次的最高价，而最低价均高于上一次的最低价，从而在图形上呈现出一个对称三角形的收缩形态，如图 10－1 所示。

在对称三角形的形成过程中，至少要有两个明显的短期高点和低点，最终的突破方向既可能是向上，也有可能向下，具体取决于多空双方的力量对比。当股价经过一段时间的整理，最终冲破带量突破阻力线时，便是短期买入信号；反之，当股价向下突破支撑线时，则是短期卖出信号。

我们以兰花科创 2006 年 5—10 月的走势为例。该股在 2006 年的上涨过程中出现了横盘整理，盘整区间的上边线和下边线不断收拢，最终形成一个对称三角形的持续形态。此后，股价在 10 月 31 日形成突破。如图10 -2所示。

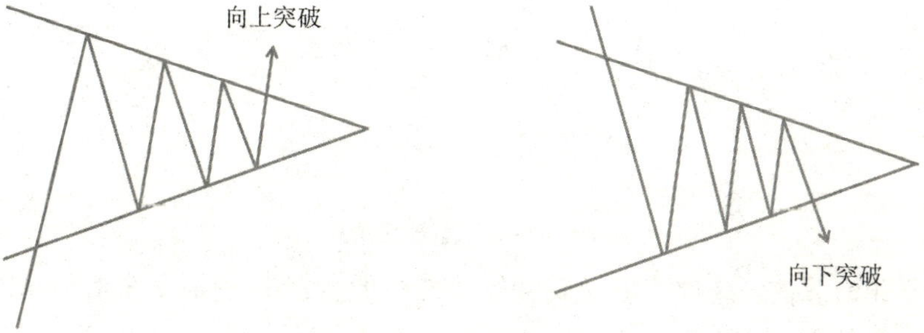

图 10 -1　对称三角形

图 10 -2　兰花科创对称三角形走势

上升三角形、下降三角形

上升三角形和下降三角形是两种整理形态，但由于它们在形状上大同小异，因此在这里我们合起来介绍。所谓上升三角形，是指股价在某一水平遇到强大的抛压，每次从低点反弹至该水平就会折返。只是由于做多力量比较强，股价还未跌至上一次的低点便开始回升。这种情形一直持续，使得股价沿着一条阻力水平线逐渐收窄，在 K 线图形态上呈现出上升三角形的形态，如图 10 -3 所示。

下降三角形则恰好相反，股价在某一水平上遇到强大的支撑，每次从高点跌至该水平就会折返。只是由于做空力量比较强，股价还未涨至上一次的

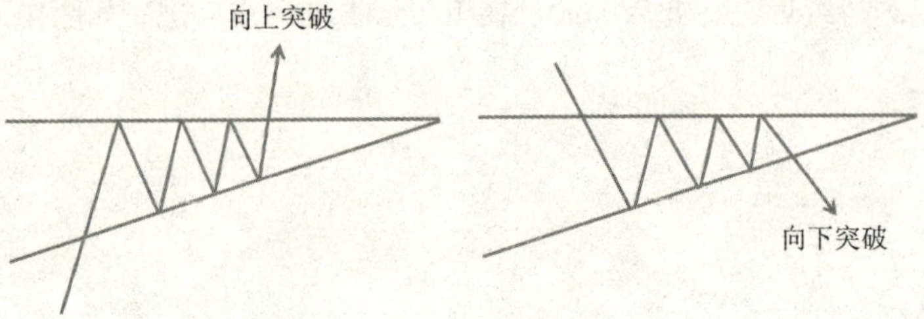

图 10－3　上升三角形

高点便开始下跌。这种情形一直持续，使得股价沿着一条支撑水平线逐渐收窄，在 K 线图形态上呈现出下降三角形的形态，如图 10－4 所示。

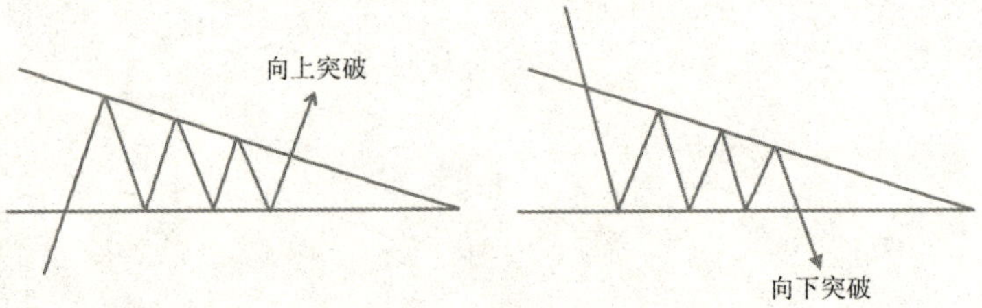

图 10－4　下降三角形

下面我们以中国平安 2013 年 3—6 月的走势为例。该股股价先是从 53 元的高位急速下跌，在 39 元附近获得支撑后展开了长达三个月的三角形整理，高点不断下移，最终于 6 月 7 日击穿整理平台，拉开新一轮跌势，如图 10－5 所示。

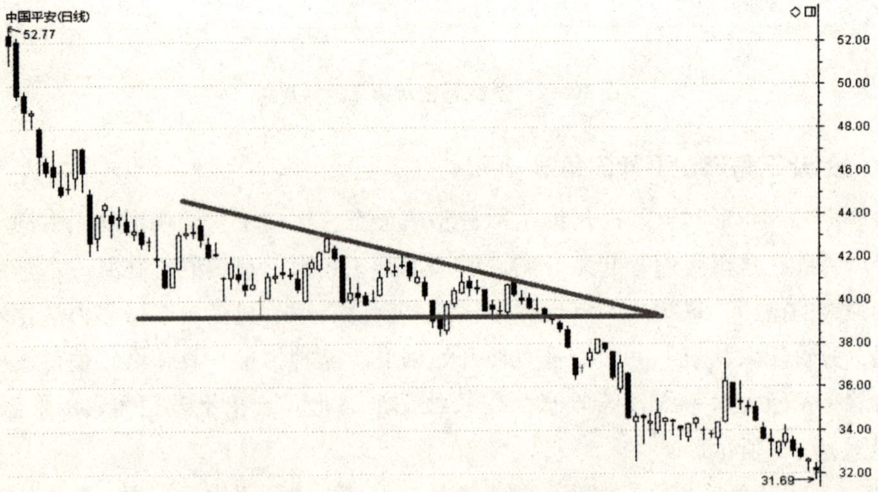

图 10－5　中国平安下降三角形走势

扩散三角形

扩散三角形，又叫喇叭形整理，因其形态像喇叭而得名。具体而言，是指股价经过持续上涨后，市场情绪开始陷入躁动，当股价上涨时疯狂追涨，当股价下跌时又盲目杀跌，最终的结果是股价波动幅度越来越大，高点越来越高，低点则却来越低。如图10－6所示。

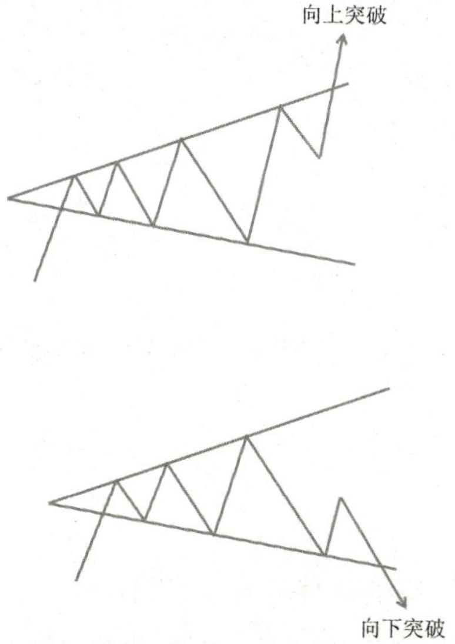

图10－6　扩散三角形

从图10－6可知，扩散三角形其实是前述几种三角形整理倒转过来的形态，它们之间的区别在于，前者是扩散的，而后者是收敛的。根据类似的标准，我们可以把分散三角形分为对称扩散三角形、上升扩散三角形和下降扩散三角形。

标准的扩散三角形至少包含三个转折高点和两个转折低点，而且这三个高点一个比一个高，两个低点一个比一个低。与三角形整理一样，扩散三角形整理后的方向选择并不明确，既可能向上，也可能向下。作为投资者，可以密切关注阻力线和支撑线的得失，并据此制定相应的操作策略。

下面我们以浦发银行2007年8月至2008年2月的走势为例。该股股价经过大幅拉升后，在高位走出扩散三角形的整理形态，经过几次上下波动，振幅越来越大，之后股价走低并击穿三角形下轨，一路下跌，如图10－7所示。

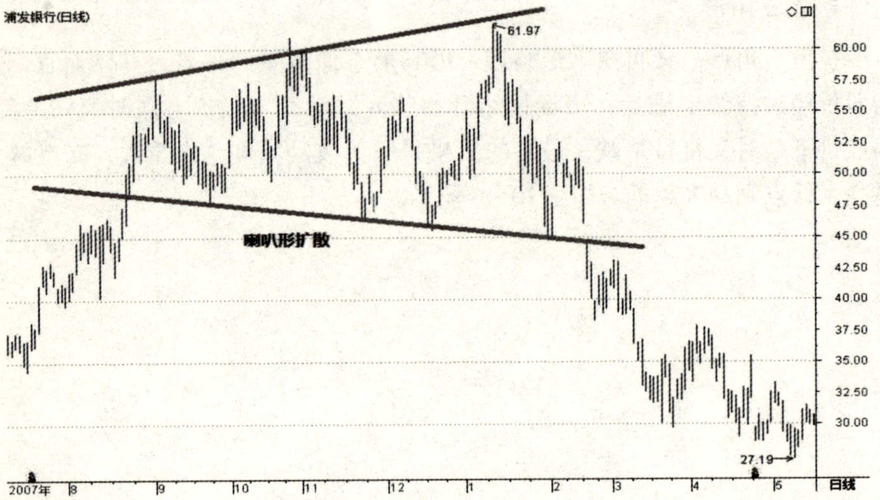

图 10－7　浦发银行扩散三角形走势

● 菱形整理

菱形整理是一种特殊的整理形态，我们可以将它视为由两种不同的三角形整理组合而成，因其形状酷似钻石，所以又被称为钻石形态，如图 10－8 所示。

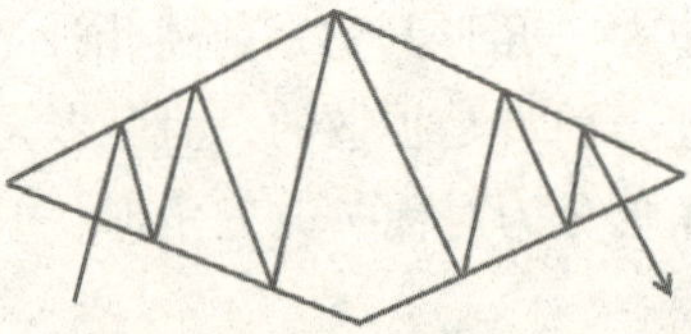

图 10－8　菱形整理

菱形整理比较少见，它通常出现在中级下跌前的顶部，是一种看跌形态，一旦形成，往往具有较大的杀伤力。这是因为，从投资心理学的角度来看，扩散三角形和收敛三角形恰好揭示了两种不同的状态。当市场处于扩散三角形整理中时，投资者的情绪越来越急躁，使得股价波动逐渐加剧；而当市场处于收敛三角形整理中时，投资者的情绪开始降温，大家都在等待方向突破，市场参与者逐渐减少，交易量不断萎缩，最终导致股价经过菱形整理后选择向下突破。

在操作上，当构成扩散三角形的支撑线被有效击穿后，便宣告这一形态已基本完成，保守的投资者可以在该形态形成之初就选择卖出。当然，我们也可以等待菱形整理完成，最终击穿右边的收敛三角形整理平台后再选择卖出。

我们以光明乳业2002年1—8月的走势为例。该股先是在1月份经过一轮小幅上涨，之后进入高位宽幅震荡期，并于4月14日创出14.86元的新高。此后，涨势未能延续，反弹一浪低于一浪，形成菱形整理走势。最终在8月25日这一天以一根大阴线击穿整理平台，掀起了新一轮跌势，如图10－9所示。

图10－9　光明乳业菱形整理走势

● 楔形整理

楔形整理是指股价在两条同向收敛的直线之间运动。从形态上看，它有点像三角形整理，但两者有一个显著的区别，即楔形整理的支撑线和阻力线是同时上倾或下斜的，否则就是三角形整理。

根据不同的方向，楔形整理可分为上升楔形和下降楔形。不论上升楔形还是下降楔形，在股价上涨或下跌途中均有可能出现。其形态完成后，股价往往会沿着形态之前的方向运动，但有时也会出现反转走势。

上升楔形

上升楔形是指股价经过一次下跌后，有较强的技术性反弹要求，当股价上涨至一定水平后掉头向下，但回调的低点比前一个低点要高。此后，股价再一次反弹并创出新高，其后再回落，形成一浪高过一浪的走势。

如果我们将上述的短期高点相连形成一条阻力线，同时将短期低点相连形成一条支撑线，就可以得到两条同时向上倾斜的直线，如图 10－10 所示。

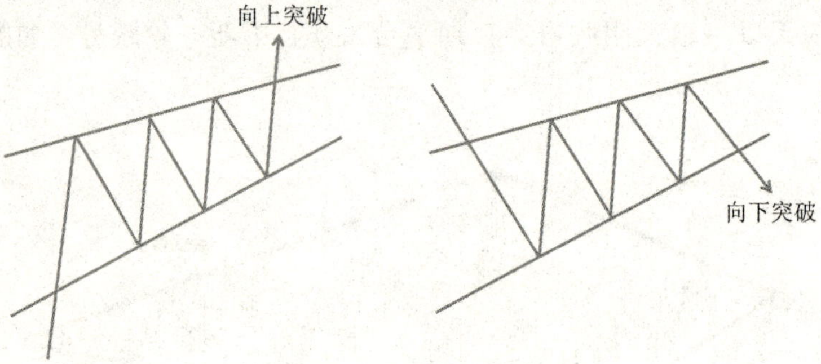

图 10－10　上升楔形

在实际操作中，上升楔形的意义是买方力量正在逐渐减弱，因此它有比较大的概率会选择向下突破。当上升楔形的下档支撑线被有效击穿后，就是卖出的信号，后市极有可能出现放量下跌的走势，投资者需要谨慎。

下降楔形

下降楔形和上升楔形正好相反，它通常出现在上升趋势的中期，此时股价经过一轮上涨后，出现强烈的技术性回抽，股价从高点回落，跌至某个低点时开始反弹，但反弹的高度低于前一个高点，此后的反弹一浪低于一浪。

如果我们将上述的短期高点相连形成一条阻力线，同时将短期低点相连形成一条支撑线，就可以得到两条同时向下倾斜的直线，如图 10－11 所示。

与上升楔形不同，下降楔形的出现一般说明上升趋势尚未见顶，只是中途的一次短暂调整，最终选择向上突破的概率比较大。

下面我们以山煤国际的走势为例。2009 年 2 月中旬，该股股价经过拉升后进入调整走势，K 线图呈现下降楔形的形态。3 月 18 日，股价突破楔形的阻力线，此后从 9 元附近一路上涨至 31. 40 元，如图 10－12 所示。

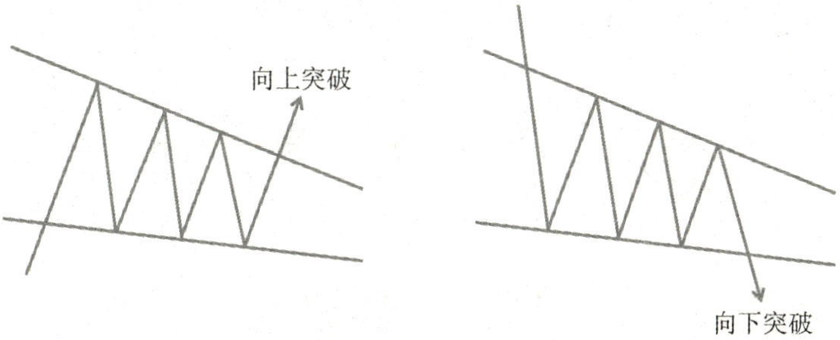

图 10－11 下降楔形

图 10－12 山煤国际下降楔形走势

● 矩形整理

矩形整理，又叫作箱体整理，是一种常见的整理形态。具体而言，就是股价在两条水平直线之间上下震荡，做横向延伸运动。当股价上涨至某一水平时，遇到较大的阻力而掉头向下，但很快又在买盘的支撑下迅速回升，至上一次高点时再次受阻，股价再次下跌至前期低点并获得支撑。

此时，如果我们将上述高点和低点分别连接起来，就可以得到两条水平的阻力线和支撑线，它们既不上倾也不下斜，形似一个矩形，如图 10－13 所示。

由图 10－13 可知，矩形整理根据突破方向的不同，可以分为看涨矩形和

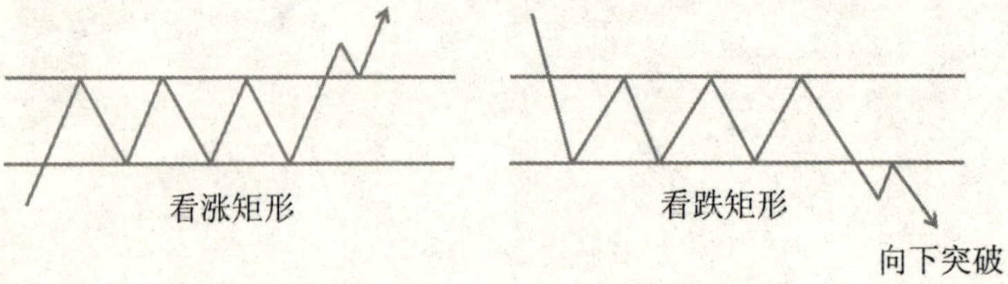

图 10－13　矩形整理

看跌矩形两大类。看涨矩形通常出现在上升趋势中，是股价上涨的中继形态；看跌矩形通常出现在下降趋势中，是股价下跌的中继形态。

从操作策略上看，根据矩形整理进行交易，最好的办法是趋势跟踪法。具体而言，就是在刚刚形成向上突破或突破后回调时买入。如果矩形整理持续的时间比较长，价格波动幅度比较大，也可以进行短期的高抛低吸。

下面我们以华天酒店的走势为例。2006 年 8 月，该股股价经过一轮上涨后在 8—9 元之间形成矩形整理，时间长达三个月，之后于 11 月 30 日以一根大阳线一举突破整理平台，拉开了新一轮涨势，如图 10－14 所示。

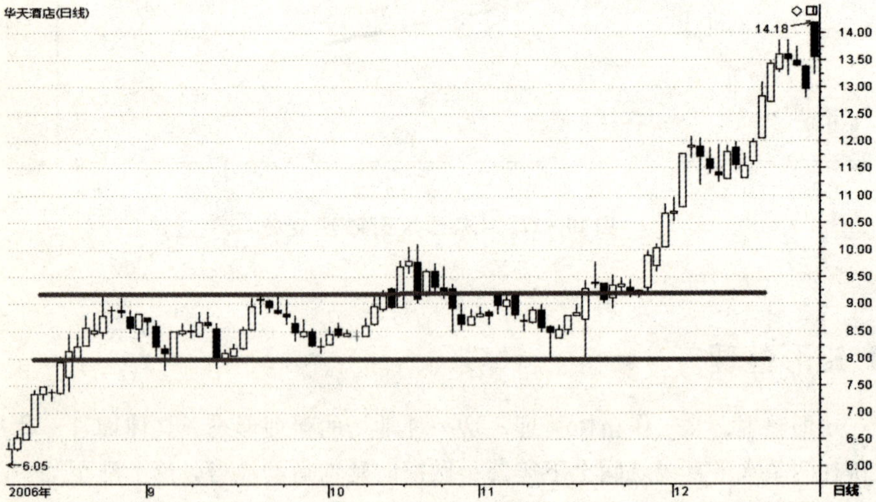

图 10－14　矩形整理

和其他整理形态一样，当我们根据平台突破信号进行操作时，并不可能做到百分之百准确。以图 10－14 为例，尽管 10 月 19 日该股曾经一度突破压力线，但随后再次掉头向下，如果你在当天买入，将会在短期内被套。对此，唯一可行的做法就是做好充足的预案，一旦行情对我们不利，立刻止损出局。

第11章
缺 口

缺口，又称为跳空，是行情延续过程中经常出现的一种技术图形。当股票价格在快速大幅变动中，有一段价格区间没有任何交易，显示在K线图上便是一个真空区域，这个区域就是缺口。如图11－1所示。

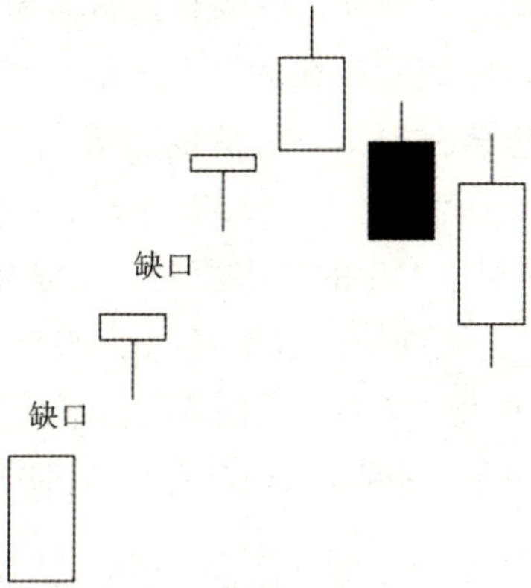

图11－1 缺口示意图

缺口的出现如实反映了市场上多空双方的力量对比。在上涨趋势中，由于买盘占优，股价跳空高开，留下向上无成交的空白区域；在下跌趋势中，由于卖盘占优，股价跳空低开，留下向下无成交的空白区域，并保持到收盘。

如果股价出现缺口后，经过几天，甚至更长时间的变动，回到原来缺口的价位，就称为缺口的封闭或者回补。在技术分析中，有一种普遍的迷信，即凡是缺口必然被回补，并且直到缺口被回补后趋势才是可信的。尽管这种说法有很多佐证，但如果将它作为操作的依据，则大错特错，因为谁也不知道缺口会何时被回补，在一个多头市场中，有的缺口可能要等几年后才会被回补掉。

根据不同的性质，我们可以将缺口分为普通缺口、突破性缺口、持续性缺口、衰竭性缺口、除权缺口五种类型。下面我们分别对它们做详细介绍。

● 普通缺口

普通缺口是指在股价变化不大的成交密集区出现的缺口。这类缺口通常发生在耗时较长的整理形态或者反转形态中，成交的空白区域不大，出现后很快（一般只需要3—5天）就会被回补。这也是它和后面三种缺口之间的重要区别。

普通缺口的出现，主要是由于投资者对后市毫无兴趣，市场交投清淡，只需要少量的买单或卖单就足以导致价格跳空。这种缺口具有以下特点：①缺口处的成交量越大，在此间形成的支撑和阻力也越大；②向上的缺口如果没有成交量的支撑，极容易被回补，向下的缺口则不一定；③缺口回补后，股价通常仍向原方向继续运行。

由于普通缺口很快就会被回补，所以给投资者带来了一些短线机会：当股票出现向上的跳空缺口时，应该在缺口上方的高点卖出；相反，当股票出现向下的跳空缺口时，应该在缺口下方的低点买入。当然，这种操作策略的前提是，你必须判明缺口的性质，一旦判断错误，可能会出现较大的损失。

在实际操作中，普通缺口发生的频率很高，一般某只股票遇到突发性利好或利空都会出现跳空缺口。下面我们以铜峰电子2009年7月2日的走势为例。当天该股以5.5%的涨幅高开，之后冲高回落，留下一个向上的跳空缺口。但第二天缺口就被完全回补，股价继续陷入横盘震荡的格局，如图11－2所示。

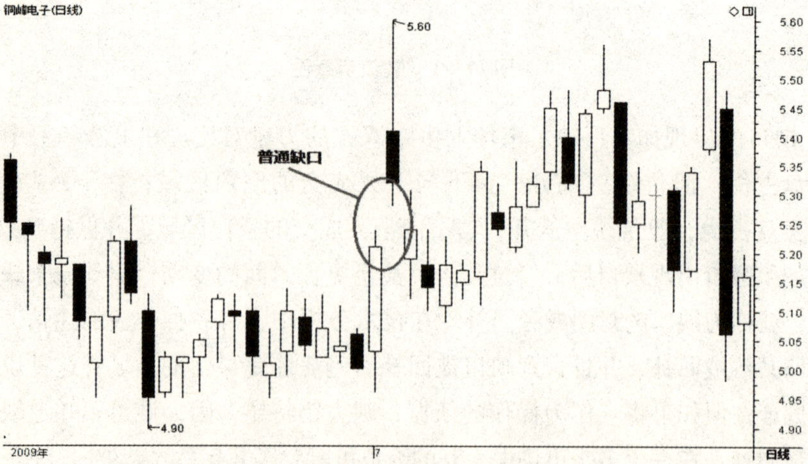

图11－2　铜峰电子普通缺口走势

从上面的分析可知，普通缺口虽然频发，而且有时缺口很大，但它对股价当前的走势并不会产生多大影响。但接下来要介绍的这三种缺口，却会对股价的中长期走势产生关键性的影响，我们将其称为功能性缺口。

● 突破性缺口

突破性缺口通常发生在成交密集的反转或整理形态之后，当股价突破压力线或击穿支撑线时，往往会出现大幅度上涨或下跌所形成的缺口。究其原因，是股价在经历了长时间的整理后，在同一价位不断出现卖盘，同时多头在该位置不断将卖盘消化，待空头力量完全消化后，多头推动形成向上跳空缺口。向下跳空缺口的形成过程则与之相反，是股价经过整理后空头占优的结果。

突破性缺口往往是整理之后出现的第一个缺口。按照缺口理论，三天不回补即为有效缺口。因此，突破性缺口一旦形成，通常意味着行情的反转，而且缺口越大，缺口当天的阳线或阴线越长，表示未来股价上涨或下跌的幅度也越大。

下面我们以华贸物流为例。2015 年 2—3 月，该股股价在 17 元附近震荡了一个多月，之后于 3 月 13 日以 7.66% 的涨幅高开并以涨停报收，形成了向上的突破性缺口，意味着整理行情结束，随后股价一路攀升，如图 11－3 所示。

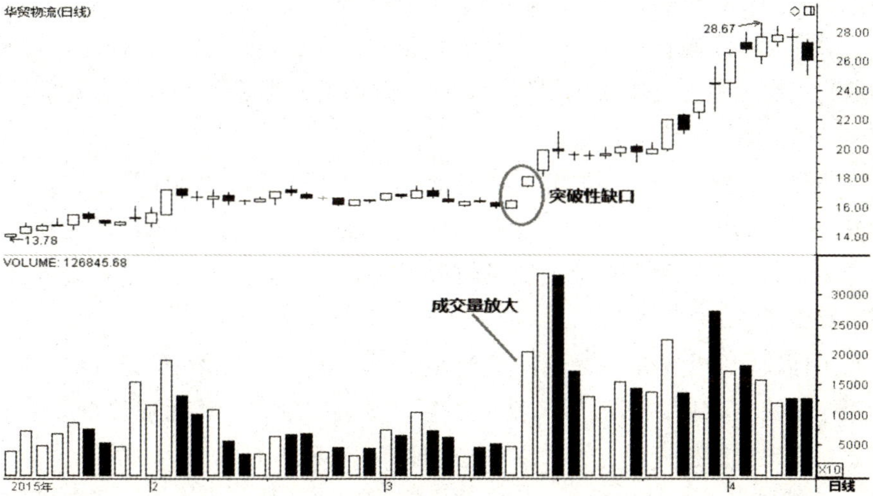

图 11－3 华贸物流突破性缺口走势

那么，在实际操作中，我们如何区分普通缺口和突破性缺口呢？在这里，介绍两个原则：首先，普通缺口通常在3—5天内就会被回补，而突破性缺口一旦出现，短期内是不会被回补的，一旦被回补，那说明原先的突破并不成立。

其次，突破性缺口必须有量能的配合，向上突破形成缺口时成交量越大，说明多头回补或低位买进的资金越积极，反之如果突破后成交量未能放大，则说明多头跟进不积极，很有可能引发套牢盘涌出，导致突破性缺口被回补，最终以失败收场。仍以图11－3为例，华贸物流在3月13日突破当天，成交量急剧放大至3.67亿元，是前一天的近四倍，说明当天买盘踊跃，后市看涨。

● 持续性缺口

持续性缺口，也叫中继性缺口，是指股价朝某一方向有效突破后，由于剧烈波动而在上涨或下跌途中出现的缺口，是行情持续的信号。这种信号如果出现在上升趋势中，说明市场坚挺；如果出现在下降趋势中，则显示市场疲软。

通常来讲，持续性缺口具有以下特点：首先，持续性缺口是一种二次形态缺口，它只能伴随突破性缺口的出现而出现。换句话说，如果股价未发生突破，则不存在持续性缺口形态。因此，持续性缺口很容易辨认。

其次，和突破性缺口一样，持续性缺口一旦产生，就不会轻易被回补，对股价具有较强的支撑或压制作用。而一旦回补，那将是对上升趋势的不利信号。

最后，持续性缺口还能够衡量股价未来的变动距离，其度量方法是从持续性缺口开始上涨或下跌的幅度等于从突破性缺口到持续性缺口的距离。这意味着，只要投资者在持续性缺口附近买卖股票，就不用担心是否会被套牢或者踏空。

下面我们以宝新能源为例。2008年11月10日，该股在反弹过程中收出了第一个跳空缺口，四天后又收出了第二个跳空缺口，此后股价继续上涨。熟悉跳空缺口的投资者自然不会放过这种持股待涨的好机会。

在辨认持续性缺口时，成交量也是我们需要关注的信息。一般来讲，在形成持续性缺口时，由于原来具有优势的一方重新取得优势，所以通常会出

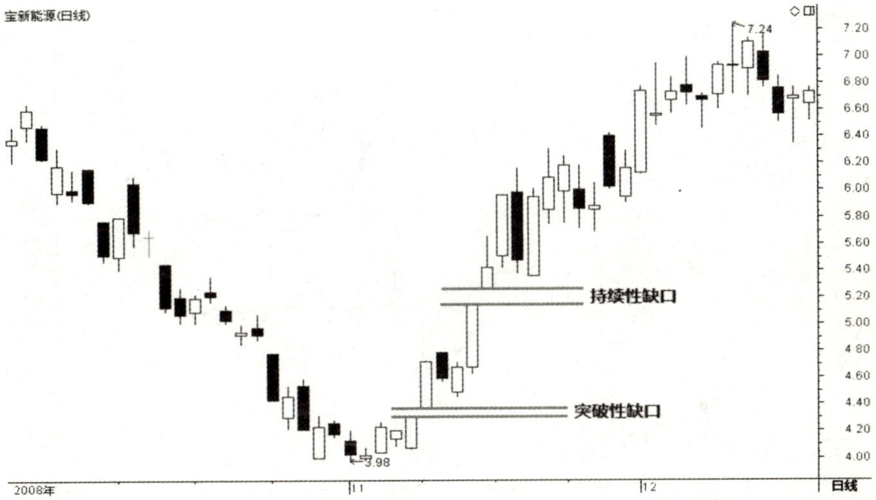

图 11－4　宝新能源持续性缺口走势

现放量跳空高开或跳空低开，此后成交量会在上涨或下跌过程中逐渐减少。

● 衰竭性缺口

衰竭性缺口，也叫消耗性缺口，是指股价经过前期的大幅上涨后，多头的力量逐渐衰竭，但在行情反转前，仍然收出一个向上的跳空缺口。这种走势看似多头占优，实则只不过是行情见顶前的一次回光返照。最终，在做空力量不断增强的背景下，多头败下阵来，跳空缺口也很快被回补。

衰竭性缺口的出现，是股价即将见顶的象征，表明多方力量已经殆尽，股价上涨乏力，大多数投资者已经赚得盆满钵满，抛压逐渐增大。我们都知道春秋时期著名的曹刿论战中有一句话：一鼓作气，再而衰，三而竭。将这句话用到股市里，可谓生动展现了多空双方力量转变的过程。

下面我们以潍柴重机为例。2009 年 5 月，该股走出一波快速拉升行情，在这个过程中，股价连续出现三个缺口，依次为突破性缺口、持续性缺口和衰竭性缺口，随后在高位形成黄昏之星的 K 线组合，如图 11－5 所示。

需要注意的是，在实际操作中，衰竭性缺口并不一定是第三个缺口，有时还会出现第四个缺口，不过缺口越多，成为衰竭性缺口的可能性也就越大，风险相对越高，对此我们必须警惕，当最后一个缺口被回补时，应该果断出

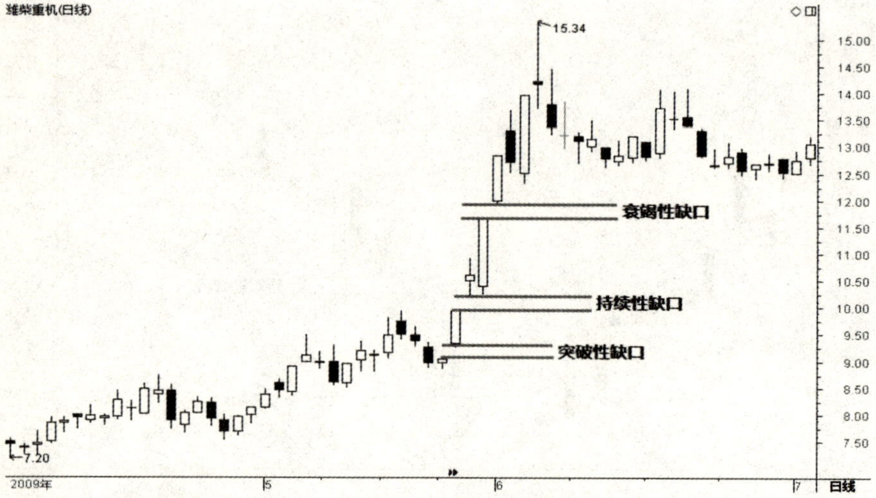

图 11－5　潍柴重机衰竭性缺口走势

局观望。

我们以海虹控股为例。2004 年 9—10 月，该股从 8.25 元启动，期间一共经历了四个缺口，在第三个缺口后股价并未马上回调，而是横盘了两周，再次收出一根向上跳空的小阳线，之后股价上涨乏力，转为跌势。如图 11－6 所示。

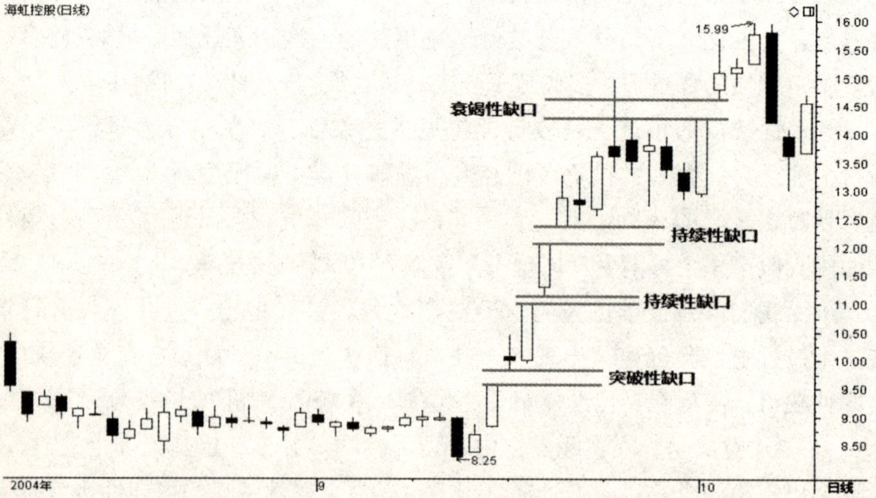

图 11－6　海虹控股衰竭性缺口走势

至于如何判断衰竭性缺口，有以下几个标准：①在衰竭性缺口之前，至少会出现一个持续性缺口；②如果缺口出现的当天或次日成交量剧增，创下近期的天量，极有可能是衰竭性缺口；③缺口出现次日，行情有当日反转情形，则几乎可以确定这是衰竭性缺口；④如果缺口位置恰好达到某个重要的支撑位或压力位时，该缺口成为衰竭性缺口的可能性会大增。

以上介绍的四种缺口，在实际操作中具有重要的分析意义，尤其是后面三种功能性缺口，对于我们制定单边趋势中的操作策略有很好的参考价值。而前一种缺口，即普通缺口，通常出现在震荡或无趋势行情中，其应对策略也和后三种缺口有所区别。图11－7总结了这四种缺口的形态特征。

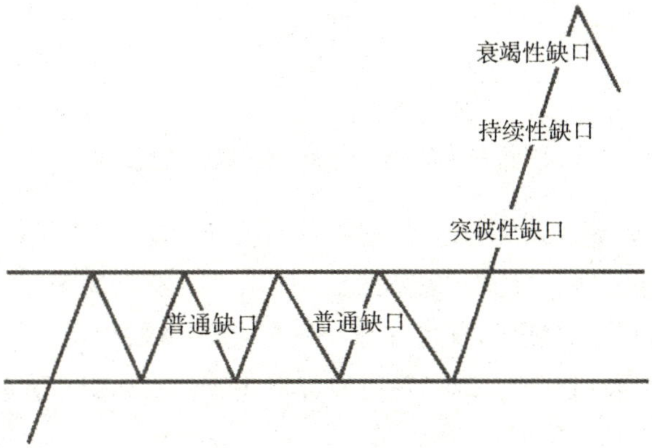

图11－7　四种基本缺口的形态特征

● 除权缺口

除了上述四种具有分析意义的缺口外，还有几种缺口也比较常见，例如岛形反转缺口、除权缺口和跳空幅度比较小的缺口。岛形反转缺口我们在第9章已经介绍过，跳空幅度比较小的缺口由于不具有参考意义，这里也不讨论。

剩下的就是除权缺口。所谓除权，是指除去股票中领取股票股息和取得配股权的权利。当上市公司进行送股或配股时，由于总股本增加，股东的持股数也会随着增加，但每股权益会被稀释。表现在股价上，就是除权价与股东登记日的收盘价之间产生跳空。这种缺口的出现，为股价在未来的上涨提供了空间，很容易诱发填权行情。如图11－8所示。

图11－8是赛轮金宇5月份的走势。2015年5月8日，该股股价因为除

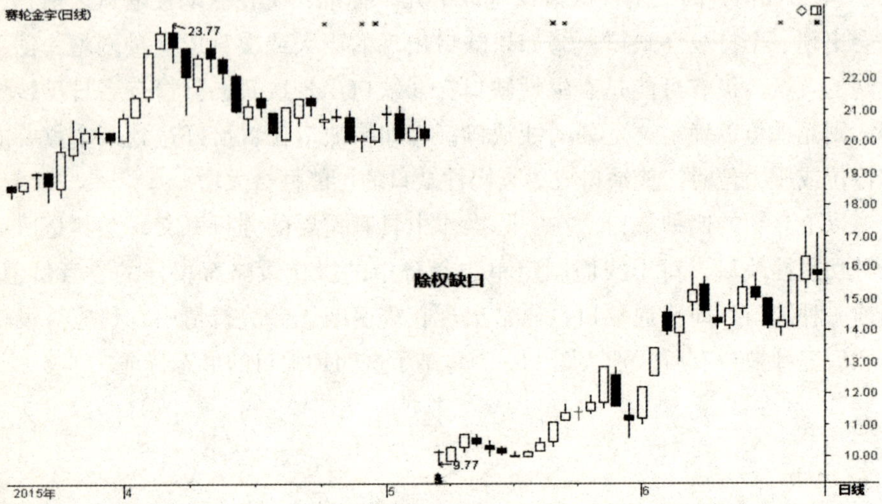

图 11-8 赛轮金宇除权缺口走势

权直接开盘在 10.14 元，而前一日的收盘价为 20.09 元，形成一个填权缺口。之后，股价展开了填权行情，最高探至 17.28 元，涨幅 70%。

需要注意的是，股票除权后并非一定伴随着填权行情，很多股票在除权之前就已经历了大幅上涨，除权后股价非但不涨，反而出现大幅跳水的走势。

第12章
支撑和阻力

在技术分析中，我们经常遇到这样两个概念——支撑和阻力，比如A股票在10元附近获得了支撑，B股票在20元附近遇到了阻力。那么，这两个概念到底是什么意思，它们对股票交易的操作又有什么指导性意义呢?

● 支撑和阻力的概念

支撑、阻力

所谓支撑，就是实际或潜在的买盘，其数量足以暂时阻止股价的下跌。我们都知道供求定律，当股价下跌时，市场上会有更多的人倾向于买入股票，当买盘大于卖盘时，支撑股价反弹的力量就产生了。

阻力的概念与支撑恰好相反，它是实际或潜在的卖盘，其数量足以暂时阻止股价上涨。当股价上涨时，市场上会有更多的人倾向于卖出股票，当卖盘大于买盘时，阻止股价继续上涨的力量就产生了。

下面我们来看一下支撑阻力的示意图，如图12-1所示。

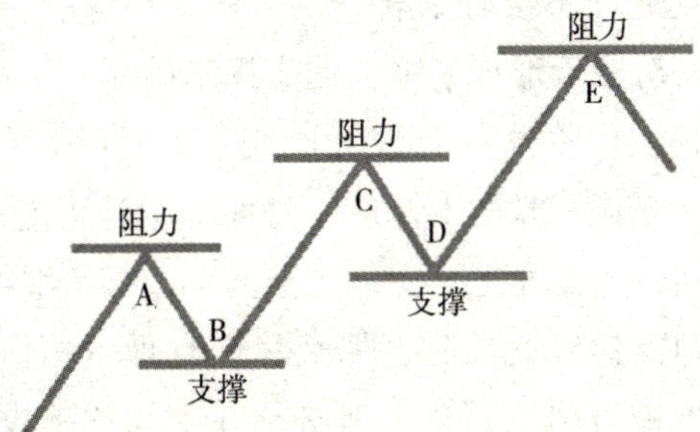

图12-1　支撑和阻力示意图

支撑位、阻力位

支撑位是指股价下跌时可能遇到支撑，从而止跌企稳的价位，换句话说，跌无可跌的地方即为支撑位。与此相反，阻力位是指股价上涨时可能遇到压力，从而掉头下跌的价位，换句话说，涨势的尽头即为阻力位。

从定义可知，支撑位和阻力位是具体的价位，是某个点。例如，我们经常以某个整数点位、整数价位作为支撑位或阻力位。

支撑线、阻力线

与支撑位和阻力位不同，支撑线和阻力线是一组低点或高点的连接线。

支撑线又叫抵抗线，是指股价跌至某一价位时，股价止跌回升，我们将这样一组低点连接起来，就得到了一条支撑线。

阻力线又叫压力线，是指股价上涨至某一价位时，由于上方抛压沉重，致使股价掉头向下，我们将这样一组高点连接起来，就得到了一条阻力线。

从供求关系的角度来看，支撑线代表了集中的需求，而阻力线则代表了集中的供给，股市上供求关系的变化，导致了对股价变动的限制。

● 支撑线的原理和应用

支撑线向我们形象地描述了股票在某一价格区间内，需求大于供给的不平衡状态，当股价跌入这一区间时，由于买盘多于卖盘，使得股价止跌回升。

之所以会出现这种情况，是因为前期在这一价格区间内积累了很多的成交量，当股价从上而下向支撑线靠拢时，做空者手中的获利筹码已悉数抛尽，再无做空动力；做多者则逢低买入，股票需求量不断增加；举棋不定者因为被套牢，在趋势确立之前不会轻易斩仓。因此，在这一价格区间内，股票的供给小于需求，从而对股价形成了强大的支撑基础。

在技术分析中，人们将这种有较大成交量的价格区间称为密集成交区。当股价在密集成交区获得暂时的支撑后，将面临两种可能的走势：一是反弹；二是做空者大量增加，卖盘涌出，支撑线被击穿，行情继续下行。

如果股价一碰到支撑线就反弹，那么我们有理由相信，此时股价已经接近底部，你可以在支撑线附近买入，但必须在支撑线下设好止损位，一旦股价击穿止损位，应该果断出局，因为此时股价继续下跌的概率很高。如图12－2所示。

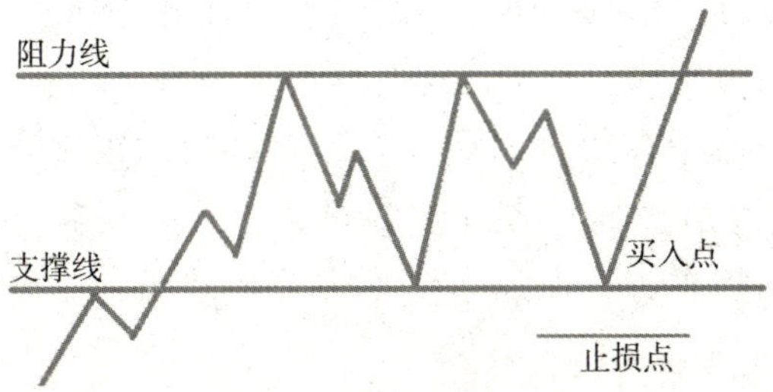

图 12－2　支撑线逢低买入法

至于如何在支撑线附近选择买点，这里面有很多的学问。首先，这个买点必须离支撑线很近，最好是在股价刚刚突破前一个高点时买入。一旦股价摸高至阻力线附近时，就需要谨慎，此时应该耐心等待，甚至沽出股票。

其次，一旦股价突破阻力线，而且二次回踩确认，那将是极佳的买点，因为这意味着股价即将出现新的上涨趋势。根据第 5 章介绍的箱体理论，我们可以将支撑线和阻力线之间的区域视为一个箱体，当股价突破箱体上轨后，意味着它将进入一个新的箱体运行，阻力线将变成支撑线，如图 12－3 所示。

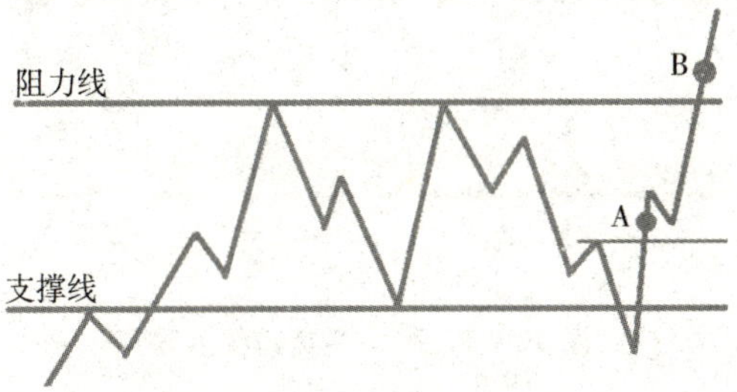

图 12－3　支撑线突破买入法

图 12－3 中，A 点是在股价击穿支撑线后，随即大力反弹，并一举突破前期高点，离支撑线不远，因此是很好的买点。B 点则是股价突破阻力线后的第一个买点，由于此时阻力线变成支撑线，因此其性质其实与 A 点是一样的。

● 阻力线的原理和应用

与支撑线一样，阻力线也产生于成交密集区，因为在这一区间有较大的累积成交量，当股价位于该密集成交区以下时，说明已有大量的浮亏者，因此当股价反弹至压力线时，很多人急于解套或获利回吐，结果是卖盘大量涌出，股票供给量增加。此时，还有两类人看好后市：一类是短线看好，但害怕股价太高，希望在股价回调时再建仓，因此跟进犹豫；另一类是中长线看好，逢低便吸纳。前者是不坚定的需求方，稍有风吹草动就可能倒戈；后者是坚定的需求方，但怎奈势单力薄，即便有心也无力带领股价突破压力线。

在这种情况下，如果没有成交量的配合，股价即便摸高至压力线附近，也会在空方的打压下再度回落，重新回到原来的价格区间内。而一旦股价在成交量的配合下，有效地突破阻力线，则股价将再上一个台阶。

股价在突破阻力线之后，会形成两个比较好的买点：第一个买点是在股价刚突破阻力线时；第二个买点是股价突破阻力线之后，第一次回踩阻力线并创出新高时，此时意味着突破趋势已经正式确立，如图 12－4 所示。

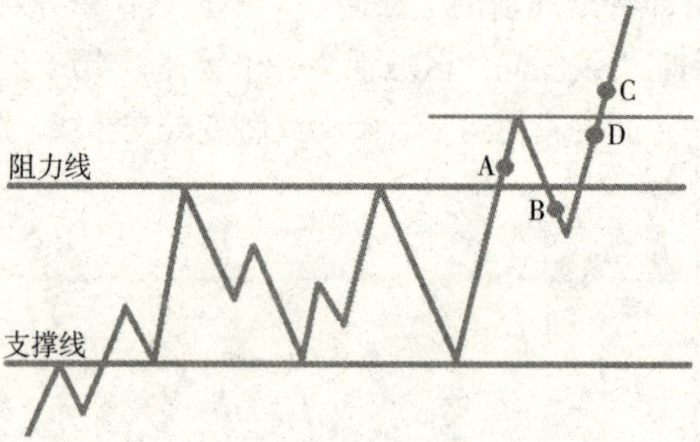

图 12－4　阻力线突破买入法

在图 12－4 中，A 点是股价突破阻力线后的第一个买点，我们在前面已经介绍过。由于刚刚脱离阻力线，多头趋势尚未确立，股价随时可能回踩，甚至再次回到原来的箱体中，因此投资者在 A 点买入后，必须设定好止损位，假设我们设定的止损位是 B 点，那么一旦跌破 B 点，就必须果断清仓出局。

当然，很多时候主力为了清洗浮动筹码，常常会先将股价打压至阻力线之下，然后迅速拉起并一举突破前期高点，此时将形成第二个买点，即 C 点。至此，新的箱体正式宣告成立，原先的主力线将成为新的支撑线。

不过，任何突破信号都不是百分之百准确的。因此，即使我们在 C 点建立新仓，也必须设好止损位。这个止损位最好设在前一高点附近，例如 D 点。因为一旦股价回到前一高点之下，将很有可能重新陷入跌势。

● 支撑线和阻力线的相互转化

支撑线和阻力线在很大程度上是由市场参与者的心理决定的，而人们的心理不会一成不变，它会随多空双方的力量对比而发生变化。因此，支撑线和阻力线并不是一个绝对的概念，在一定的条件下它们会相互转化。

现在，让我们来看一看市场上的三类人：多头、空头和旁观者。其中，旁观者又可分为持股的和持币的。假设股价在触及某一支撑线后开始向上移动，在此位置买入的多头会认为自己是对的，并为自己没有多买些而懊恼；在此卖出的空头会意识到自己错了，他们希望股价再跌回自己卖出的区域以便补仓；持股观望者的心态与多头相似，持币观望者的心态则与空头相似。

换句话说，当股价离开支撑线向上移动时，大部分的投资者都渴望再次获得补仓的机会。因此，即使股价稍有回落，也会很快被不断涌出的买盘推高，这就使得股价在支撑线附近获得强大的支撑力。

与此相反，当股价在支撑线附近停留一段时间后开始向下移动，多头会认为自己错了，他们渴望逢高减磅；空头则庆幸自己是对的，他们会更加坚定自己的观点；持股旁观者渴望逃离目前的市场，持股观望者则不敢轻易入场。

这意味着，支撑线一旦被击破，这个支撑将成为压力。同样的道理，压力线一旦被突破，这个压力将成为支撑。由此可见，支撑和压力不是一成不变的，而是可以改变的，只要条件允许，它们之间就会出现相互转化。如图 12－5 所示。

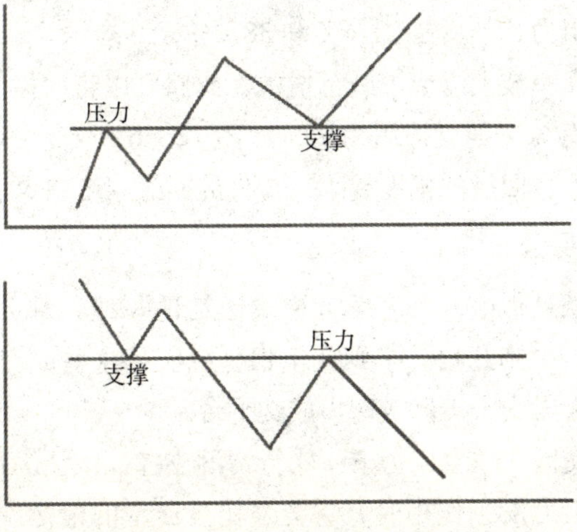

图 12－5　支撑和压力转化示意图

那么，如何确认支撑线被击穿或者压力线被突破呢？这个从技术上，可以利用反抽来进行二次确认。当然，很多经验丰富的投资者会设定一些数字，以此来辅助他们的判断，例如3%、5%、10%和一些整数价位。只要股价偏离支撑线或压力线3%、5%、10%，就可以确认支撑线被击穿或者压力线被突破。

● 如何确认支撑线和压力线

前面我们已经对支撑线和阻力线的定义、形成原理、应用以及相互关系做了详细分析。那么，投资者应该如何来确认支撑线和压力线呢？

我们都知道，形成支撑和阻力的原因是多方面的，有基本层面的，也有技术层面的，还有投资者心理层面的。这些因素有时候是综合在一起发生作用的。了解它们有助于我们更好地运用支撑线和压力线来制定投资策略。

黄金分割率

黄金分割率我们很熟悉，在介绍江恩理论和波浪理论时均有所涉及。这里不妨再复习一下。所谓黄金分割率，就是斐波那契数列相邻两项之比，例如0.382、0.5、0.618，以及0.382×0.618=0.236。将它们换算成百分比，分别是23.6%、38.2%、50%和61.8%。

大量的实践证明，股价在向相反趋势运动时，总是遵循着一些特殊的比例关系，而上面这四个百分比，是重要的回撤位。其中，50%和61.8%构成最强大的支撑或阻力，然后是23.6%和38.2%。

这意味着，在一波上涨或下跌行情中，我们可以将回撤23.6%、38.2%、50%和61.8%设为未来的支撑阻力区，如图12-6所示。一般情况下，上升或下降的力度越大，回撤的幅度越小，常见的回撤幅度在38.2%以内。

前期密集交易区

在股价的涨跌过程中，无论是周K线还是日K线，都会在某个价位区间内停留一段时间，少则几根，多则几十根，我们将这些成交量比较大而且集中的价位区间称为成交密集区或密集成交平台。

这些密集成交区往往会成为下一轮行情的支撑区或压力区。原因很简单，当预期的支撑和阻力发生作用时，它会强化投资者的记忆，让他们从心理上更加信赖这些支撑和压力。而且，在支撑区和压力区发生交易的频率越高，

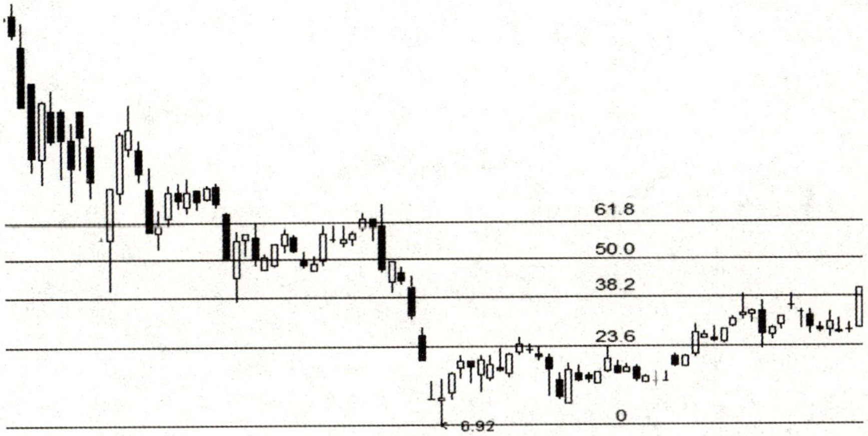

图12-6　黄金分割率示意图

停留的时间越长，期间累积的头寸也就越多，反过来更加巩固了支撑和阻力的作用。

布林通道

布林通道也叫布林线，是一种根据标准差原理设计出来的技术指标，它由三条轨道线组成，中间一条线是20日均线，上下两条线分别为UP和DOWN线，算法是先计算出过去20日收盘价的标准差SD，然后再乘以2倍标准差，即

中间线=20日均线

UP线=20日均线+2SD

DOWN线=20日均线-2SD

由于在后面的技术指标中，我们还会详细介绍，这里就不再展开。我们重点关注的是布林线在确定支撑线和压力线时的作用。先来看图12-7。

观察图12-7我们会发现，UP线也就是布林通道的上轨对股价有压制作用，每当股价触及UP线时，便会掉头向下；与此相反，DOWN线也就是布林通道的下轨对股价有支撑作用，每当股价触及DOWN线时，就会触底反弹。

换句话说，布林通道的UP和DOWN线发挥着类似压力线和支撑线的作用，我们可以参考它们来确定压力线和支撑线。尤其当布林通道呈水平方向时，这种压力和支撑作用显得尤其有效。

趋势线或轨道线

趋势线是一种常用的确定支撑线和压力线的方法。具体做法是，连接两

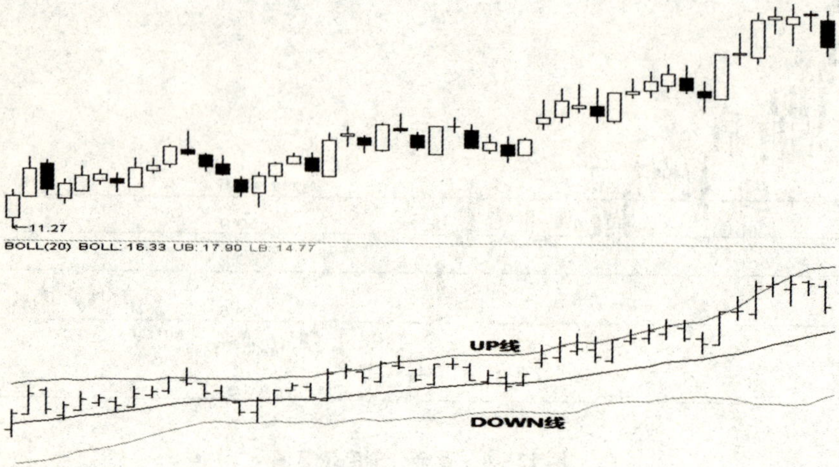

图 12－7　布林通道的支撑和阻力

个高点或者低点，上升趋势中连接两个低点作为支撑线，一旦击穿就应该止盈；下降趋势中连接两个高点作为压力线，一旦突破就可以考虑加仓。如图 12－8 所示。

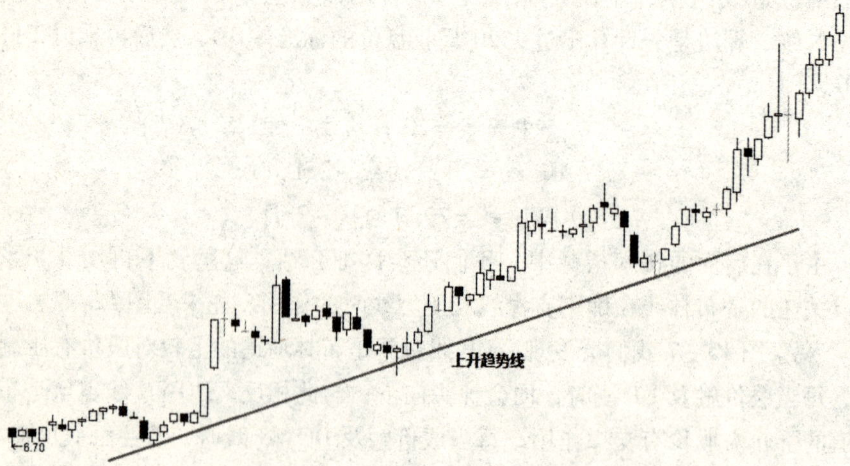

图 12－8　上升趋势线示意图

趋势线未被触及的时间越长或者被试探的次数越多就越重要，并且对趋势有决定性作用；而一旦趋势线被突破，意味着反转即将来临。

此外，我们还可以在趋势线的基础上加上一条线，以通道的方式来指明趋势，股价在通道内运行，上轨就是阻力位，下轨就是支撑位。画法上很简单，在上升趋势线临近的高点画一条平行线，或者在下降趋势线临近的低点画一条平行线即可。例如，我们在图12－8的基础上加一条平行线，即得到图12－9。

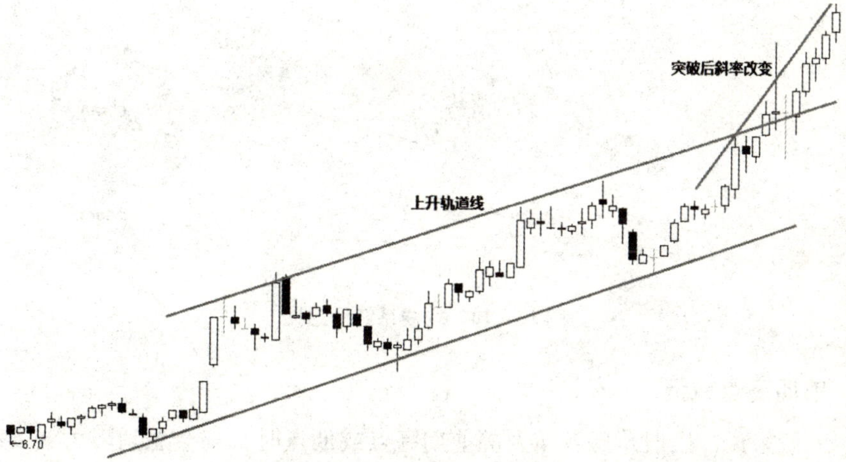

图12－9　上升轨道线示意图

需要注意的是，对轨道线的突破并非反转的开始，而是趋势的加速。在图12－9中，我们看到股价在突破原先的轨道线后开始加速上涨，斜率变得更陡峭。

均线系统

在K线图中，均线是收盘价的平均，它反映了股价的运行趋势，一旦形成，将在一段时间内继续维持。因此，均线是一种天然的支撑线或压力线。

不同周期的均线，提供了不同级别的支撑或压力。5日、10日均线可以视为短期支撑或压力线，20日、30日、60日可以视为中期支撑或压力线，120日、250日均线可以视为长期支撑或压力线。

在上涨趋势中，均线系统对股价起到压制作用；而在下降趋势中，均线系统对股价起到支撑作用。我们以图12－10为例。

均线系统的支撑或压制作用，为我们的操作策略提供了很好的依据。在一个上涨趋势中，均线通常处于发散状态，不同的均线提供了不同力度的支撑。每当股价回调触及均线系统时，都是我们加仓的良好时机。

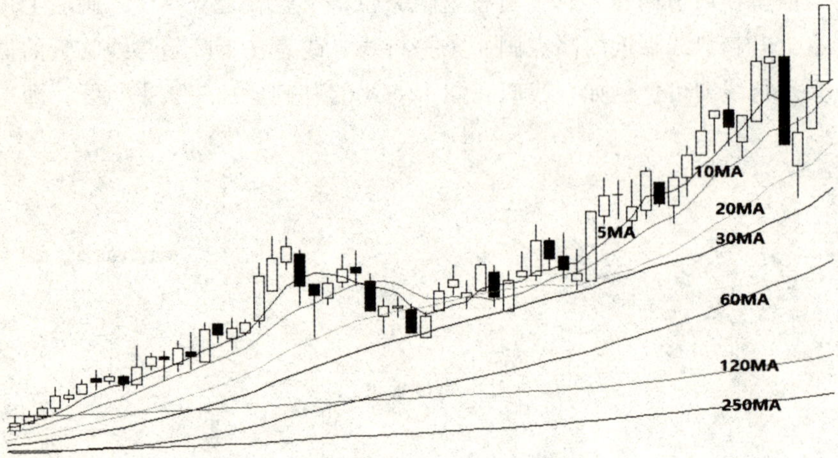

图 12－10　均线系统示意图

前期高点或低点

一般来说，当股价触及重要的前期高点或低点时，都会遇到阻力或支撑。根据道氏理论，上升趋势要得以延续，就必须有不断上升的高点（阻力位）和不断抬高的低点（支撑位）；同样的，下降趋势要得以延续，就必须有不断下降的低点（支撑位）和不断下降的高点（阻力位）。

一旦前期高点被突破或前期低点被击穿，意味着趋势将出现逆转。因此，在K线图上，重要的前期高点或低点就成为压力或支撑水平，如图 12－11 所示。

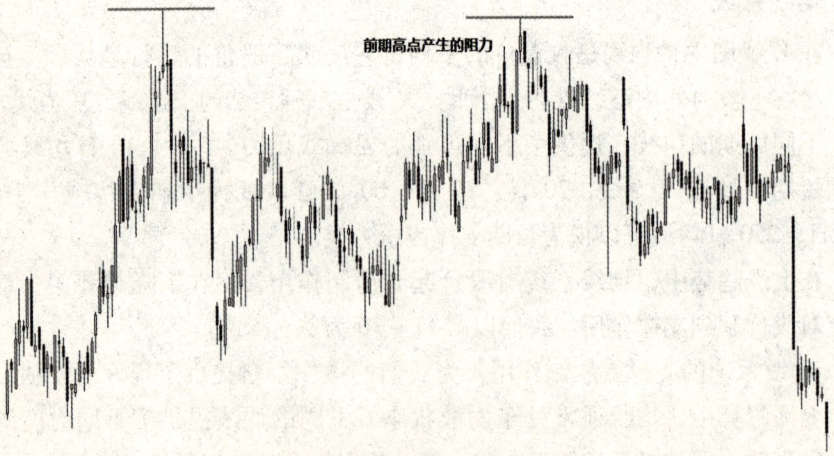

图 12－11　前期高点产生的阻力

整数关口

一些比较关键的整数，例如股票10元、20元、30元，指数2000点、3000点、4000点，黄金1200美元、1500美元等，通常是投资者买进卖出或止盈止损的心理价位。因此，在这些价位附近往往容易形成支撑和阻力。

我们以沪指为例，1000点曾经是重要的支撑位，2005年沪指就是在瞬间击穿1000点至998点后，迎来了一轮波澜壮阔的牛市。当然，这并不意味着，市场就一定会在整数关口见底回升或者冲高回落，但一些重要的整数关口确实为我们寻找支撑位和压力位提供了很好的参考依据。

日内支撑和阻力

以上我们讨论的都是区间波动所产生的支撑和阻力，涉及较长的时间周期和价格波动区间。事实上，单独一根K线或者说日内交易，同样会影响投资者的情绪和行为，从而为我们确定支撑和阻力提供依据。

（1）开盘价和收盘价。开盘价是我们研判当天行情的重要线索。一般来讲，开盘价的高低往往会牵制当天股价的走势。这是因为无论多头还是空头，为了自身的利益，都会在价格到达它们的成本区时，将价格维持在以前的趋势。

收盘价则是一天中最重要的价格，也是投资者普遍接受的价格。大多数交易者都是以当天的收盘价为参考来制订第二天的操作计划的。

（2）最高价和最低价。最高价和最低价是当天交易的两个极端，理想的投资者将它们视为是一天中最好的卖出或买进价格。因此，一旦价格到达这个高位区或低位区，就会引发大量的抛盘或买盘，进而对股价起到阻力或支撑作用。

（3）长上影线和长下影线。长影线是趋势行情受阻的结果，一旦形成，就会对投资者的心理产生影响。其中，长上影线起到阻力作用，长下影线则起到支撑作用。从经验上看，长影线的1/2和1/3是比较强的支撑或阻力区。

（4）大阳线和大阴线。大阳线和大阴线是多空双方在日内占尽优势的表现，根据道氏理论，趋势回撤1/3、1/2和2/3的地方通常是极限，它们与黄金分割的0.382、0.5和0.618不谋而合。在市场中，是重要的支撑和阻力位。

第 13 章
趋势线和通道

通过学习道氏理论，我们已经知道，价格在趋势中运动，这些趋势在方向上可以分为上升的、下降的或者横向的，在级别上可以分为主要的、次级的和日常的。作为投资者，只要能够跟随趋势直到它们反转，就可以从中获利。

那么，如何才能跟随趋势呢？一种很自然的想法是，在 K 线图中把它们绘制出来，从而尽可能早地识别它，然后尽可能早地发现它的结束和反转。

● 趋势线

如果我们拿一把直尺去衡量 K 线图的走势，会很快发现在上升趋势中，如果将那些小回落的低点连接起来，它们几乎在一条直线上。换句话说，股价的上涨是由一系列小涟漪组成，而每个小涟漪的底往往在一条直线上。同样的，在下降趋势中，如果将那些小反弹的顶点连接起来，它们也几乎在一条直线上。

这两条直线就是趋势线。尽管很多时候，即使不借助趋势线，我们也能够很容易地从 K 线图上看出趋势，但实际绘制趋势线，还是有助于我们更清楚地把握并利用趋势来获利。趋势线就是一条直线，它代表价格发展的方向。

根据不同的方向，我们可以将趋势线分为上升趋势线和下降趋势线。上升趋势线是在上升趋势中将两个低点连成一条直线，下降趋势线是在下降趋势中将两个高点连成一条直线。

根据不同的周期，我们还可以将趋势线分为短期趋势线、中期趋势线和长期趋势线。短期趋势线是连接日常行情低点或高点之间的直线，由于作用时间比较短，其可靠性比较低。中期趋势线是连接次级行情中各个低点或高点之间的直线，由于持续时间长，一般20—40个交易日，因此可靠性较短期趋势线高。长期趋势线是连接主要行情中各个低点或高点之间的直线，时间长达一年以上。

趋势线代表多空双方力量趋于相等的均衡点。换句话说，趋势线代表市场供需双方力量均衡的位置。股票价格之所以上涨，是因为买盘大于卖盘；股票价格之所以下跌，是因为卖盘大于买盘。在上升趋势中，趋势线是买盘开始超过卖盘的位置，而在下降趋势中，趋势线是卖盘开始超过买盘的位置。

● 趋势线的画法

从数学上讲，一条直线是由其上的任意两点决定的。因此，为了画出一条趋势线，我们需要首先确定两个点：决定上升趋势线的两个底部反转点，以及决定下降趋势的两个顶部反转点。当然，从理论上来讲，在某一条直线上汇聚的高点或低点越多，那么它成为趋势线的概率越大。

先来看图13－1。图中我们画出了不同的上升趋势线和下降趋势线，这些趋势线既有方向上的区别，也有级别上的差异。例如，图中下方的粗线条是大级别的趋势线，它告诉我们大行情正处在上涨过程中。上方的细线条是次级别的趋势线，其中既有波浪上升，也有次级折返。

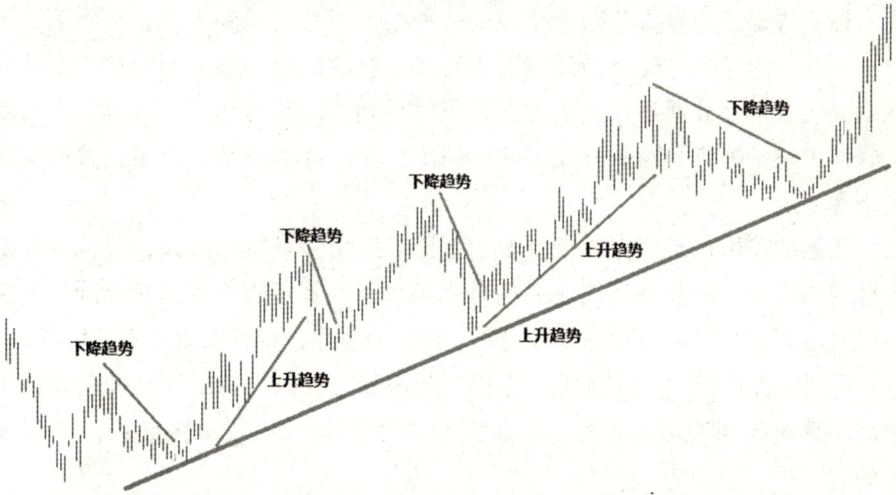

图13－1　趋势线示意图

画趋势线是一种带有主观色彩的行为，对于同一个走势图，不同的人会有不同的画法，甚至同一个人在不同的时候也会画出不同的趋势线。重新画趋势线或者画完之后再次修改的情况非常多见，这在一定程度上给我们的实际操作带来了困难。那么，在绘制趋势线时，我们应该注意哪些问题呢?

（1）上升趋势连低点，下降趋势连高点。这是画趋势线的基本原则，在上升趋势中，要连接明显的支撑区域（即低点）；在下降趋势中，要连接明显的阻力区域（即高点）。而不是相反，上升趋势连高点，下降趋势连低点。

（2）剔除极端高点或低点。在 K 线图上，我们经常会发现一些单日极端行情或异动区间，它们明显偏离了原来的趋势线。在绘制趋势线时，要根据经验来决定是否需要排除，或者同时作出两条趋势线，让市场来检验哪一条更可信。

（3）趋势线不应过于陡峭，否则很容易被横向整理突破，失去分析意义。一般来讲，45 度角的可靠性较高。

（4）客观看待趋势线的作用。尽管趋势线在实际操作中非常有用，但在运用时很容易被夸大。事实上，趋势线并非一成不变的，它需要在行情运行的过程中不断修正，我们要客观看待趋势的作用，而不要迷信它。

● 通道线

通道线是在趋势线基础上绘制的一种线。当我们得到上升趋势线后，通过一个有效的峰画出这条趋势线的平行线，就绘制出一条上升通道线，两条线共同构成了上升通道。相反地，当我们得到下降趋势线后，通过一个有效的谷画出这条趋势线的平行线，就绘制出一条下降通道线，两条线共同构成了下降通道。

通道的作用在于限定股价的变动范围。通道一旦得到确认，股价将在这个区间内变动，两条平行线之间的垂直距离，叫作通道宽度。相反地，通道一旦被击穿，意味着趋势将会出现一个较大的变化，或者加速，或者反转。

此时，原有的趋势线将失去作用，我们需要根据股价的新高和新低来重新绘制趋势线和通道。事实上，很多投资者就是利用股价突破通道来加减仓的。

除了告诉我们股价的运行区间，通道线还能起到预警的作用。当股价尚未触及通道线，而且离通道线很远时就开始掉头向下，那预示着趋势即将改变，市场已经无力维持原来的上升趋势或下降趋势。

● 通道线的画法

通道线的画法，其实我们在它的定义中已经给出，就是在趋势线的基础上找到一个有效的高点或低点，然后画出一条平行线，就得到通道线。

在这个过程中，有三个点比较重要。我们以图 13－2 中为例，要画出一个有效的上升通道，只需要确定三个点即可。首先是 A 点和 C 点，它们是上升趋势中的两个低点，其次是 B 点，它是上升趋势中的第一个高点。

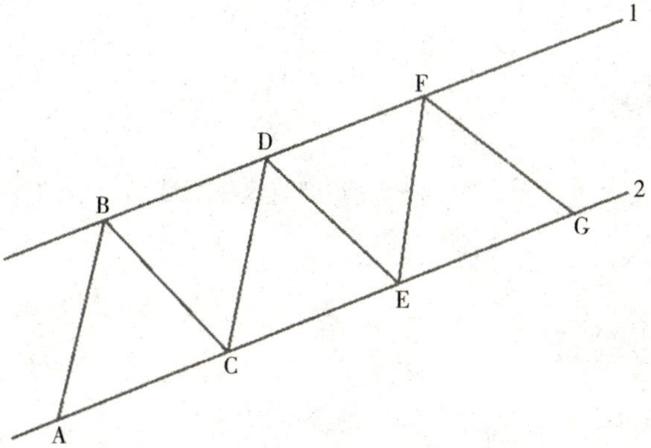

图 13－2　通道线绘制方法

当股价从 C 点反弹后，到达上升通道的上轨 D 点即折返，向下运动至下轨 E 点即反弹，那么这个上升通道就得以确认。下降通道的绘制方法与此同理。

接下来，我们来看一个实例。在图 13－3 中，先连接上升趋势中最显著的三个低点 A、E、G，构成上升趋势线 1，然后以 B 点为基准，画一条与 1 近似平行的通道线 2，恰好穿过 D 点和 E 点，两条直线共同构成一个上升通道。

当然，这个上升通道并非一次完成的。仔细观察图 13－3，在通道形成初期，股价曾经创下 c、C 两个低点，以及另外一个高点 b。如果我们连接 A、c、C 三点，将会得到一条斜率更大的趋势线。但是，这条趋势线在 D 点到 E 点的回落中被击穿，不得不进行修正。更多的细节，我们将在趋势线的修正中讲解。

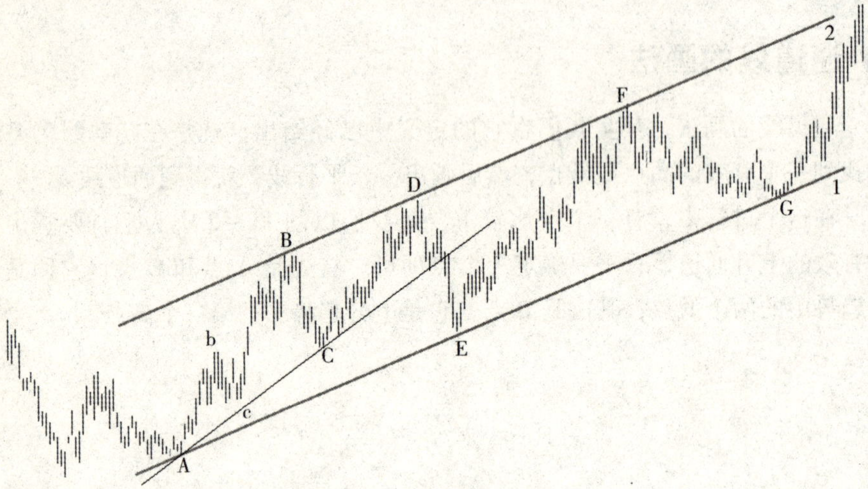

图 13－3　通道线绘制实例

● 趋势线的验证

趋势线的绘制很简单，两点一线就可以完成。但是，它的有效性却需要时间来检验。那么，如何检验一条趋势线的有效性呢？技术分析大师约翰·迈吉在《股市技术分析》一书中为我们提供了三条经典的原则。

原则 1　落在趋势线上的低点或高点越多，它在技术上就越重要。以上升趋势为例，对于一系列小上涨运动过程中的趋势线来讲，在它上面形成的底部数量越多，其有效性就强。而且每试探一次，其有效性就增加一些。

原则 2　趋势线的长度。趋势线在股价被突破或击穿之前维持的时间越长，其有效性就越强。如果你的趋势线是根据两个时间上非常接近的低点或高点绘制的，那么它可能会太陡或者太平缓。关于这一点，可以回顾图13－3。

原则 3　趋势线的角度。趋势线的角度是指其与水平线间的夹角。从经验上讲，趋势线的角度不能太大，或者说不能太陡。这是因为，一条很陡的趋势线很容易被短暂的横向整理运动突破。事实上，趋势线越平，它在技术上越重要。

● 突破的有效性

绘制趋势线的目的是帮助我们更好地识别趋势。但趋势不会一直延续，总有改变的一天，所以有人开玩笑地说：趋势线是用来被突破的。那么，怎样才能确认突破的有效性呢？与趋势线的验证类似，趋势线的突破也有三条原则。

原则1　突破的幅度。无论向上突破还是向下突破，股价必须收在趋势线之外大约3%的距离处，方为有效突破。这并不要求在一天之内完成，尽管它经常在一天之内就完成了。3%的幅度可以是两三天逐步下跌的结果。

当然，3%这个数字并不是绝对的。有时候，我们会发现，不同的个股有不同的波动特征和区间。3%对于某些股票而言，波动太大，此时我们可以适当放宽标准，只要股价连续三天未能回到趋势线上，即可视为有效突破。

原则2　突破的成交量。在股市里，有一个很重要的经验，即股价的向上突破必须伴随着成交量的大幅增加，而向下突破则不需要成交量来确认。因此，在考察上升趋势线的突破时，成交量的增加可以被看作是对突破的确认。

原则3　突破的二次确认。如果某只股票跌破了一条上升趋势线，但幅度小于3%，而且成交量也没有显著增加。此时，我们可以利用小反弹的性质来确定突破的有效性。如果反弹无量，而且在趋势线下方再次掉头击穿前期低点，那么我们可以在很大程度上确定，该突破是有效的。

需要注意的是，对趋势线的突破并不意味着趋势的反转，有时候它只是从小级别的趋势线进入更大级别的趋势线，或者斜率发生了变化。这个时候，我们需要根据具体的情况，对趋势线进行修正，以增加它的有效性。

● 趋势线的修正

当一条上升趋势线被击穿，但击穿的幅度还不是决定性的，换句话说，还不足以使趋势反转，并且股价随后止跌回升，再次站上趋势线时，原来的趋势线是否还有效就会受到质疑。它是应该被抛弃、被修正还是保持原样不动呢？

通常，在以下两种情况下，我们需要对趋势线进行修正。

情况1　原趋势线只有两个低点。如果原趋势线上只有两个低点，也就是头两个底部，并且股价在第三次回调时突破了该趋势线，那就有必要在第一个底和第三个底之间重画这条趋势线。

另一方面，如果该趋势线被试探过很多次，第三个底或第四个底均在其上而没有击穿它，那么后来的偶尔一次突破我们可以忽略，原趋势线仍然有效。

情况2　原趋势线的第三个低点并不在该直线上。如果在上升趋势中，沿头两个底部画出一条趋势线后，第三个底并不在上面，而是在其上方止跌。遇到这种情况，应该保持原趋势线不动，然后连接第二个底和第三个底画一条新的趋势线，并进一步观察股价的走势。如果从第三个底开始的反弹迅速夭折，并击穿新的趋势线，那么可以确认原来的趋势线是对的，反之则应该启用新的趋势线。

有时候，我们会发现，一条趋势线可能不够用，因为股价经常在原趋势线附近形成突破，之后又迅速收回。对于这种情况，约翰·迈吉的建议是，绘制两条相隔不远的趋势线，一条外趋势线或低趋势线，连接那些尖锐的或震仓形成的低点；另一条是内趋势线或高趋势线，连接那些平缓的低点。

● 趋势线和通道的应用

趋势线和通道的绘制，为我们的交易提供了重要的参考依据。那么，在实际操作中，我们应该如何应用它们呢？下面是一些操作原则：

原则1　当股价回落至上升趋势线附近时，是建仓的时机。如图13－4所示。

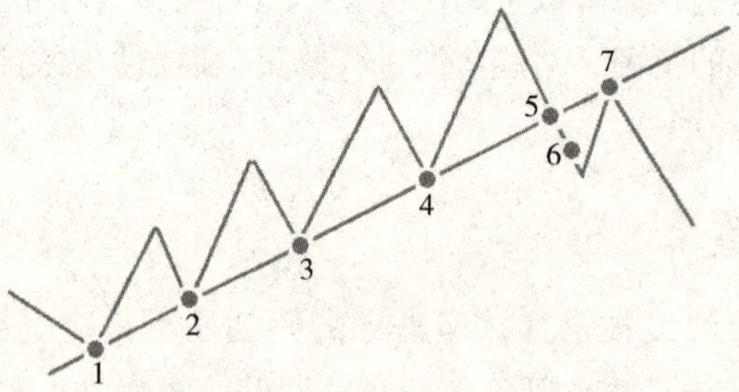

图13－4　上升趋势线加减仓示意图

在图13－4中，1和2是形成上升趋势线的参考点，3、4和5是买入的参考点，6和7是止损点。这是因为，1和2是趋势形成的最初两个低点，此后股价每次回落到该趋势线上都是一次绝佳的逢低买入机会。直到在5处被击穿，趋势线被突破，谨慎的投资者应该在趋势线下方不远处的6处止损，如果有反弹，应该在反弹至趋势线附近的7点处逢高减仓。

原则2　当股价反弹至下降趋势线附近时，是减仓的时机。如图13－5所示。

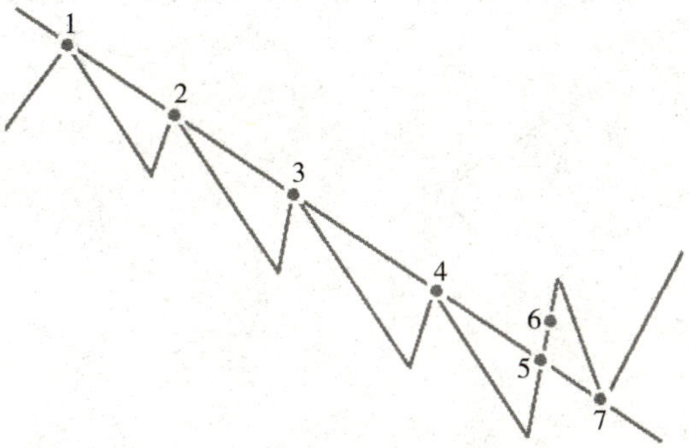

图13－5　下降趋势线加减仓示意图

在图13－5中，1和2是形成下降趋势线的参考点，3、4和5是卖出的参考点，6和7是买入点。这是因为，1和2是趋势形成的最初两个高点，此后股价每次反弹至该趋势线上都是一次绝佳的逢高减磅机会。直到在5处被击穿，趋势线被突破，谨慎的投资者可以在趋势线上方不远处的6处建仓，如果有回调，可以在回调至趋势线附近的7点处逢低吸纳。

原则3　上升通道的上轨可视为顺势做多的潜在目标。如图13－6所示。

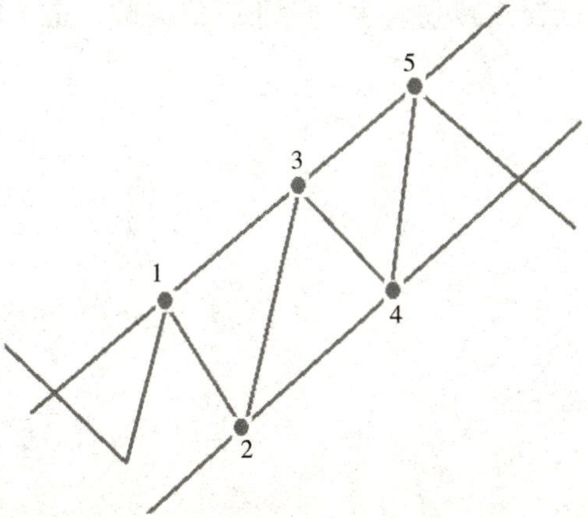

图13－6　上升通道加减仓示意图

在图 13－6 中，当股价运行到上升通道的上轨，例如 1、3 和 5 时，可以看作是多头离场的依据；当股价运行至上升通道的下轨，例如 2 和 4 时，可以看作是多头入场的依据。但投资者应该制定更多的预案，因为股价随时有可能在通道的上轨和下轨形成突破，一旦突破成立，必须有相应的应对策略。

原则 4　下降通道的上轨可视为逢高减磅的依据。如图 13－7 所示。

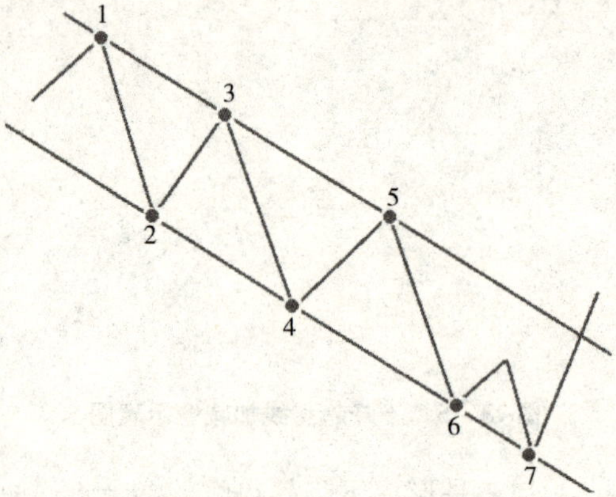

图 13－7　下降通道加减仓示意图

在图 13－7 中，当股价运行到下降通道的上轨，例如 1、3 和 5 时，可以看作是逢高减磅的依据；当股价运行到下降通道的下轨，例如 2、4 和 6 时，可以看作是逢低介入的机会。但是，在下降通道中买入股票仅限于小仓位和短线投资思路，因为与熊拼刺刀是需要勇气的，而且有很高的概率遭遇失败。谨慎的投资者应该以逢高减仓为主，除非股价突破通道上轨，进入一轮大的升势。

第 14 章
均　线

均线，即移动平均线（MA）的简称，是将一定交易时间（日、周、月、年）内的收盘价之和除以该周期，例如将 5 天的收盘价分别相加，然后再除以 5，就得到了 5 日的平均值，将这些数值依次连成线，就可以绘制出 5 日移动平均线。

移动平均线最早由美国投资专家约瑟夫·格兰威尔于 20 世纪中期提出。作为一种重要的技术指标，它能够揭示股价运行的方向，是投资者判断股价处于上升趋势还是下降趋势的重要工具，并成为全世界运用最普遍的技术指标之一。

● 均线的分类

均线可以分为很多种类型。其中，最常见的是按照时间周期，将其分为短期均线、中期均线和长期均线三种。

短期均线即时间周期比较短的均线，一般以 5 日均线和 10 日均线为主，在交易软件上显示为 MA5 和 MA10。由于周期短，起伏大，价格波动比较灵敏，MA5 和 MA10 是短线投资者使用最广泛的移动平均线。

中期均线即时间周期稍长的均线，一般以 20 日均线、30 日均线和 60 日均线为代表，在交易软件上显示为 MA20、MA30 和 MA60。由于波动幅度较短期均线平滑且有迹可循，较长期均线灵敏度高，因而受到中线投资者的追捧。

长期均线即时间周期很长的均线，一般以 120 日均线和 250 日均线为代表，在交易软件上显示为 MA120 和 MA250，是长期投资者操作股票时的重要依据。

需要说明的是，均线的设置并无固定的范式，上述介绍的只是最常见的时间周期，此外还有人将其设为13日、21日、89日、144日等不同的标准。

除了按照时间周期，均线也可以根据计算方法来分类。最简单也最常用的就是我们熟知的简单移动平均线（SMA），其算法是：

$$SMA = \frac{C_1 + C_2 + C_3 + C_4 + C_5 + \cdots + C_n}{}$$

C：某日收盘价

n：移动平均周期

加权移动平均线（WMA）是对过去某特定时间内的股价进行平均，其权重以平均线的长度为标准来设定，距离越近的收盘价，权重越高。根据加权方式的不同，WMA又可分为末日加权、线性加权、梯形加权和平方系数加权四种。

指数平滑移动平均线（EMA），也叫EXPMA指标，是以指数式递减加权的移动平均。在EMA指标中，每天股价的权重系数以指数等比形式缩小，时间越靠近当下时刻，其权重越高，所以它比SMA更具有参考价值。

在交易软件中，系统默认的移动平均线是简单移动平均线，投资者也可以根据需要，将其设定为WMA和EMA，具体方法参考相关资料。

● 均线的意义

均线之所以成为当今世界应用最普遍的技术指标之一，与它的现实意义是密不可分的。下面我们就来看看均线在实战分析中的作用。

揭示股价运行的趋势

均线最重要的功能是揭示股价运行的方向，即上升趋势和下降趋势。判别方法是：均线向下，趋势向下；均线向上，趋势向上。从时间上看，短期均线反映短期趋势的好坏，中期均线反映中期趋势的好坏，长期均线反映长期趋势的好坏。

揭示当前市场的平均成本

均线反映的是市场参与者的平均成本，周期越长，越接近真实的交易成本。例如，30日均线表示最近一个月内持仓者的成本价格，如果跌破30日均线，意味着近一个月内买入的投资者全部亏损。其他均线以此类推。

助涨助跌作用

所谓助涨助跌作用，是指当股价突破均线后，无论向上突破还是向下突破，都有继续沿突破方向运行的趋势，直到持续一段时间之后才会反转。因此，在上升趋势中，均线就是多头的防线，具有助涨作用；在下降趋势中，则相反。

支撑和压力作用

关于均线的支撑和压力作用，我们在第12章中已经介绍过。由于均线反映的是当前市场的平均成本，所以当股价回调至均线附近时，抛盘会减少，下跌压力得以缓解，从而起到支撑作用；相反，当股价反弹至均线附近时，投资者因为担心股价再次下跌而抛售手中的股票，从而对股价起到压制作用。

稳定性和滞后性

均线具有稳定性，周期越长的均线，稳定性越强，不会轻易上下，只有等股价走势明确，均线才会向上或向下延伸。但也正是因为这个原因，均线往往具有滞后性，当股价开始回落时，均线却是向上的，直到股价显著回落，它才开始走下坡路，这使得均线的回调速度落后于股价的趋势。

● 格兰威尔8大买卖法则

在所有的均线理论中，由约瑟夫·格兰威尔提出的八大买卖法则可谓其中的精华，历来被投资者视为技术分析中的至宝。在这八大法则中，有四条用来研判买进时机，四条用来研判卖出时机。如图14－1所示。

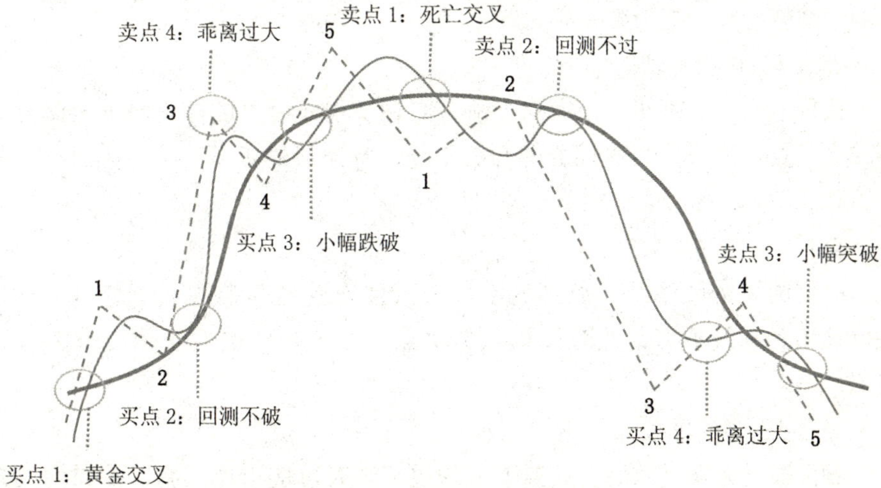

图14－1　格兰威尔八大买卖法则

在图 14－1 中，我们用细实线表示股价，粗实线表示均线，虚线表示趋势或者方向。接下来，我们分别对格兰威尔的四大买点和四大卖点进行介绍。

买点1：黄金交叉

均线由下降逐渐走平，并开始向上抬头，股价自均线下方向上突破均线，此时为第一类买点。只要股价能够站稳在均线上方，后市上涨可期。

买点2：回测不破

股价上涨一段时间后，突然下跌，当触及均线时止跌不破，再度拉升，此时为第二类买点。如果股价下跌时伴随着成交量萎缩，然后企稳，则信号更可靠。

买点3：小幅跌破

股价跌破均线，但幅度不大，而且均线继续维持上升趋势，不久股价又回到均线上方，此时为第三类买点。这里的下跌，可视为获利盘的回吐所致。

买点4：乖离过大

股价经过大幅下挫后，远离上方均线，随时可能出现反弹，并向均线靠近，此时为第四类买点。由于跌幅过深，引来不少人抄底，由此推高股价。

卖点1：死亡交叉

均线从上升趋势逐渐转为水平，且有向下倾向，此时如果股价从均线上方向下跌破均线，则为第一类卖点。

卖点2：回测不过

股价下跌一段时间后，突然上涨，当触及均线时再度掉头向下，此时为第二类卖点。该信号表明投资者心态不稳，有强烈的卖出欲望，从而造成股价下跌。

卖点3：小幅突破

股价向上突破均线，但幅度不大，而且均线继续维持下降趋势，不久股价又回到均线下方，此时为第三类卖点。这种走势的性质和卖点 2 较为相似。

卖点4：乖离过大

股价经过大幅上涨后，远离下方均线，随时可能出现回调，并向均线靠近，此时为第四类卖点。由于短期涨幅过大，获利盘纷纷涌出，造成股价下跌。

● 单根均线分析

对于初学者而言，要想深入了解均线在实际操作中的应用，最好的办法就是从单根均线入手，先看短期均线，再看长期均线，尤其要观察均线对股价的支撑和阻力作用。具体的操作原则很简单：当均线斜率向上时，股价触及均线即为买入信号；当均线斜率向下时，股价触及均线即为卖出信号。

接下来，我们以20日均线为例。之所以选择20日，是因为它长短适宜，既有中短期的灵敏度，又兼顾长期的稳定性，是很多投资者眼中最重要的均线。

图14－2是上证指数2009年4—8月的K线图，图中的细实线为20日均线。我们看到，这是一条斜率向上的均线，每当股价回落至均线附近，都是一次非常好的加仓机会。直到8月7日的一根中阴线击穿了20日均线，此后上证指数开始大幅回落，20日均线随后也掉头向下，从支撑线变为压力线。

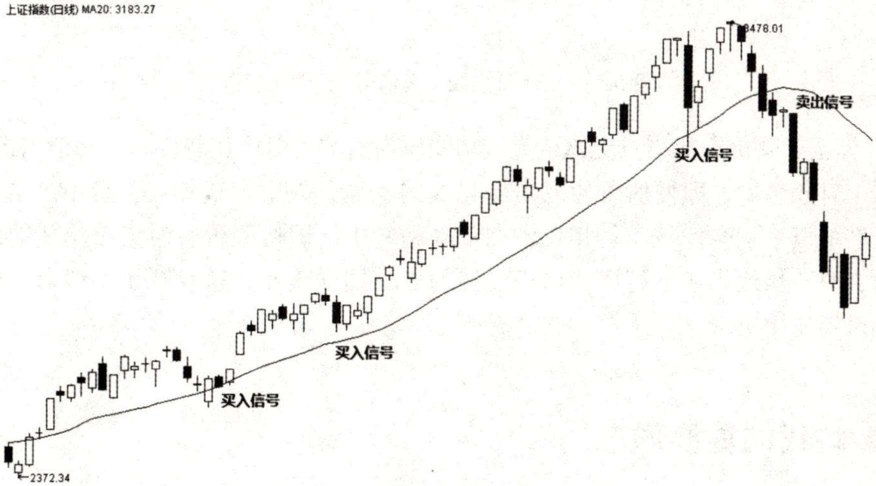

图14－2　20日均线买卖信号（上升趋势）

当然，在实际操作中，类似这样平滑的K线图并不多见。更多的时候，股价会在20日均线上下反复，而且经常在有效击穿20日均线之后，再次掉头向上站稳在均线之上。此时，我们可以考虑使用更长周期的均线，例如30日、60日均线。

但无论使用哪一种周期的均线，都有很高的概率失败，投资者必须在下注前做好充分的预案。这一点，对于任何技术分析方法来讲都适用。

下面来看下降趋势中的20日均线。图14－3是上证指数2008年1—4月的K线图，图中的细实线为20日均线。我们看到，这是一条斜率向下的均线，每当股价反弹至均线附近，都是一次非常好的减仓机会。

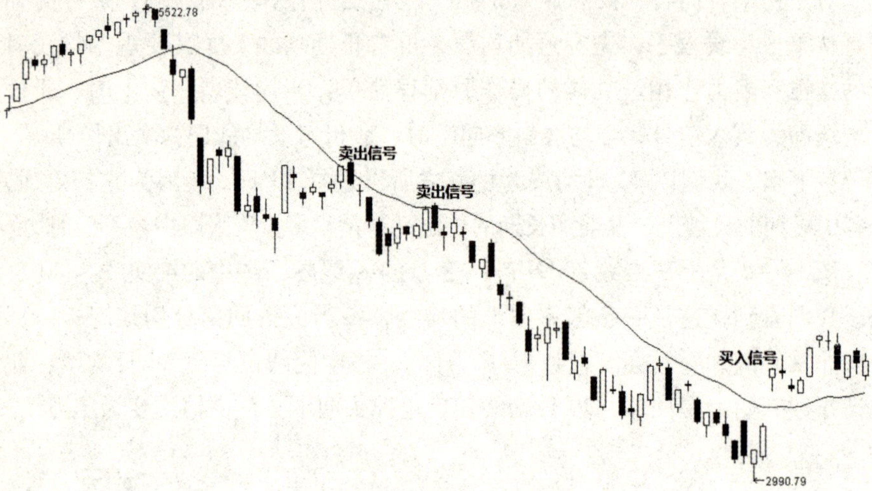

图14－3　20日均线买卖信号（下降趋势）

至于股价击穿均线支撑或突破均线压力后的走势则比较复杂。一般来讲，在上升趋势中，即便股价暂时击穿均线的支撑，只要均线仍在上行中，出现反转的概率就会比较小；相反，在下降趋势中，即便股价暂时突破均线的压力，只要均线仍在下行中，出现反转的概率同样很小。这反映了均线对股价的牵引作用。

● 均线的重要形态

前面我们已经介绍了单根均线的买卖原则，但投资者在实战中使用的均线通常不止一根，而是两根甚至多根均线。这些均线在一起会产生交叉、黏合或发散等组合形态，不同的排列方式反映了不同的股价走势。我们又该如何理解呢?

先来看两根均线。在实战中，投资者通常会选取一条短期均线和一条中长期均线，这两根均线交织在一起，会产生四种关系：金叉、上穿、死叉和下穿。

黄金交叉、死亡交叉

黄金交叉，简称金叉，是指在短期均线和长期均线都向上的情况下，短期均线由下而上穿过长期均线。例如，5 日均线上穿 10 日均线形成的金叉。这种形态反映的是上升趋势的确立，因此是一种强烈的买入信号。

在这个定义中，我们强调了一个前提，即短期均线和长期均线都向上，如果短期均线上行，而长期均线下行，那就不叫金叉，而叫上穿。这种形态反映的是下降趋势仍然没有改变，只是出现阶段性的反弹。如图 14－4 所示。

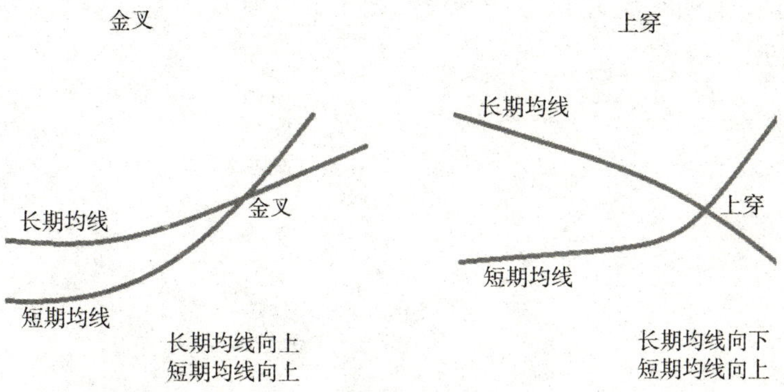

图 14－4　金叉和上穿示意图

下面我们看一个黄金交叉的案例。图 14－5 是天奇股份 2014 年 2—9 月的走势，从图中我们可以看出，在 7 月 8 日这一天，5 日均线上穿 20 日均线，形成黄金交叉走势。此后，该股走出了一波猛烈的拉升行情。

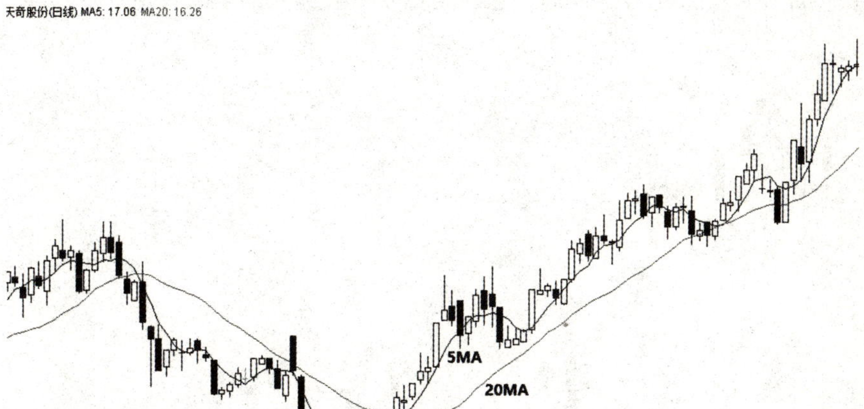

图 14－5　天奇股份黄金交叉走势

死亡交叉，简称死叉，是指在短期均线和长期均线都向下的情况下，短期均线由上而下穿过长期均线。例如，5 日均线下穿 10 日均线形成的死叉。这种形态反映的是下降趋势的确立，因此是一种强烈的卖出信号。

同样的，在这个定义中，我们强调了一个前提，即短期均线和长期均线都向下，如果短期均线下行，而长期均线上行，那就不叫死叉，而叫下穿。这种形态反映的是上升趋势仍然没有改变，只是出现阶段性的回调。如图 14－6所示。

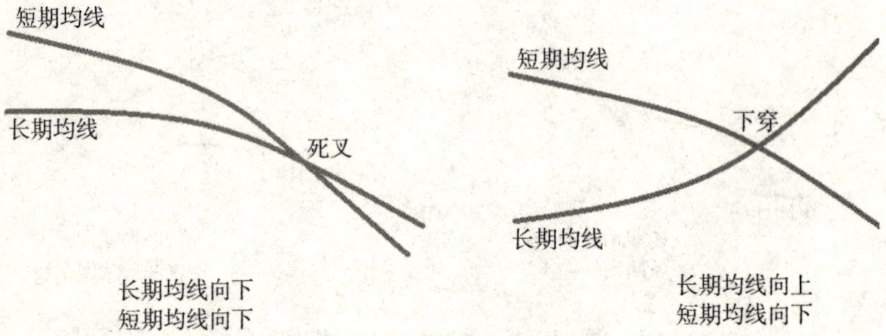

图 14－6　死叉和下穿示意图

下面我们看一个死亡交叉的案例。图 14－7 是科华生物 2015 年 6—9 月的走势。从图中我们可以看出，在 6 月 25 日这一天，5 日均线下穿 20 日均线，形成死亡交叉走势。此后，该股走出了一波猛烈的下跌行情。

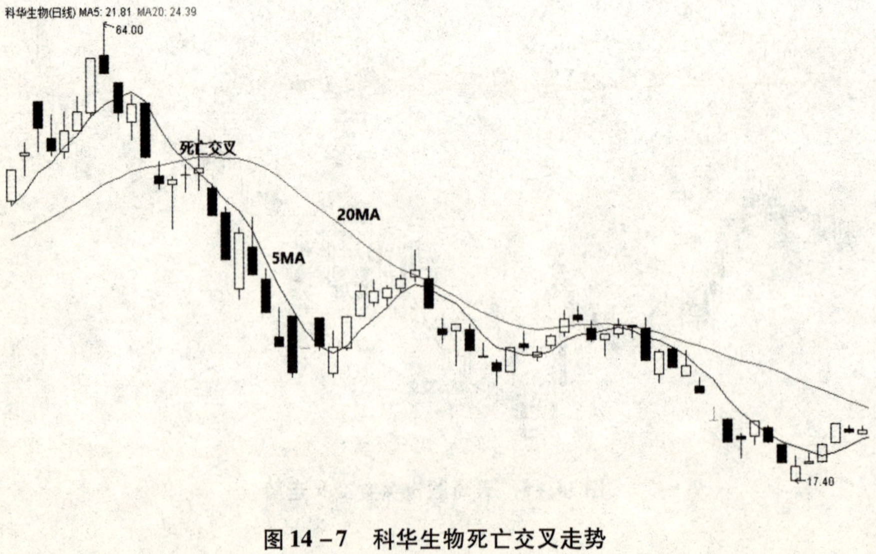

图 14－7　科华生物死亡交叉走势

多头排列、空头排列

介绍完两根均线的组合，我们再来看三根或三根以上均线的组合。三根或三根以上均线可以演变出非常多的组合，这其中以多头排列和空头排列最为典型。

所谓多头排列，是指5日、10日、20日、30日、60日等不同周期的均线从上而下依次排列，向右上方发散。这种形态显示出短期投资者的持股成本超过长期投资者的持股成本，大家一致看好后市的行情，预示着股价即将大幅上涨。

我们以宁波华翔为例。2015年3—5月，该股的5日、10日、20日和30日均线从上到下依次排列，向右上方发散，构成多头排列走势，股价也沿着均线系统稳步攀升，偶有回落，也很快在10日均线处获得强烈支撑。

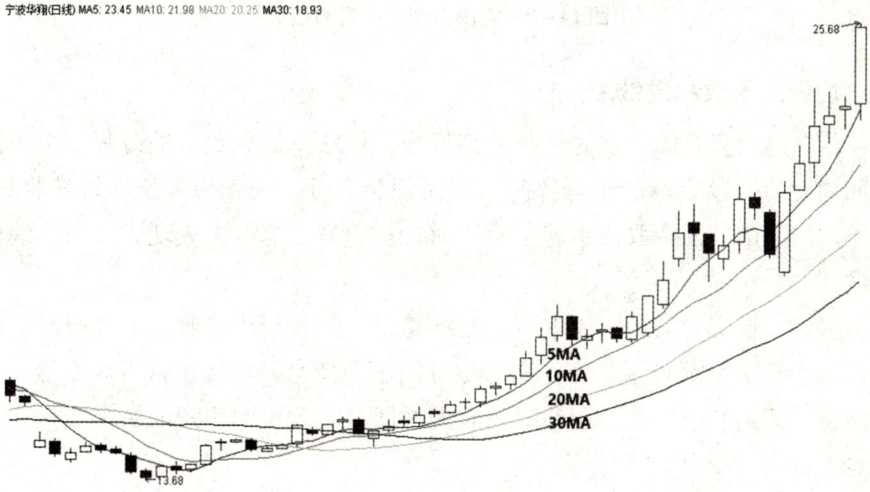

图14－8　宁波华翔多头排列走势

所谓空头排列，是指5日、10日、20日、30日、60日等不同周期的均线从下而上依次排列，向右下方发散。这种形态显示出短期投资者的持股成本低于长期投资者的持股成本，大家一致看空后市的行情，预示着股价即将大幅下跌。

我们以海鸥卫浴为例。2007年9—11月，该股的5日、10日、20日和30日均线从下到上依次排列，向右下方发散，构成空头排列走势，股价也沿着均线系统拾级而下，偶有反弹，也很快在10日均线处遇阻回落。

图 14－9　海鸥卫浴空头排列走势

均线的收敛和发散

均线的走势总体表现为从收敛到发散，再从发散到收敛的过程。当不同时间周期的持股成本趋于一致时，均线就会靠近，表现为多条均线的收敛；当不同时间周期的持股成本趋于不同时，均线就会分开，表现为多条均线的发散。

显然，投资者的持股成本不会始终趋于一致，当均线收敛或黏合时，股价就运行到了关键时刻，接下来随时可能出现变盘，均线也将再次发散。一般来讲，短期、中期和长期均线黏合的时间越长，说明积累的做多或做空能量越大。

多头排列和空头排列，就是一个典型的均线发散的过程。相关的细节，我们在前面已经介绍过。接下来，我们再来看一个均线收敛的例子。

图 14－10 是万丰奥威 2014 年 10 月至 2015 年 4 月的走势。我们看到该股先是在 24—30 元间盘整了近三个月，短期均线和中期均线反复纠缠在一起，投资者的持股成本逐渐趋于一致。直到 1 月 22 日，该股放量涨停，短期均线和中期均线开始分离、发散，最终走出了一波凌厉的攻势。

均线的背离和修复

背离在技术分析中是一个重要的概念。具体而言，是指股价在上涨或下跌过程中不断创出新高（低），而一些技术指标却不跟随创新高（低）。

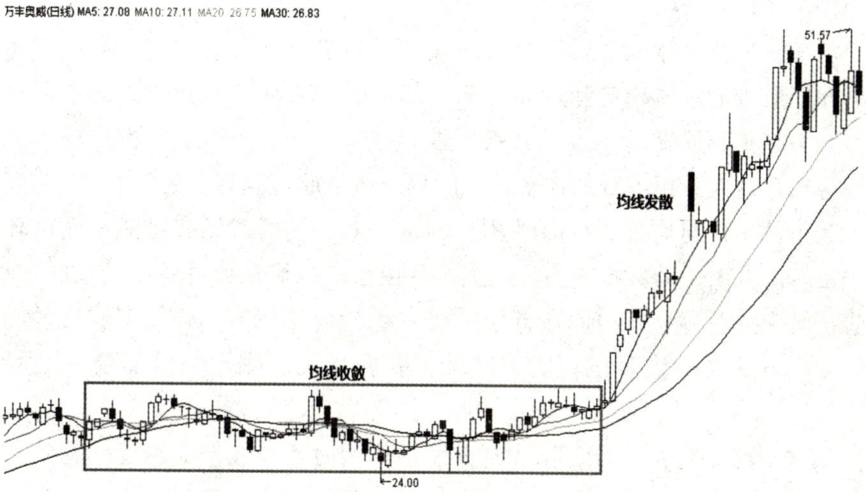

图14－10　万丰奥威均线收敛和发散走势

套用这个定义，所谓均线背离，就是股价与均线的走势不一致的现象。具体分两种情况：第一种情况，当股价从底部开始上涨时，中长期均线还处在下降趋势中，此时股价的运行方向与均线的运行方向是相反的，属于均线背离。第二种情况，当股价从顶部开始下跌时，中长期均线还处在上升趋势中，此时股价的运行方向与均线的运行方向是相反的，也属于均线背离。

均线背离现象一般发生在股价暴涨或暴跌阶段，对于我们判断市场的顶部或底部非常有帮助。我们都知道，均线对股价有牵引作用，当股价与均线发生背离时，由于均线的牵引，背离现象会在一定程度上得到修正。

股价在修复均线时，通常会出现两种情况：一种是主动修复，另一种是被动修复。主动修复是指当股价偏离均线太远时，出现剧烈波动，并且伴随着成交量放大，主动且快速向均线回归。这种现象一般发生在顶部或底部。

被动修复是指股价偏离均线后，并没有出现主动修复，而是在某一区间内横向震荡，被动等待均线向股价靠近。这种现象一般发生在上涨或下跌途中，具体表现为强势整理或下跌抵抗，属于趋势行情中的中继信号。

均线的服从和扭转

所谓均线的服从，是指短期均线要服从长期均线，例如5日均线要服从30日均线，日线要服从周线、月线。变盘的方向会按照长期均线的方向运行，换句话说，长期均线向上则变盘的方向向上，长期均线向下则变盘的方向向下。

均线服从原理体现了长期均线对短期均线的惯性牵引作用，它虽然能够告诉我们股价的总体趋势和运动方向，却不能用来准确判断股价的顶部或底部，因为越是长周期的均线，其滞后性越严重。此外，在实际操作中，股价往往会出现让人意想不到的逆转，此时均线服从原理就完全失效了。

当股价出现与均线服从原理相反的走势时，表明市场有可能见底反转或见顶反转。此时，要看扭转力度的大小。由于均线服从原理具有较大的惯性，要想扭转它并不容易，因此在低位时要发生均线的扭转，必须有成交量的配合，成交量的大小代表扭转的力度大小；在高位时则不一定需要成交量的配合。

从这个意义上讲，均线服从原理发挥作用时，一般伴随着反弹行情；均线扭转原理发挥作用时，一般伴随着反转行情。作为谨慎的投资者，必须看到巨大成交量的配合，方可判断为扭转，否则应该继续维持趋势向下的判断。

● 均线的实战分析

在 K 线图中，我们介绍了许多具体的 K 线组合，这些组合能够帮助我们深入了解股价运行背后的逻辑。同样的，均线在实战中也有很多组合，它们既可以单独构成某一种形态，也可以结合 K 线图一起使用。

银山谷、金山谷、死亡谷

银山谷是指股价经过整理后，短期均线由下往上穿过中期均线和长期均线，中期均线由下往上穿过长期均线，从而形成一个尖头向上的不规则三角形。银山谷是股价探底回升的信号，不规则三角形的出现表明多方已经积累了较强的上攻能量，是一个比较典型的买入信号。

金山谷与银山谷在形态上一致，只不过它是在银山谷形成后，三条均线再次交叉形成一个尖头向上的不规则三角形，这个三角形所处的位置与银山谷相近或高于银山谷。金山谷是强烈的做多信号，而且离银山谷的距离越远，位置越高，信号越准，未来的上升潜力也越大。如图 14－11 所示。

死亡谷与银山谷和金山谷相反，是指短期均线由上往下穿过中期均线和长期均线，中期均线由上往下穿过长期均线，从而形成一个尖头向下的不规则三角形。死亡谷是股价见顶回落的信号，不规则三角形的出现表明空方已经积累了较强的下跌能量，是一个比较典型的卖出信号。如图 14－12 所示。

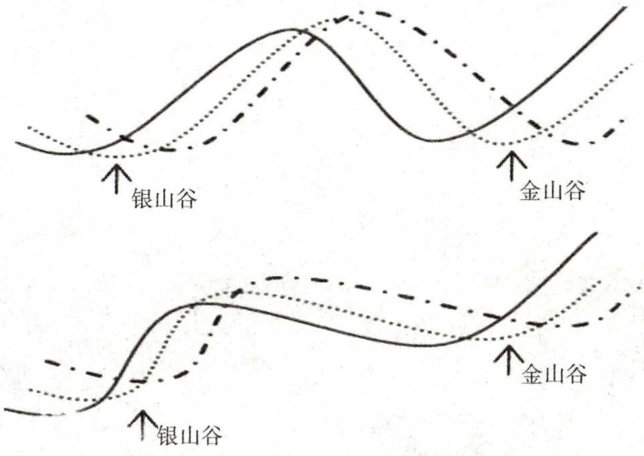

图 14－11　银山谷、金山谷示意图

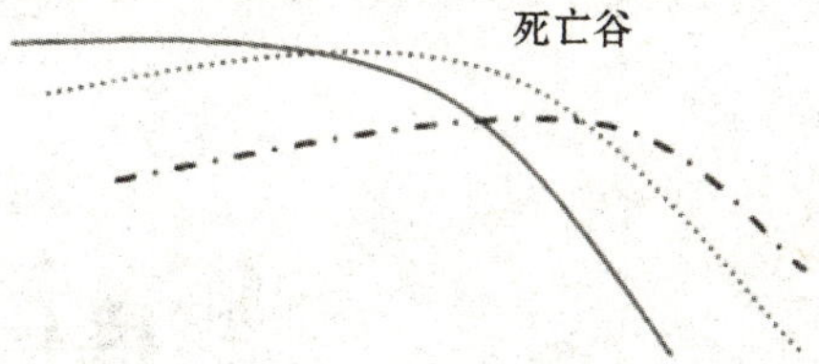

图 14－12　死亡谷示意图

下面我们以厦门港务为例。图 14－13 是厦门港务 2005 年 9 月至 2006 年 6 月的走势，图中的三条均线分别是 10 日、20 日和 30 日均线。我们看到，该股先是在 2005 年 9 月形成一个死亡谷，接着在 12 月形成一个银山谷，最后于次年 4 月形成一个金山谷。可谓完美地诠释了上述三种均线组合。

金蜘蛛、毒蜘蛛

金蜘蛛的叫法来源于上海股民，因其形态看起来像一只蜘蛛而得名。具体而言，是指短期、中期和长期均线金叉同时重合。这种图形的特征是由几条不同周期的均线自上而下探底，企稳后扭转向上形成结点，该结点朝未来方向形成辐射带，对股价起到支撑作用。如图 14－13 所示。

图 14－14 是中储股份 2011 年 1—5 月的走势。我们看到，图形上三根均线于 2 月下旬金叉并黏合在一起，形成金蜘蛛形态，此后股价出现了一波非常凌厉的拉升走势。需要注意的是，这里我们使用的是 20 日、30 日和 60 日均线。

图 14－13　厦门港务死亡谷、银山谷和金山谷走势

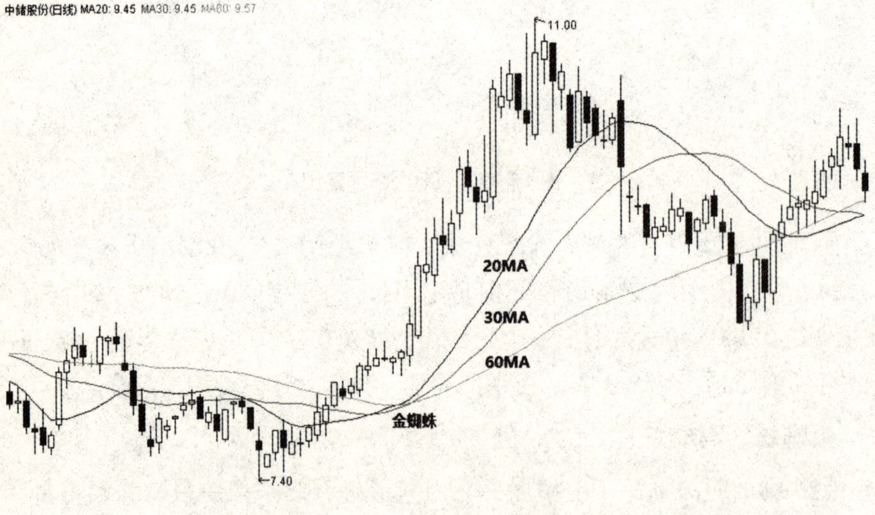

图 14－14　中储股份金蜘蛛走势

毒蜘蛛的走势与金蜘蛛恰好相反，是指短期、中期和长期均线死叉同时重合。这种图形的特征是由几条不同周期的均线自下而上见顶，回落后扭转向下形成结点，该结点朝未来方向形成辐射带，对股价起到压制作用。

图 14－15 是东方电子 2008 年 1—7 月的走势。我们看到，图形上三根均线于 3 月中旬死叉并黏合在一起，随后向下发散，形成毒蜘蛛走势，此后该

股股价从7元跌至1.88元，跌幅惊人。毒蜘蛛的杀伤力可见一斑。

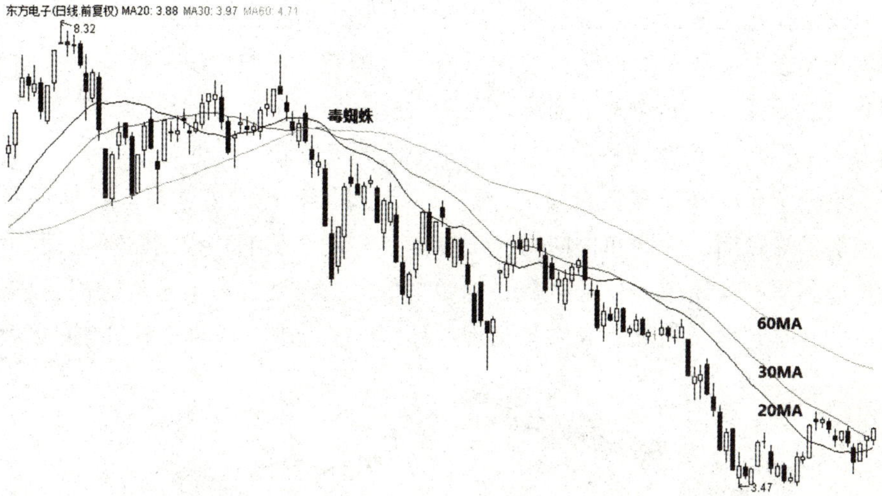

图14－15　东方电子毒蜘蛛走势

蛟龙出海、断头铡刀

蛟龙出海通常出现在下跌后期或盘整期。从形态上看，是指一根大阳线如旱地拔葱般，一下子将短期、中期和长期均线统统吞噬干净。蛟龙出海是一种典型的上涨信号，阳线实体越长，信号越可靠，同时还需要成交量的配合。遇到这种信号，投资者不宜再盲目看空，而应该果断跟进。

断头铡刀与蛟龙出海恰好相反，通常出现在上涨后期或高位盘整期。从形态上看，是指一根大阴线如断头铡刀般，一下子将短期、中期和长期均线统统吞噬干净。蛟龙出海是一种典型的下跌信号，阴线实体越长，信号越可靠。遇到这种信号，投资者不可再心存幻想，而应该果断清仓出局。如图14－16所示。

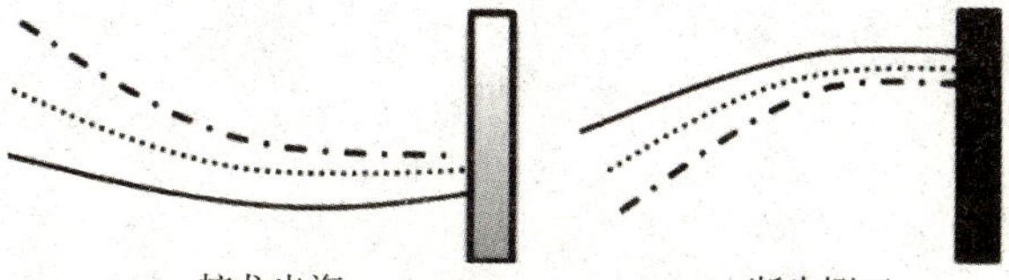

图14－16　蛟龙出海和断头铡刀示意图

烘云托月、乌云密布

烘云托月通常出现在盘整期。从形态上看，是指股价沿短期、中期和长期均线缓慢向上移动，长期均线在下面，与短期、中期均线保持一定的均衡距离。烘云托月是一种做多信号，遇到这种信号，可以分批买进。尤其是在周K线和月K线上出现这种信号，后市上涨的概率和空间更大。

乌云密布同样出现在盘整期，但方向与烘云托月刚好相反。具体而言，是指股价沿短期、中期和长期均线缓慢向下移动，长期均线紧贴在上面，对股价起到压制作用。乌云密布是一种做空信号，遇到这种信号，应该尽早退出。尤其是在周K线和月K线上出现这种信号，后市下跌的概率和空间更大。

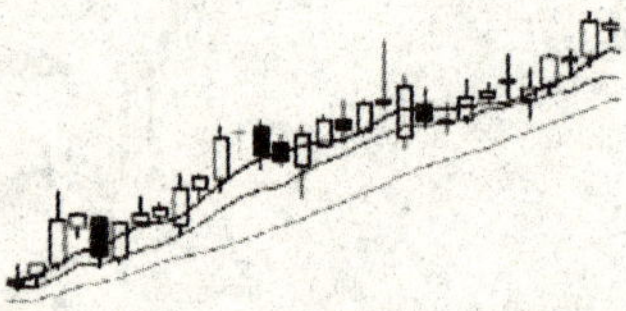

烘云托月

乌云密布

图14-17　烘云托月和乌云密布示意图

需要注意的是，上述两种均线组合均存在很高的变盘概率，而且变盘方向不是沿均线，而是恰好相反，烘云托月走成断头铡刀，乌云密布走成蛟龙出海，因此投资者在实际操作中千万不可盲信，应该根据情况灵活应变。

第3篇

技术指标

当你第一次打开交易软件时，你会发现在K线图下方，有各种各样的技术指标可以选择，它们分门别类、数量众多，从能量指标到趋势指标，从均线指标到超买超卖指标。你一定很好奇，它们都是什么含义？如何在实战中运用这些指标？接下来，我们就来为你答疑解惑。

第15章
常用指标

在技术分析的历史上，无数的前辈经过自己的设计和验证，为我们开发了数不胜数的技术指标。对于这些指标，我们不可能全部掌握，也没有这个必要。因此，我们在本章中将重点介绍投资者最常用的10种技术指标。

● MACD指标

在所有的技术指标中，如果要评选一个优胜者，那么这个优胜者一定非MACD莫属。也正因为如此，MACD被誉为指标之王。

MACD有一个拗口的中文名字——指数平滑异同移动平均线，最早由美国人杰拉德·阿佩尔于20世纪70年代提出，其核心思想是用快、慢两条移动平均线的走势和差值来判断股价未来的走势。

在计算时，先计算快速移动平均值（一般选12日）和慢速移动平均值（一般选26日），以这两个数值作为测量两者间离差值（DIF）的依据，换句话说：

$$DIF = EMA12 - EMA26$$

其中，EMA12是12日移动平均值，EMA26是26日移动平均值。接下来，我们根据离差值，计算出其9日移动平均值，即离差平均值（DEA）。公式如下：

$$今日DEA = (前一日DEA \times 8/10 + 今日DIF \times 2/10)$$

最后，用（DIF－DEA）×2来计算MACD柱状图的数值（BAR）。至此，我们已经完成了MACD指标的整个计算过程。在这个基础上，将DIF数值连成线，即可绘出MACD图中的白线；将DEA数值连成线，即可绘出MACD图中的黄线；而柱状图的数值BAR就是MACD图中的红绿柱，如图15－1所示。

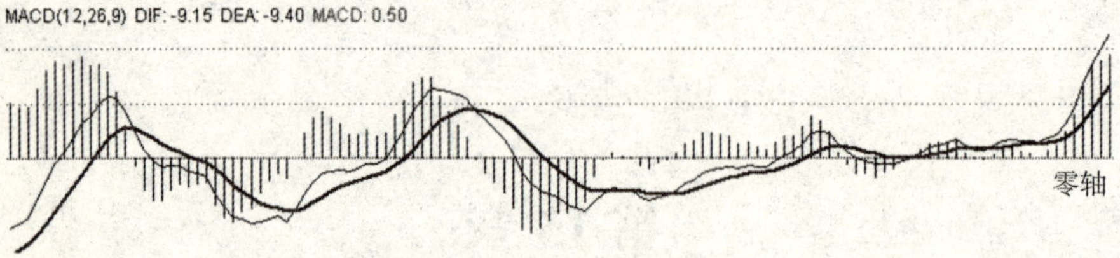

图 15-1 MACD 示例

注意：为了表述方便，我们在图 15-1 中用细实线代表 DIF（白线），粗实线代表 DEA（黄线），零轴上方的柱线对应软件上的红柱，零轴下方的柱线对应软件上的绿柱。本书后面的内容，如无特殊说明，均按此标准理解。

在实际操作中，当股价持续上涨时，EMA12 在 EMA26 之上，其间的正离差值（+DIF）会越来越大；反之，当股价持续下跌时，离差值可能变负（-DIF），而且越来越大。因此，通过观察 DIF、DEA 和 MACD（红绿柱）的变化，我们能够预测股价未来的趋势。

● DIF、MACD 信号

（1）当 DIF 和 MACD 均大于零（即位于零轴上）并向上移动时，一般表示股价处于多头行情中，可以买入或持股；

（2）当 DIF 和 MACD 均小于零（即位于零轴下）并向下移动时，一般表示股票处于空头行情中，可以卖出或观望；

（3）当 DIF 和 MACD 均大于零（即位于零轴上）但向下移动时，一般表示股价处于下跌阶段，可以卖出或观望；

（4）当 DIF 和 MACD 均小于零（即位于零轴下）但向上移动时，一般表示股价处于上涨阶段，可以买进或持股。

红绿柱信号

在交易软件中，通常用红柱来表示正值，绿柱表示负值。当红柱持续放大时，表明股价正处在上升趋势中，未来还将继续上涨，此时应买入或持股待涨，直到红柱无法再放大为止；当绿柱持续放大时，表明股价正处在下降趋势中，未来还将继续下跌，此时应卖出或空仓观望，直到绿柱无法再放大为止。

黄金交叉

当 DIF 由下向上突破 DEA 时，我们称这种形态为 MACD 黄金交叉。通常情况下，金叉一旦形成，股价会出现上涨趋势，为买入信号。

金叉又分为零轴下的金叉和零轴上的金叉。零轴上的金叉大多是股价回调后出现的，表明股价将重拾升势；零轴下的金叉大多是股价触底反弹或反转时出现的，此时股价尚处于弱势震荡阶段，有待逐渐修复。如图 15－2 所示。

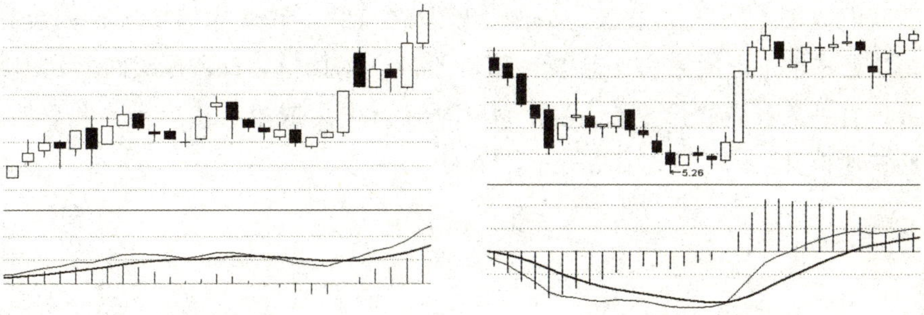

零轴上的金叉　　零轴下的金叉

图 15－2　黄金交叉

死亡交叉

当 DIF 由上向下突破 DEA 时，我们称这种形态为 MACD 死亡交叉。通常情况下，死叉一旦形成，股价会出现下跌趋势，为卖出信号。

死叉又分为零轴上的死叉和零轴下的死叉。零轴下的死叉大多是股价反弹后出现的，表明股价将重回跌势；零轴上的死叉比较复杂，如果第一次死叉后很快又出现金叉，那是极佳的买点，如果死叉后跌破零轴，则表明市场持续走弱，应该坚决卖出。如图 15－3 所示。

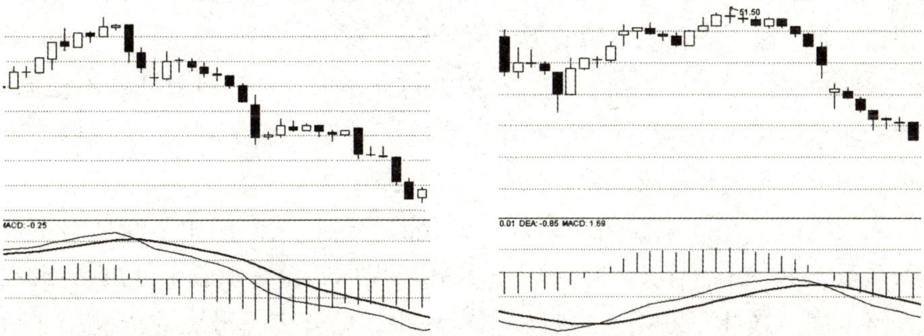

零轴上的死叉　　零轴下的死叉

图 15－3　死亡交叉

二次金叉

当MACD在低位发生第一次金叉时，股价在大多数情况下涨幅有限，或者小涨后出现较大的回调，但是当MACD在低位出现第二次金叉，股价上涨的概率和幅度会更大一些，尤其是当第二次金叉发生在零轴上方时，该信号更加强烈。

我们以图15－4北大医药为例。该股在持续下跌途中经历了小幅反弹，MACD在零轴下形成第一次金叉，随后股价开始回落，DIF再次回落到DEA下方，直到数日后股价重拾升势，MACD在低位形成第二次金叉，此后股价开始快速拉升。

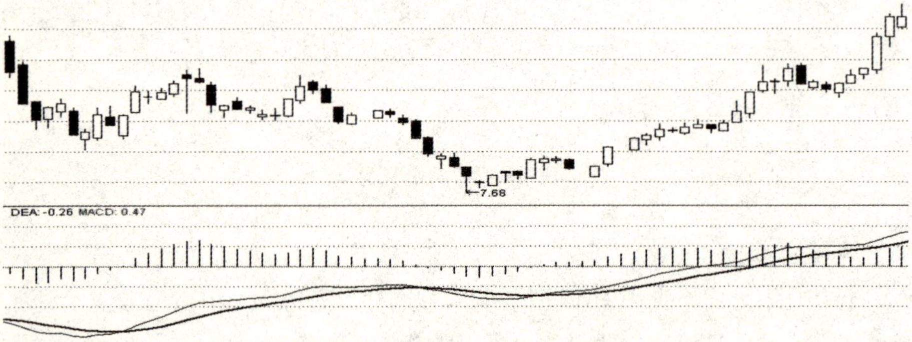

图15－4　低位二次金叉

顶（底）背离

当股价不断上涨、一浪高过一浪时，DIF和MACD不是同步上升，而是逐波下降，这种情况叫作顶背离。顶背离走势表明多头外强中干，预示着未来很快会有一波下跌，是强烈的下跌信号。

与此相反，当股价不断下跌、一浪低过一浪时，DIF和MACD不是同步下降，而是逐波上升，这种情况叫作底背离。底背离走势表明空头强弩之末，预示着未来很快会有一波反弹，是强烈的上涨信号。

我们以图15－5天健集团为例。该股的股价持续下跌中不断创出新低，最低跌至3.46元，但在这一过程中，MACD指标并没有随股价创出新低，反而一路走高，红柱不断增多，绿柱不断减少，底背离信号由此成立。此后，该股从3.46元的最低价一路上涨至11.84元，涨幅高达242%。

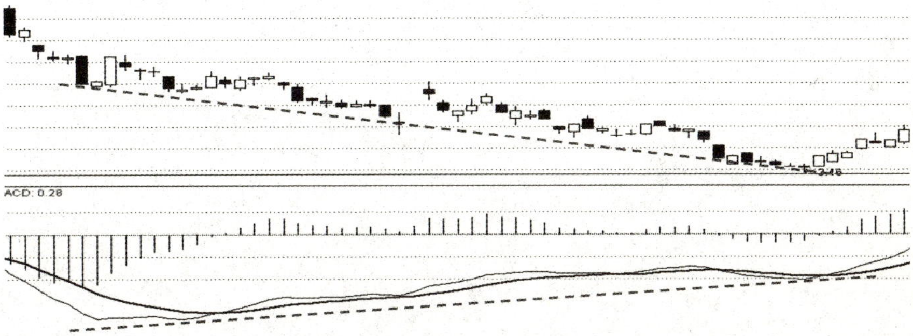

图 15-5 底背离

● DMI 动向指标

DMI 指标，又叫动向指标或趋向指标，是由美国技术分析大师威尔斯·威尔德于 1978 年提出的一种中长期技术分析方法，用于判断行情是否已经启动。其原理是根据每天的最高价、最低价和收盘价来逐日相互比较，寻找在此期间内上升动力和下降动力谁大谁小或相等，以此来研判市场多空双方的力量对比。

DMI 指标的计算方法和过程比较复杂，作为普通投资者，我们没有必要精确掌握其中的原理，只需要知道如何应用即可。先来看图 15-6。

从图 15-6 可知，DMI 指标由 PDI、MDI、ADX、ADXR 四条线组成，它分为多空指标（PDI、MDI）和趋向指标（ADX、ADXR）两组指标。其中，PDI 也写作 +DI，是上升动向；MDI 也写作 -DI，是下降动向；ADX 是动向平均数，即动向值 DX 的平均数；ADXR 则是 ADX 的评估值，其波动比 ADX 平缓。

在具体应用时，投资者可以掌握以下几个买卖原则：

原则 1　当 +DI 由下往上穿越 -DI 时，为买入信号

该信号表明，市场上的做多力量在增强。如果同时伴随着 ADX 的上升，则预示着股价的涨势可能更强劲。如果 ADX 升至某一水平后掉头回落，则表明股价即使仍将上涨，涨势也会趋缓，而且不久后便会转为下跌。

原则 2　当 +DI 由上往下跌破 -DI 时，为卖出信号

该信号表明，市场上的做空力量在增强。如果同时伴随着 ADX 的上升，则预示着股价的下跌将更加猛烈，直至 ADX 见顶回落，才能确认底部的出

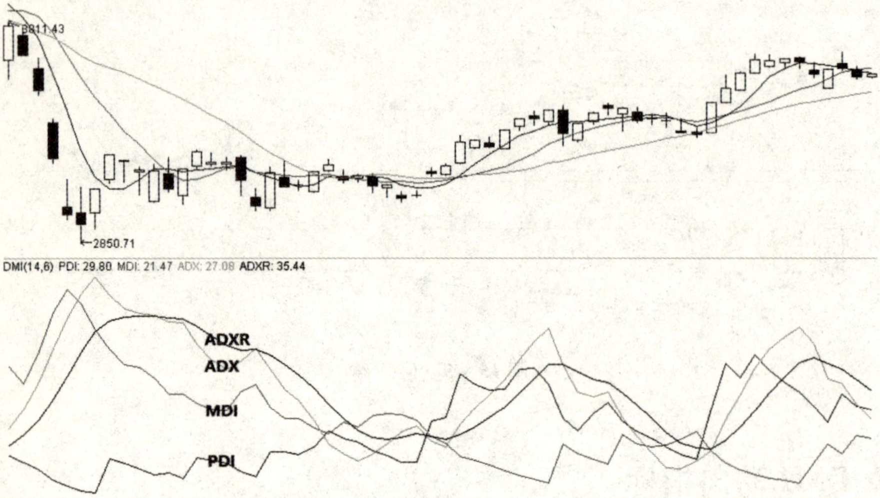

图 15 -6　DMI 指标示意图

现，此后的跌势也将趋于平缓，并且出现探底回升的走势。

原则 3　当 ADX 降至 20 以下时，为盘整信号

一般来讲，ADX 在 20—60 之间，表明多空双方实力均衡；ADX 突破 60，表明多空双方力量悬殊，多头或空头逐渐占据主动，或超买或超卖；ADX 跌破 20，表明多空双方无心恋战，股价陷入泥潭，处于沉闷整理期。

原则 4　当 ADX 从 50 以上向下折返时，为趋势终结信号

该信号表明，多空双方的力量正在发生逆转。此时，无论股价正在上涨还是下跌，都代表行情即将反转，股价很有可能在此形成头部或底部。

原则 5　当 ADX 跌至 40—60 之间再度掉头上升时，是买入信号

ADX 从高位折返后，一般会持续下跌至 20 左右才能企稳，如果它仅下跌至 40—60 之间就企稳并探底回升，那是波段大行情的征兆，是极佳的买入点，这就好比空中加油一样，所以又被人们称为 ADX 空中加油信号。

图 15 -7 是苏宁云商 2013 年 7—10 月的走势，上面是 K 线图，下面是 DMI 指标。我们看到，该股的 + DI 在 7 月 11 日上穿 - DI，发出买入信号。此后股价沿 10 日均线一路攀升，期间 + DI 一直稳定盘踞在 - DI 之上，直到 10 月 23 日， - DI 跌破 + DI，发出卖出信号，期间最大涨幅 172%！

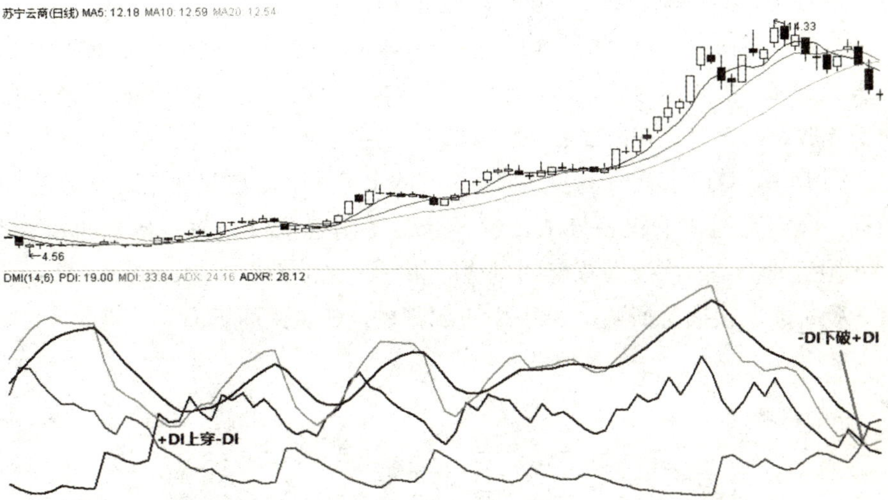

图 15－7　苏宁云商 DMI 指标示意图

● FSL 分水岭指标

分水岭（FSL）指标是一条强弱势的分界线，它的形态非常简单，就是两条线，一条是 SWL 线，另一条是 SWS 线。但就是这样简单的两条线，却能够使投资者跳出纷繁复杂的技术分析指标，清晰掌握股价未来的变化趋势。

FSL 的计算公式也不复杂，其中 SWL =（收盘价的 5 日加权移动平均 ×7 + 收盘价的 10 日加权移动平均 ×3）/10；SWS = 以 1 和 100 ×［成交量的 5 日累和/（3 × 流通股本）］的较大值为权重收盘价的 12 日指数移动平均的动态移动平均。

公式表达有点拗口，不过没关系，因为交易软件中早已设定好相关的指标公式，我们只需要掌握其用法即可。以下是 FSL 指标的应用原则：

原则 1　分水岭是股价强弱势的分界线

股价在分水岭之上为强势，反之为弱势。

原则 2　分水岭可作为股价的支撑线和压力线

当股价从高处回落，在分水岭上方获得支撑，同时分水岭向上运行，为买入信号，可考虑建仓；当股价从低处反弹，在分水岭下方遇阻，同时分水岭向下运行，为卖出信号，可考虑减仓。

原则 3　分水岭的突破，预示着趋势的反转

当分水岭向下运行且股价由下往上突破分水岭时，说明该股票的走势正在由弱变强，可考虑建仓；当分水岭向上运行且股价由上往下跌破分水岭时，说明该股票的走势正在由强变弱，要及时止损出局。

图 15－8 是广宇集团 2011 年 1—5 月的走势，上面是 K 线图，下面是 FSL 指标。我们看到在下跌趋势中，SWS 始终压制着 SWL，每一次股价反弹至 SWS 附近，都是一次逢高减磅的机会。相反，在上升趋势中，SWL 始终压制着 SWS，每一次股价回调至 SWS 附近，都是逢低买入的机会。

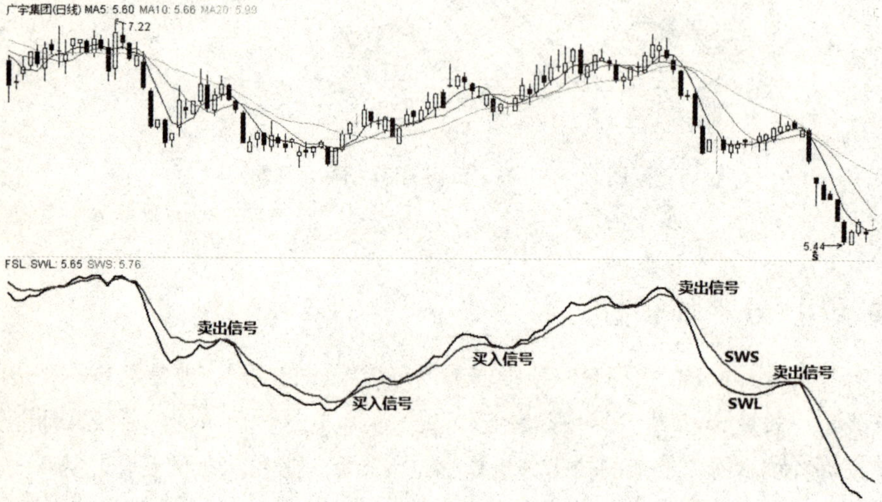

图 15－8　广宇集团 FSL 指标示意图

● BRAR 情绪指标

情绪指标（BRAR）也称为人气意愿指标，最早起源于日本，从图形上看类似西方技术指标，实则蕴含东方智慧，反映了中国太极“气极则衰，衰极则盛”的阴阳循环哲学。

具体而言，BRAR 指标由人气指标 AR 和意愿指标 BR 组成。其中 AR 以当日开盘价为基点，通过与当日最高价相比较计算得出，反映了当前市场下多空双方的力量对比；BR 以前一日收盘价为基础，通过与当日最高价、最低价相比较计算得出，同样反映了当前市场下对多空双方的力量对比。

AR 指标的计算公式如下：

N 日 AR = N 日内［H－O］之和除以 N 日内［O－L］之和 ×100

其中，H 为当日最高价，L 为当日最低价，O 为当日开盘价，N 为设定的时间参数，一般原始参数日设定为 26 日。

BR 指标的计算公式如下：

N 日 BR = N 日内［H－CY］之和除以 N 日内［CY－L］之和 ×100

其中，H 为当日最高价，L 为当日最低价，CY 为前一交易日的收盘价，N 为设定的时间参数，一般原始参数日设定为 26 日。

AR 指标单独研判

AR 指标以 100 为多空双方的均衡状态，当它在 80—120 之间波动时，属于盘整行情；当它走高时，表示行情活跃，人气旺盛，但过高（如大于 180）则意味着股价已经严重超买，可以逢高减磅；当它走低时，表示行情低迷，人气衰竭，但过低（如低于 40）则意味着股价已经严重超卖，可以逢低吸纳。

BR 指标单独研判

BR 同样以 100 为多空双方的均衡状态，但它比 AR 指标更敏感。当 BR 在 80—180 之间波动时，属于盘整行情，投资者应以观望为主；当它大于 400 时，意味着股价已经严重超买，可以逢高减磅；当它小于 40 时，意味着股价已经严重超卖，可以逢低吸纳。需要注意的是，BR 必须结合 AR 使用才能发挥其功效。

AR、BR 指标配合使用

当 AR、BR 同时从底部向上攀升时，表明市场上人气开始聚集，做多力量开始占据优势，股价将继续上涨；当 AR、BR 在高位停滞不前或掉头向下时，表明市场上做空力量开始聚集，股价将从高位回落；当 BR 急速上升，而 AR 却在盘整或小幅回落时，应该逢高减磅。

图 15－9 是沙钢股份 2015 年 1—6 月的走势。我们看到，该股的 AR、BR 在 60—80 之间触底后开始缓慢爬升，至 120 以后开始急剧飙升，股价也从 3.29 元涨至 13 元上方。期间，AR、BR 有过短暂折返，但很快又被拉起。

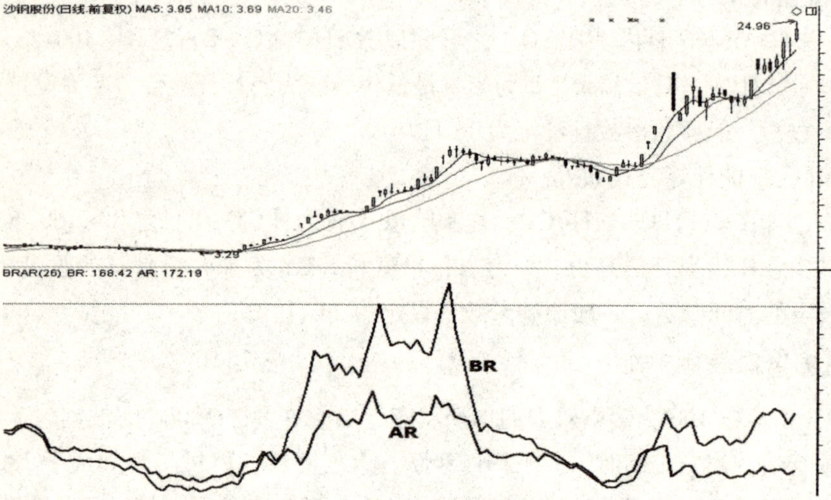

图 15－9　沙钢股份 BRAR 指标示意图

● OBV 能量潮指标

累计能量线（OBV）又叫能量潮，是美国投资分析家格兰威尔于 1981 年创立的，格兰威尔同时还提出过均线八大买卖原则，我们在第 14 章均线中曾经介绍过。格兰威尔非常重视成交量对股价的影响，他是第一个提出量价关系的人，在格兰威尔看来，能量是原，股价是果。OBV 就是在这个基础上创立的。

OBV 通过统计成交量的变动，将其制成趋势线，配合股价趋势线，从价格的变动以及成交量的增减关系来推测股价趋势。在技术图形上表现为两根线，一根是 OBV 线，另一根是 MAOBV 线。其中，OBV 是利用股价和成交量配比而成，MAOBV 则是根据过去 30 日内的成交量的总和计算出来的简单移动平均线。

OBV 的计算公式很简单，假设我们知道上一日的 OBV，就可以根据今天的成交量、今天的收盘价，以及上一日的收盘价计算出今天的 OBV，即

今日 OBV = 昨天 OBV + SGN × 今天的成交量

其中，SGN 是一个符号，取值范围是 +1 或 −1。当今日收盘价 ≥ 昨日收盘价时，SGN 取值为 +1；当今日收盘价 < 昨日收盘价时，SGN 取值为 −1。

OBV 指标的方向反映了市场主流资金对持仓兴趣增减的变化。但单纯观察 OBV 的方向并无实际意义，而必须结合股价曲线进行判断。下面我们就来看看不同的 OBV 方向和股价走势组合都有哪些不同的含义。

股价、OBV 指标同步向上

当股价上涨时，OBV 指标也同步向上，表明市场的持仓兴趣在增加，是一个量价齐升的看涨信号；相反，如果股价上涨的同时，OBV 指标却向下，即出现了股价和 OBV 相背离的现象，表明市场的持仓兴趣在减弱，是看空信号。

股价、OBV 指标同步向下

当股价下跌时，OBV 指标也同步向下，表明市场的做空力量在增加，股价随时可能出现大幅下跌，是看跌信号；相反，如果股价下跌的同时，OBV 指标却向上，表明市场上买盘踊跃，股价随时可能止跌回升，是看涨信号。

股价变动，OBV 指标呈水平状态

当股价变动时，OBV 指标呈水平状态，这种情形是 OBV 指标最常见的，它表明市场的持仓兴趣变化不大，股价处在调整状态中，投资者最好持币观望，尤其在股价下跌时，OBV 指标呈水平状态时，更不要参与调整。

图 15－10 是鼎立股份 2010 年 5 月—2011 年 5 月的走势。我们看图中灰色方框部分，股价长期在6—7 元间震荡，期间 OBV 指标先是呈水平状态，随后开始温和放大，与股价走势背离，说明有资金提前介入，后市看涨。

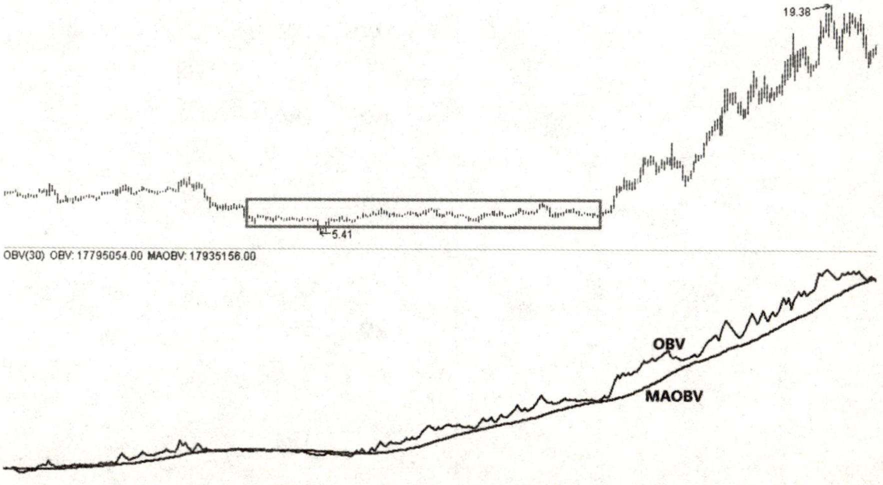

图 15－10　鼎立股份 OBV 指标示意图

● RSI 相对强弱指标

相对强弱指标（RSI）是由技术分析大师威尔斯·威尔德创立的一种技术指标。其原理很简单，就是用数学计算的方法来评估买卖双方的力量对比，例如有100个人面对一件商品，如果想买的超过50人，竞相抬价，商品价格必涨；相反，如果想卖的人超过50人，竞相降价，商品价格必跌。

以此类推，RSI指标认为，任何股价的涨跌均在0—100之间变动。具体计算时，用N日收盘涨幅的平均值除以N日收盘涨幅的平均值与N日收盘跌幅的平均值之和，再乘以100便可得到RSI值，即

$$RSI=\frac{\text{N日收盘涨幅的平均值}}{(\text{N日收盘涨幅的平均值}+\text{N日收盘跌幅的平均值})}\times 100$$

根据以上公式可知，RSI指标在0—100之间变动，当股价在N天内每天都涨，则RSI=100；当股价在N天内每天都跌，则RSI=0。在通达信软件中，RSI指标中的N一般取值为6、12和24，在图上分别用不同的颜色表示。

在实际操作时，我们可以从三个方面来观察RSI指标：

原则1　看取值

RSI和后面将要介绍的KDJ一样，都属于超买超卖指标，因此对它们的取值划分也基本上一致。图15-11是各区间RSI值对应的意义。

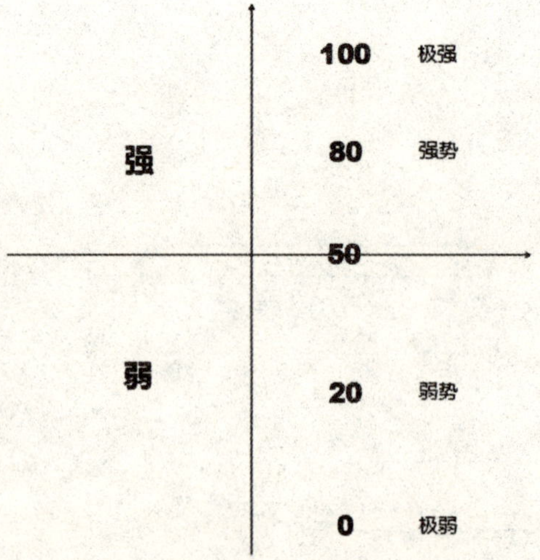

图15-11　RSI指标的数值意义

从图 15－11 可知，当 RSI 值低于 20 进入超卖区，股价随时可能形成短期反弹；当 RSI 值高于 80 进入超买区，股价随时可能形成短期回调；当 RSI 值向上突破 50，代表股价已经转强；当 RSI 值向下突破 50，代表股价已经转弱。

原则 2　看交叉

前面我们讲过，RSI 指标中的 N 可以有 6、12 和 24 三个值，表现在图形上就是三条线。既然是三条线，那么在股价的运行过程中，必然会形成交叉。为了简单起见，我们这里仅考察 6 和 12 两根线，其中 6 代表短期，12 代表中期。

当短期 RSI 在 20 以下，由下往上穿越中期 RSI 时，为买入信号；相反，当短期 RSI 在 80 以上，由上往下穿越中期 RSI 时，为卖出信号。

原则 3　看形态

通过形态观察 RSI 指标有两种方法：（1）看 RSI 指标是否形成头肩型或者双重顶（底），而且位置越高（低）越好，此时可以买入或卖出；（2）看 RSI 指标是否与股价形成背离走势，在此基础上采取相应的操作策略。

图 15－12 是浦东金桥 2015 年 5—6 月走势。我们看到，该股股价在此期间连续上涨，创出新高，但 RSI 指标却同步创出新高，反而低于上一个高点，从而形成 RSI 顶背离，结果股价在接下来的时间里出现了连续大幅下挫。

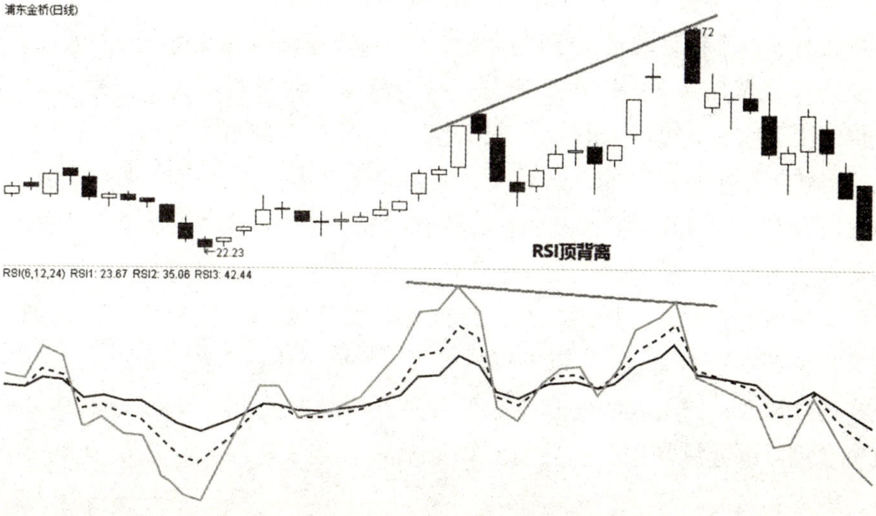

图 15－12　浦东金桥 RSI 指标示意图

● WR 威廉指标

威廉指标（WR）又叫超买超卖指标，是由美国著名期货交易员拉里·威廉于 1973 年首次提出的，它通过分析一段时间内最高价、最低价和收盘价之间的关系来判断某只股票的超买超卖现象，具有预测股价中短期走势的功能。

威廉指标属于测量行情震荡的指标，它的原理可以这样来理解：一个移动的小球在上有天花板、下有地板的空间内跳动，当它撞到天花板就会掉头向下，当它撞到地板，就会反弹向上。

威廉指标的计算主要是利用分析周期内的最高价、最低价和周期结束时的收盘价三者之间的关系来展开。因此，在计算时首先要决定参数，以日为买卖的周期为例，通常所选的周期为 6 日、10 日等。其计算公式为：

$$WR = (Hn - C) \div (Hn - Ln) \times 100$$

其中，C 为计算日的收盘价，Ln 为 N 周期内的最低价，Hn 为 N 周期内的最高价，公式中的 N 为选定的计算时间参数，一般为 6 或 10。

从计算公式可知，WR 值介于 0—100 之间，它代表了当天的收盘价在过去一段时间里所有价格中的相对位置。下面是不同数值的具体含义：

（1）当 WR 在 0—20 之间时，属于超买区，表明市场处于超买状态，股价已接近顶部，可以考虑卖出，因此 WR = 20 这条线被视为卖出线。

（2）当 WR 在 20—80 之间时，属于多空平衡区，表明市场上多空双方的力量暂时取得平衡，股价处于横盘整理中，可以考虑持股或持币观望。

（3）当 WR 在 80—100 之间时，属于超卖区，表明市场处于超卖状态，股价已接近底部，可以考虑买入，因此 WR = 80 这条线被视为买入线。

当然，在实际操作中，如果按照上面的建议操作，将会出现大概率、大面积的亏损。以 WR > 80 买入为例，很多时候，即便 WR 值多次触及 100，也不见得股价见底，更可能是大幅下跌的开始。那么，如何运用这一指标呢？

一种更稳妥的办法是，在 WR 突破 80 以后，可以关注但不要入场操作，待 WR 重新跌回 80 甚至 70 以下时再买入。如果 WR 跌破 80 的同时，成交量也在逐渐放大，那买入的信号就更加可靠。与此相反，当 WR 跌破 20 以后，投资者仍可以继续持股，但要重点留意后市行情，待 WR 再次回升至 20 上方，即可卖出。

除了根据 WR 值，我们还可以根据股价与 WR 值的背离来研判后市。当

K 线图上的股价一浪高过一浪时，WR 曲线的走势却一浪低于一浪，顶背离出现，是强烈的卖出信号；相反，当 K 线图上的股价一浪低于一浪时，WR 曲线的走势却一浪高于一浪，底背离出现，是强烈的买入信号。

图 15－13 是中煤能源 2010 年 9—10 月的走势。我们看到，该股的 WR 值在 9 月 24 日突破 80，说明市场进入超卖状态。之后 WR 见顶回落跌破 80，这是多头力量复苏的标志，投资者可以逢低买入。注意，这里的时间参数是 14 和 28。

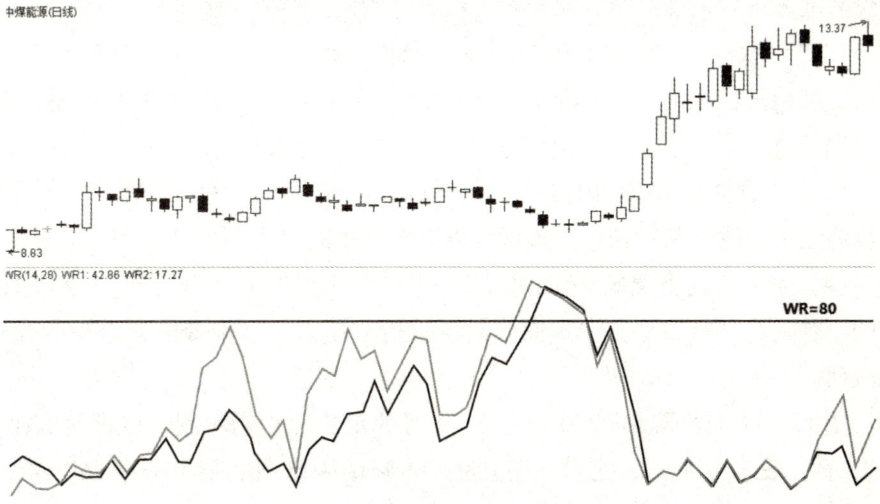

图 15－13　中煤能源 WR 指标示意图

● SAR 抛物线指标

抛物线指标（SAR）也叫停损点转向指标，是由美国技术分析大师威尔斯·威尔德（你没看错，又是他！DMI 指标的创立者）创造的一种技术分析工具。这种指标与移动平均线相似，属于价格和时间并重的分析工具。

SAR 要求投资者在买卖某只股票之前，先要设定一个止损点，以减少投资风险。这个止损点并不是固定的，而是随股价的波动而不断调整，这样既可以有效控制风险，又不会错失赚取更大收益的机会。

SAR 的计算公式相当烦琐。在计算 SAR 之前，先要选定一个周期，例如 n 日或 n 周等，然后判断该周期内股价是涨是跌，在此基础上再按照逐步推理方法计算 SAR 值。我们以日 SAR 为例，其计算公式如下：

$$SAR(n)=SAR(n-1)+AF[EP(N-1)-SAR(N-1)]$$

其中，SAR（n）为第n日的SAR值，SAR（n－1）为第（n－1）日的值，AF为加速影子，EP为极值点（即最高价或最低价）。

具体应用时，SAR有四个参数，分别是天数参数、加速因子参数、加速因子增量和反向临界参数，一般取SAR（4，2，2，20）。尽管公式比较复杂，但SAR的买卖原则很简单，主要就是看股价与SAR值之间的关系。

（1）当股价从SAR曲线下方向上突破SAR曲线时，为买入信号，预示着股价将迎来一轮上涨行情，投资者可以买进股票。

（2）当股价向上突破SAR曲线后继续向上运动，而SAR也向上运动时，表明上涨趋势已经确立，SAR曲线对股价构成支撑，投资者可持股待涨或逢低加码。

（3）当股价从SAR曲线上方向下突破SAR曲线时，为卖出信号，预示着股价将迎来一轮下跌行情，投资者可以卖出股票。

（4）当股价向下突破SAR曲线后继续向下运动，而SAR也向下运动时，表明下跌趋势已经确立，SAR曲线对股价构成压力，投资者应持币观望或逢高减磅。

图15－14是塔牌集团2015年5—9月的走势。我们看到，该股股价在5月15日突破SAR曲线，之后一路上涨。直到6月15日，股价击穿SAR曲线，股价一路下跌。当然，在实际操作中，类似这样的机会并不多见。

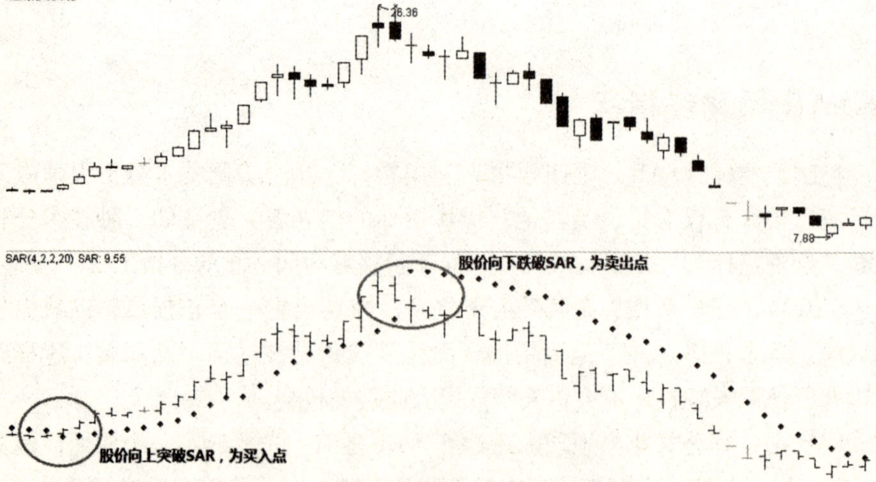

图15－14　塔牌集团SAR指标示意图

● KDJ 随机指标

随机指标（KDJ）是一种实用的技术分析指标，最早起源于期货市场，由乔治·莱恩博士首创，刚开始是在威廉指标的基础上发展起来的，只有 K 线和 D 线，但 KD 指标只能判断股票的超买超卖现象，于是莱恩将移动平均线的概念融入 KD 指标，进而形成比较准确的 KDJ 指标买卖信号。

KDJ 指标以最高价、最低价和收盘价为基本数据进行计算，然后将得出的 K 值、D 值和 J 值分别画在坐标图上连成线，进而形成一个完整的 KDJ 指标。其实质是利用价格波动的幅度来反映股价走势的强弱和超买超卖现象。

具体计算时，首先要计算周期的 RSV 值，即未成熟随机指标值，然后再计算 K 值、D 值和 J 值。我们以日 KDJ 为例，其计算公式如下：

$$n\text{ 日 RSV} = (Cn - Ln) / (Hn - Ln) \times 100$$

其中，Cn 为第 n 日收盘价，Ln 为 n 日内的最低价，Hn 为 n 日内的最高价。

$$\text{当日 K 值} = 2/3 \times \text{前一日 K 值} + 1/3 \times \text{当日 RSV}$$

$$\text{当日 D 值} = 2/3 \times \text{前一日 D 值} + 1/3 \times \text{当日 K 值}$$

$$\text{当日 J 值} = 3 \times \text{当日 K 值} - 2 \times \text{当日 D 值}$$

KDJ 指标的计算过程比较复杂，我们只需要知道其原理即可。在参数的选取上，一般软件默认为（9，3，3），其含义是取 9 天的数值，前一个 3 表示 3 天平均线，后一个 3 是乖离率。但从实战的角度来看，这一参数设置波动频繁、无效信号较多，因此投资者可根据不同的股票和周期灵活地设置这一指标参数。

在实际操作中，我们可以从以下四个方面来对 KDJ 指标进行分析。

原则 1　KDJ 指标取值

在 KDJ 指标中，K 值和 D 值的取值范围为 0—100，而 J 值的取值范围既可以大于 100，也可以小于 0。与威廉指标类似，我们可以根据数值，将 KDJ 分为超卖区、超买区和平衡区：KDJ 在 20 以下为超卖区，是买入信号；KDJ 在 80 以上为超买区，是卖出信号；KDJ 在 20—80 之间为平衡区，应持币或持股观望。

原则 2　KDJ 指标交叉

KDJ 指标交叉分为黄金交叉和死亡交叉两种形式。黄金交叉是指股价在底部经过一段时间的震荡后，K、D、J 三线在 50 附近徘徊，此时一旦 J 线和 K 线同时向上突破 D 线，表明股价即将止跌回升，可考虑买入股票；死亡交叉是指股价经过一段时间的上涨后，K 线和 J 线从 80 以上的高位同时向下击穿 D 线，表明股价即将见顶回落，可考虑买入股票。

原则 3　KDJ 指标背离

KDJ 指标背离是指 KDJ 指标的曲线图走势正好与 K 线图的走势相反。具体分两种情况：一是顶背离，即股价不断创新高，而 KDJ 指标却不再创新高，此为卖出信号；二是底背离，即股价不断创新低，而 KDJ 指标却不再创新低，此为买入信号。与其他技术指标的研判一样，KDJ 顶背离的准确性要高于底背离。

原则 4　KDJ 指标形态

KDJ 指标还可以从形态上来分析。与 K 线图一样，KDJ 指标的曲线图形也可以形成头肩顶（底）、双重顶（底）等形态，这些形态是我们判断行情走势、决定买卖时机的重要依据。此外，KDJ 指标还可以画趋势线、支撑线和压力线。

限于篇幅，我们仅以 KDJ 金叉为例。图 15 - 15 是康美药业 2010 年 1—10 月的走势。我们看到，该股的 KDJ 在 2 月形成低位金叉，股价一路上行。此后，经过两个月的调整，再次在低位形成金叉，股价进入更大级别的拉升行情。

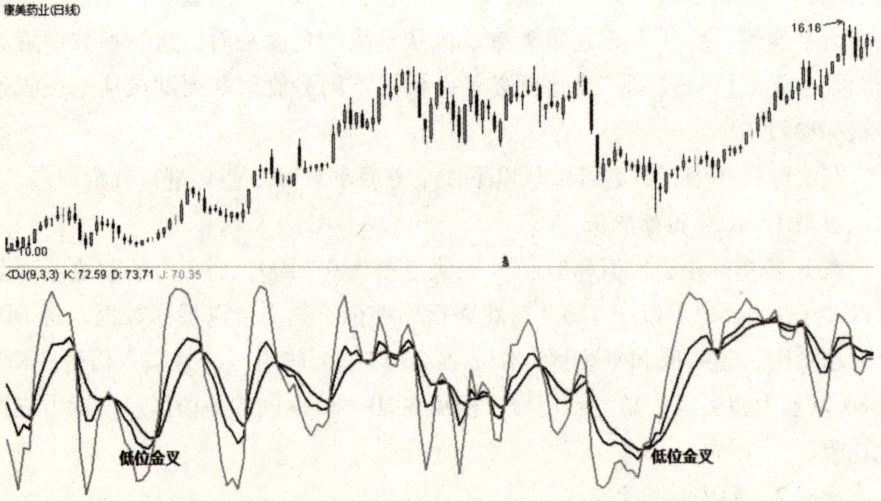

图 15 - 15　康美药业 KDJ 指标示意图

● BOLL 布林线指标

布林线指标（BOLL）是美国著名证券分析师约翰·布林格根据统计学中的标准差原理设计出来的一种简单实用的技术指标，它通过计算股价的标准差和置信区间，从而确定股价的波动范围及未来走势。

一般来讲，股价总是围绕某一价值中枢（如成本线）在一定区间内波动，布林线指标正是在这个基础上引进了股价信道的概念。该指标认为，随着股价的波动，信道的宽度也会随着改变，表现在图形上就是布林带的开口和缩口。

布林线指标的计算比较复杂，不仅因为它引入了统计学的标准差概念，增加了计算的难度，而且还需要分别计算中轨线（MB）、上轨线（UP）和下轨线（DN）等。此外，由于选取的计算周期不同，布林线指标包括日 BOLL 指标、周 BOLL 指标、月 BOLL 指标、年 BOLL 指标和分钟 BOLL 指标。

下面我们以日 BOLL 指标为例，其计算公式如下：

$$MB = (N-1)\text{ 日的 } MA$$

$$UP = MB + k \times MD$$

$$DN = MB - k \times MD$$

其中，MA 是移动平均值，MD 是标准差。至于 MD 的计算方法，数学基础不好的投资者不必掌握，一般的交易软件中都内置了 STD 即标准差函数。

BOLL 指标的中轨线、上轨线和下轨线分别代表着不同的含义。其中，中轨线是股价的中枢，当股价在中轨线上运行时，表明市场处于强势；当股价在中轨线下方运行时，表明市场处于弱势。上轨线和下轨线则是股价安全运行的最高价和最低价，它们对股价起到压力或支撑的作用。

当上、中、下轨线同时向上运行时，表明市场处于强势，短期内股价将继续上涨，投资者应坚决做多；当上、中、下轨线同时向下运行时，表明市场处于弱势，短期内股价将继续下跌，投资者应坚决做空；当上轨线向下运行而中、下轨线还在向上运行，表明市场处于整理形态中。

以上是对 BOLL 指标的单独解释。事实上，在实际操作中，通常会将价格曲线叠加在 BOLL 指标中进行分析，既可以是 K 线，也可以是美国线。

那么，K 线和布林线之间有什么关系呢？

（1）当 K 线从中轨线以下向上突破中轨线时，表明市场强势特征开始出现，股价即将上涨，投资者应考虑做多。

（2）当K线在布林线上方运行一段时间后，向下击穿上轨线时，表明市场强势行情即将结束，短期内将大跌，投资者应短线做空。

（3）当K线从中轨线以上向下击穿中轨线时，表明市场强势行情已经结束，中期下跌趋势已经形成，投资者应该及时规避风险。

（4）当K线在布林线下方运行一段时间后，向上突破下轨线时，表明市场短期内有可能回暖，投资者可以适当做多，参与反弹行情。

除了K线和布林线之间的关系外，我们还可以通过布林线的喇叭口形状来研判股价的运行趋势。所谓布林线的喇叭口，是指上轨线和下轨线分别从两个相反的方向与中轨线大幅扩张或收窄而形成的特殊形状。根据喇叭口形状的不同，又可分为开口型喇叭口、收口型喇叭口和紧口型喇叭口三种类型。

开口型喇叭口是指市场经过长时间的整理后，股价突然向上急速拉升，此时布林线的上轨线也随着向上扬升，而下轨线却加速向下运动，形成一个向右开口的大喇叭的特殊形态。

收口型喇叭口是指股价经过短时间的大幅拉升后，突然在高位出现急速下跌行情，此时布林线的上轨线开始急速掉头向下，而下轨线还在加速上升，形成一个向左开口的大喇叭的特殊形态。

紧口型喇叭口是指股价经过长时间下跌后，布林线的上轨线和下轨线同时向中轨线收拢，两者间的距离越来越小，此时上轨线还在向下运动，而下轨线却在缓慢上升，形成一个扁平的小喇叭的特殊形态。如图15－16所示。

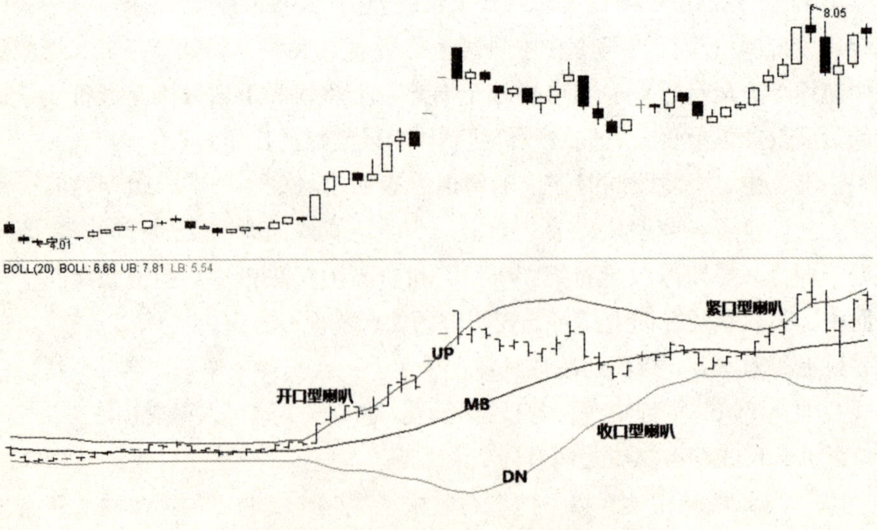

图15－16　BOLL指标示意图

● PSY 心理线指标

股价的涨跌与人们的心理密切相关。研究人员发现，人们的心理预期与股价的涨跌成正比，即股价涨，心理预期随之增加；股价跌，心理预期随之降低。而心理线指标（PSY）正是研究投资者对股价涨跌产生心理波动的指标。

PSY 指标的计算很简单，就是对 N 日内上涨天数的简单统计，其公式如下：

PSY = N 日内上涨天数/N × 100

在技术图形中，为了便于比较和分析，还加入了 PSYMA，即 PSY 的 M 日简单移动平均。其中，参数 N 一般设置为 12 日，参数 M 一般设置为 6 日。

从计算公式可知，PSY 指标的取值范围为 0—100，以 50 为多空双方的分界线。PSY 值大于 50 为多方区域，说明 N 日内上涨的天数大于下跌的天数，多头占据优势，投资者可以做多；PSY 值小于 50 为空方区域，说明 N 日内上涨的天数小于下跌的天数，空头占据优势，投资者可以做空。

一般情况下，PSY 值在 25—75 之间波动，表明股价处于正常的波动状态，超过这个区间，说明股价处于超买超卖状态。

PSY≥75

当 PSY 大于等于 75 时，说明在 N 天内上涨天数远大于下跌天数，多头力量强大而且持久，但同时也说明市场出现超买现象，投资者应多加注意，尤其是当 PSY 值超过 90 时，表明市场严重超买，投资者应回避短线风险。

PSY≤25

当 PSY 小于等于 25 时，说明在 N 天内下跌天数远大于上涨天数，空头力量强大而且持久，但同时也说明市场出现超卖现象，投资者可密切注意，当 PSY 值降至 10 以下时，表明市场严重超卖，投资者可以及时买进抢反弹。

除了根据数值，我们也可以根据 PSY 指标的形态进行研判。下面我们以 W 底为例进行说明。图 15 - 17 是合肥百货 2008 年 10—12 月的走势。我们看到，该股的 PSY 指标在底部两次跌至 25 以下，形成一个标准的 W 底，说明后市将迎来一波反弹行情，投资者可以在右底形成的当天买入股票。

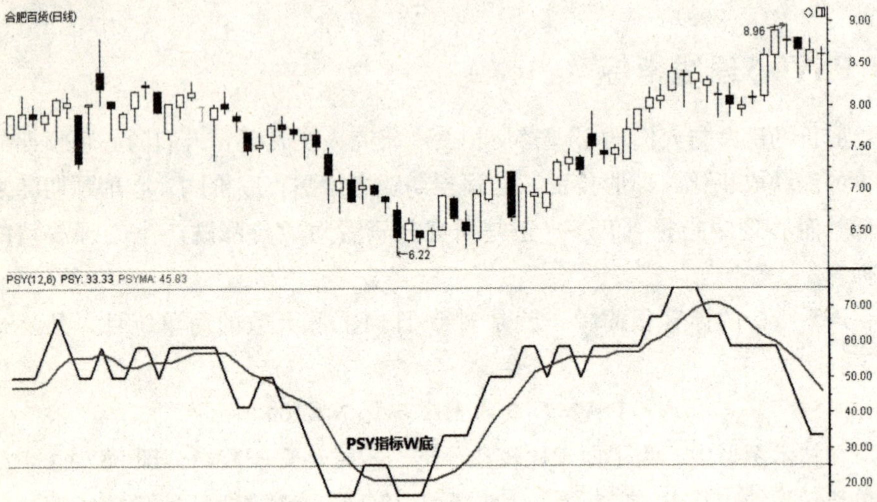

图 15－17　合肥百货 PSY 指标示意图

第 16 章 大势型指标

在前面的第 15 章中，我们介绍了 10 种常用的技术指标。除了这 10 种指标外，一般的交易软件还提供了大量其他的技术指标，粗略估计，至少有上百种以上，即使是专业的分析师有时也容易混淆。

为了更好地理解它们，我们可以根据指标的设计原理和应用法则，将其划分为大势型指标、超买超卖指标、趋势型指标、能量型指标和成交量指标等不同的类型。其中，大势型指标专门用于研判大盘指数的走势。

● ADL 腾落指标

腾落指标（ADL）是反映股价趋势的常用指标，它通过计算每天上涨或下跌的股票数量来了解市场人气，评估场内资金动能的强弱，进而研判市场未来的动向。ADL 最大的好处在于，它不考虑股票发行量或成交量的权重，而是对所有股票一视同仁，从而弥补了权重股操纵指数走势的弊端。

在计算 ADL 指标时，我们假设已经知道上一日的 ADL，也知道今日上涨股票的数量（NA）和下跌股票的数量（ND），则计算公式如下：

$$今日\ ADL = 昨日\ ADL + NA - ND$$

换句话说，ADL 指标就是用每日股票上涨数量减去下跌数量的累计余额，而将每日的 ADL 值连接起来，就是 ADL 曲线。在实际操作中，往往还会增加一条曲线（即 MAADL），MAADL 是对 ADL 的简单移动平均，周期一般默认为七天。

作为一种大势分析指标，ADL 必须与指数相互对照比较，下面是应用原则：

原则 1　指数、ADL 同步下跌，为做空信号当指数下跌时，ADL也随之下跌，说明市场处于弱势，未来仍将下跌。在这种情况下，ADL受制于MAADL的压力一路下滑，直到两者重新黏合。

原则2　指数、ADL同步上涨，为做多信号

当指数上涨时，ADL也随之上涨，说明市场处于强势，未来仍将上涨。在这种情况下，ADL在MAADL的支撑下一路上行，直到两者重新黏合。

原则3　指数上涨、ADL下跌，为回调信号

当指数上涨时，ADL却下跌，这种信号属于指数和ADL顶背离，说明市场属于强弩之末，随时可能下跌或回调，投资者应规避短期风险。

原则4　指数下跌、ADL上涨，为反弹信号

当指数下跌时，ADL却上涨，这种信号属于指数和ADL底背离，说明市场跌势已近尾声，随时可能上涨或反弹，投资者可以适当做多。

图16－1是2015年2—6月上证指数的走势。我们看到，上证指数的ADL曲线在2月12日上穿MAADL形成金叉，此后指数一路上行，ADL曲线在MAADL的依托下，稳步攀升。期间尽管在5月初短暂击穿过MAADL，但很快又被拉起，之后继续跟随指数上升，直到6月16日再次击穿MAADL，开始了一轮暴跌。

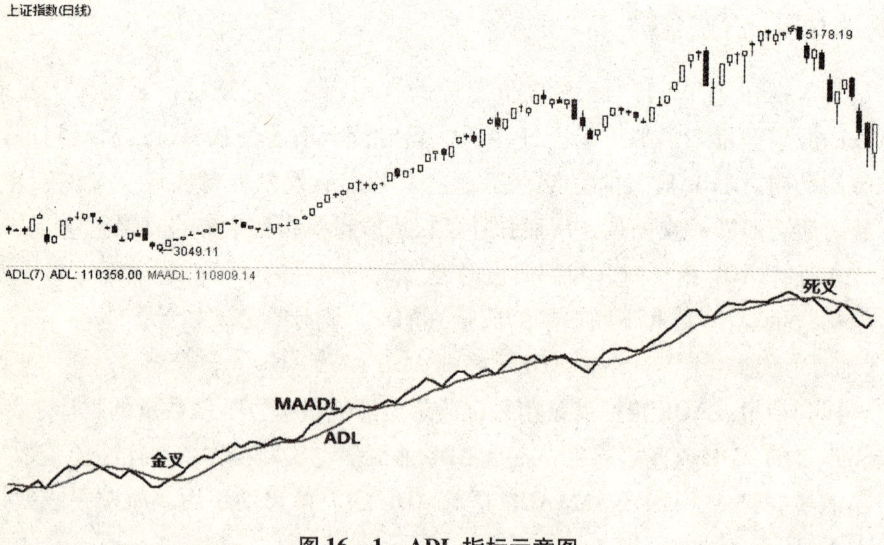

图16－1　ADL指标示意图

需要注意的是，ADL指标只能反映大势的变化，而不能用于个股分析，不能为个股提供买卖时机的判断，而必须配合ADR、OBOS等指标使用。

此外，ADL在交易软件中并非默认指标，要想调用该指标，必须在K线图下方的副图区域单击右键，选择【副图指标】→【选择副图指标】，在弹出的窗口中选择大势型指标，然后双击【ADL腾落指标】方可调用。如图16－2所示。

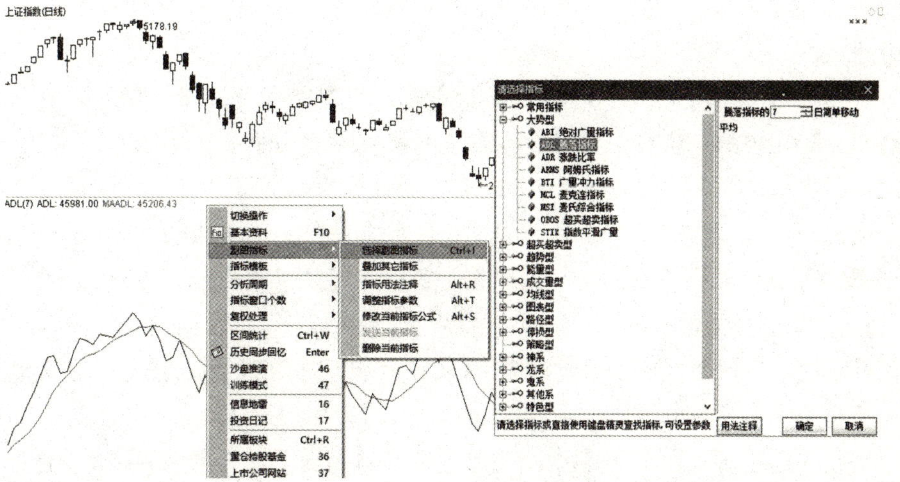

图16－2　ADL指标的调用方法

本章及后续章节介绍到的技术指标均可用这种方法调用。

● ADR涨跌比率

涨跌比率指标（ADR）又叫回归式腾落指数，是将一定时期内上涨的股票数量与下跌的股票数量进行统计，计算两者的比率，在此基础上推断多空双方的力量变化，进而判断市场上的实际情况。

从定义可知，ADR与ADL一样，同属于大势型指标，其基础是钟摆原理，即当市场上的人气过于高涨时，会产生无极必然的效果，接下来可能会出现一轮下跌行情；反之，当市场上的人气过于低迷时，接下来可能会出现一轮上涨行情。

根据不同的周期，ADR指标可以分为日ADR、周ADR、月ADR、年ADR和分钟ADR等不同类型。其中，比较常用的是日ADR和周ADR。

下面我们以日ADR为例，介绍其计算公式。

$$ADR（N日）=P1 \div P2$$

其中，P1 = ΣNA——N 日内股票上涨家数之和；P2 = ΣND——N 日内股票下跌家数之和；N 为选择的天数，是日 ADR 的参数。

从 ADR 指标的计算方法可知，它的取值范围在 0 以上，上限可以很大，但从实际运行情况来看，上证指数从有记录以来 ADR 大于 3 的情况极少见，总共不超过 10 次。由此可见，我们可以将 ADR 的数值分为不同区间进行分析。

（1）0.5 < ADR 数值 < 1.5，正常区域。当 ADR 位于正常区域时，说明多空双方势均力敌，指数走势平稳、波动不大，属于一种盘整行情。

（2）0.3 < ADR 数值 < 0.5，或 1.5 < ADR 数值 < 2.0，非正常区域。当 ADR 介于 1.5 到 2.0 之间时，说明多头实力占优，指数开始一路上涨；当 ADR 介于 0.3 到 0.5 之间时，说明空头实力占优，指数开始一路下跌。

（3）ADR 数值 < 0.3，或 ADR 数值 > 2.0，极不正常区域。当 ADR 位于该区域时，一般是受到突发的利空或利好影响，此时指数处于大空头或大多头行情中。

具体运用时，ADR 一般要结合指数曲线进行分析。与指数相比，ADR 往往具有领先预警作用，尤其是在中短期回调或反弹方面，会比指数先出现征兆，如果指数与 ADR 之间出现背离，则可能预示着大趋势即将反转。

原则 1　指数、ADR 同步上涨，为做多信号

当 ADR 和指数同步上涨时，意味着市场处于整体涨势中，人气比较活跃，后市有望继续上涨，投资者可以积极买进股票。

原则 2　指数、ADR 同步下跌，为做空信号

当 ADR 和指数同步下跌时，意味着市场处于整体跌势中，人气比较低迷，后来可能继续下跌，投资者应以持币观望为主。

原则 3　指数上涨、ADR 下跌，为调整信号

当 ADR 从高位回落，而指数仍在缓慢爬升时，说明市场出现顶背离，尽管一线大盘股还在上涨，但大多数二三线小盘股已经开始下跌，上涨行情难以持久。

原则 4　指数下跌、ADR 上涨，为反弹信号

当 ADR 从底部攀升，而指数仍在继续下跌时，说明市场出现底背离，尽管一线大盘股还在下跌，但大多数二三线小盘股已经开始上涨，下跌行情难以持久。

图 16－3 是深成指 2015 年 5—6 月的走势。我们看到，尽管从 5 月下旬开

始，深成指一路上涨，不断创出新高，但 ADR 和 MAADR（ADR 的移动平均）指标却掉头向下，大幅下跌，出现了明显的顶背离。后面的走势大家都知道了，那次下跌引发了 A 股历史上罕见的超级股灾！

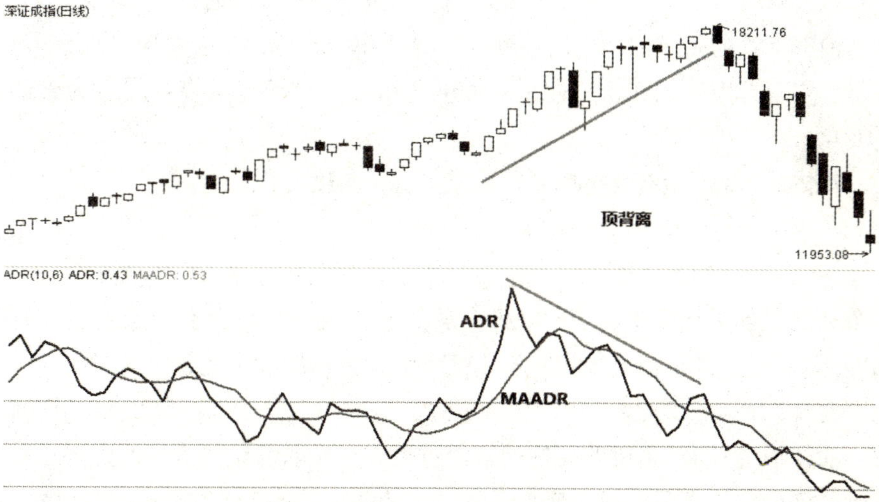

图 16-3　ADR 指标示意图

● OBOS 超买超卖指标

超买超卖指标（OBOS）和 ADL、ADR 一样，也是专门用来研判股票指数的技术分析工具。而且，OBOS 同样是以股价涨跌数量作为计算基础，只不过 ADL 计算的是涨跌家数的累计余额，ADR 计算的是涨跌家数的比率，而 OBOS 计算的则是涨跌家数的累积差关系，它的主要用途在于衡量指数涨跌的气势，从某种意义上讲，可以看作是一种加大 ADL 线震幅的分析方法。

OBOS 指标认为，当指数持续上涨时，必然会有部分敏感的主力获利了结，从而诱发行情反转向下；而当指数持续下跌时，必然会吸引部分敏感的主力进场扫货，从而诱发行情触底反弹。因此，当 OBOS 指标超越正常水平时，代表市场进入超买状态；而当 OBOS 指标低于正常水平时，代表市场进入超卖状态。

根据不同的周期，OBOS 指标可以分为日 OBOS、周 OBOS、月 OBOS、年 OBOS 和分钟 OBOS 等不同类型。其中，比较常用的是日 OBOS 和周 OBOS。

下面我们以日 OBOS 为例，介绍其计算公式。

$$OBOS（N日）=\sum NA-\sum NB$$

其中，$\sum NA$为N日内股票上涨家数之和；NB为N日内股票下跌家数之和；N为选择的天数，是日OBOS指标的参数。

从公式中可以看出，OBOS指标的计算和ADR指标的计算如出一辙，只不过前者计算的是差值，而后者计算的是比率，这也决定了ADR指标侧重于衡量多空双方力量的比值变化，而OBOS指标侧重于衡量多空双方力量的差值变化。

具体操作时，OBOS指标可以从以下五个角度进行研判：

角度1　上涨或下跌行情

OBOS指标的数值既可以是整数，也可以是负数。当OBOS为正数时，说明市场处在多头行情中；当OBOS为负数时，说明市场处在空头行情中；当OBOS为0时，说明市场处在多空平衡中，指数将维持窄幅震荡的格局。

角度2　超买或超卖

所谓物极必反，OBOS指标的数值过大或过小，都说明市场的涨势或跌势走到了极限，从而引发超买超卖现象，这是市场趋势即将发生转折的信号。

至于OBOS指标的超买区和超卖区的确定，不同的股票总数、不同的参数选择以及不同的分析软件都存在较大差异。我们以通达信软件为例，该软件中默认的正常区间是±80。当OBOS大于80时，说明指数处于超买状态，行情随时可能终结；当OBOS小于-50时，说明指数处于超卖状态，反弹一触即发。

角度3　顶背离或底背离

当指数持续上涨，而OBOS指标却开始从高位回落时，说明市场出现顶背离，随时可能下跌，应及时卖出；当指数持续下跌，而OBOS指标却开始从低位回升时，说明市场出现底背离，随时可能反弹，可适量买入。

角度4　趋势突破

当OBOS指标从下往上突破长期压力线时，预示指数可能转强，如果指数也向上突破长期压力线，则信号可以确认；当OBOS指标从上往下击穿长期支撑线时，预示指数可能转弱，如果指数也向下击穿长期压力线，则信号可以确认。

角度5　形态突破

当OBOS指标在高位形成头肩顶、双重顶时，预示指数可能转弱，如果指数也出现相同的形态，则信号可以确认；当OBOS指标在低位形成头肩底、双重底时，预示指数可能转强，如果指数也出现相同的形态，则信号可以确认。

图16－4是上证指数2010年12月到2011年1月间的走势。期间上证指数从2939点下跌至2661点，但OBOS指标不跌反升，低点逐步上移，形成了典型的底背离，此后上证指数出现了一波近400点的上涨行情。

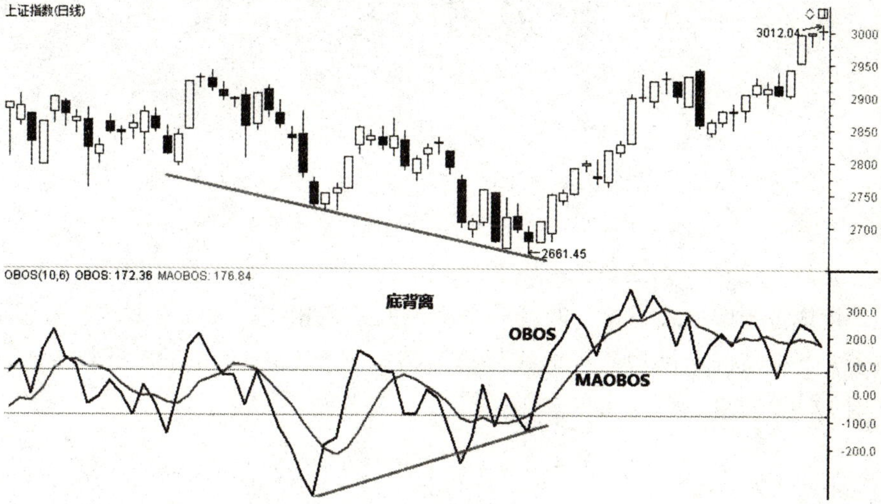

图16－4　OBOS指标示意图

第 17 章
超买超卖指标

超买超卖指标是一个大家族，在通达信系统中共列出 27 种，占所有指标的近五分之一。这类指标的最大特点围绕中轴线，在上限值（天线）和下限值（地线）之间来回震荡。天线和地线均与中轴线平行，天线位于中轴线上方，地线位于中轴线下方，两者离中轴线的距离相同。天线可视为指标压力或者常态行情的上涨极限，地线可视为指标支撑或者常态行情的下跌极限。如图 17－1 所示。

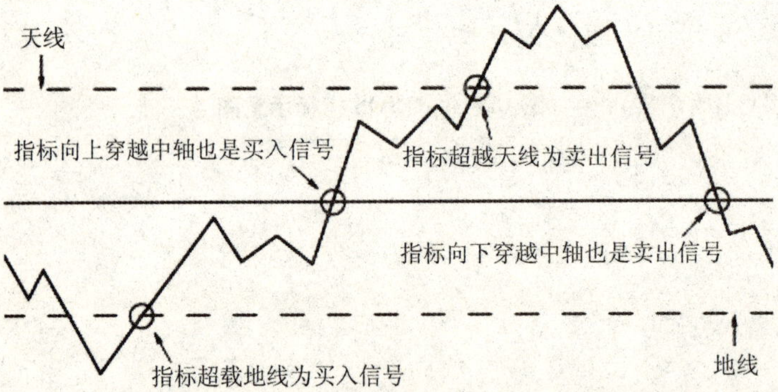

图 17－1　超买超卖指标

我们在第 15 章中已经介绍过两个超买超卖指标——威廉指标和 KDJ 指标，接下来再介绍几个比较重要的同类指标。

● MFI 资金流量指标

资金流量指标（MFI）又叫量相对强弱指标，从名字上就可以看出，MFI 与相对强弱指标（RSI）有着密切联系，事实上，MFI 确实是由 RSI 演变而来，只不过RSI以成交价为计算基础，而MFI则综合考虑价格和成交量。因此，可以说MFI是加入成交量因素后的RSI指标。

当然，MFI和RSI的渊源绝不仅限于此。更巧的是，它们都是同一个人创立的，这个人便是威尔斯·威尔德。1989年3月，威尔德在Stocks & Commodities杂志上首次提出MFI指标的用法。该指标通过反映股价变动的四个要素：上涨的天数、下跌的天数、成交量增加幅度和成交量减少幅度来研判量能的趋势。

计算MFI指标时，首先要求出资金流量，公式如下：

$$MF = TP \times 成交金额$$

然后，分辨PMF和NMF值。如果当日MF＞昨日MF，则将当日MF值视为当日PMF，而当日NMF值＝0；如果当日MF＜昨日MF，则将当日MF值视为当日NMF，而当日PMF值＝0。在此基础上，求出MFI值，公式如下：

$$MFI = 100 - (100 \div (1 + MR))$$

其中，TP为典型价格，即当日最高价、最低价和收盘价的算术平均值；MR的计算公式比较复杂，感兴趣的读者可以参阅交易软件中的公式说明。

从计算公式可知，MFI指标的取值范围为0—100。不同的数值区间，代表着不同的市场意义，投资者可以据此运用相应的操作策略。

（1）MFI＞80，为短期过热信号。当MFI＞80时，说明短期资金已经过热，投资者应提高警惕。但是，必须等待MFI指标向下击穿80方可确认资金转向。

（2）MFI＜20，为短期过冷信号。当MFI＜20时，说明短期资金已经过冷，投资者可密切关注。但是，必须等待MFI指标向上突破20方可确认资金转向。

（3）MFI在80附近顶背离，为卖出信号。当MFI在80附近出现一顶低于一顶，而股价仍在不断创新高时，为顶背离现象，可视为中期向下反转信号。

（4）MFI在20附近底背离，为买入信号。当MFI在20附近出现一底高于一底，而股价仍在不断创新低时，为底背离现象，可视为中期向上反转信号。

（5）MFI二次死叉，为卖出信号。当MFI连续两次向下死叉其平均线时，可视为卖出信号，投资者应提高警惕，伺机卖出。

（6）MFI二次金叉，为买入信号。当MFI连续两次向上金叉其平均线时，可视为买入信号，投资者可密切关注，伺机买入。

需要注意的是，当投资者做多热情膨胀时，想让他们在短时间内恢复理性是不可能的，所以当 MFI 指标进入超买区间时，不一定要立刻做出反应，等资金稍微消退后，确认量能已经开始减弱时再卖出也不迟。

图 17－2 是长城动漫（原名隆源双登，股票代码：000835）2002 年 8—9 月的走势。从图上我们看出，该股的 MFI 指标于 8 月 15 日突破 80，之后股价出现连续拉升，直到 8 月 28 日掉头击穿 80，如果我们选择此时卖出股票，那么正好卖在了次高点上，获利相当丰厚。

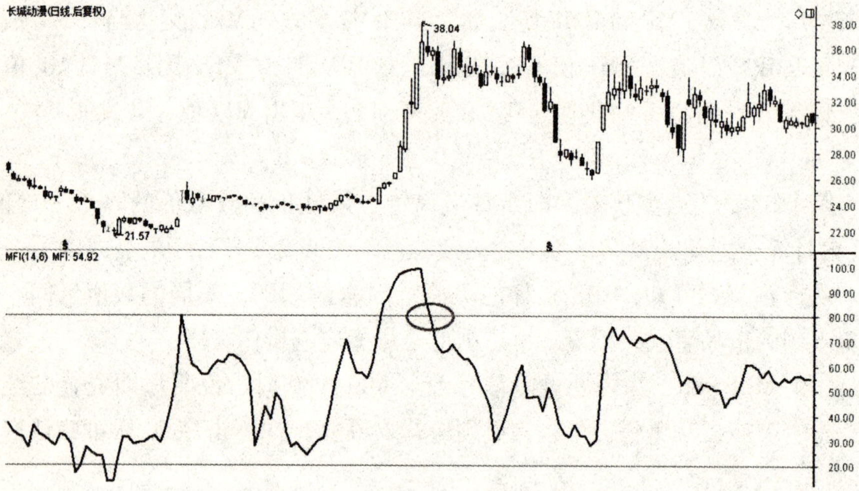

图 17－2　长城动漫 MFI 指标走势图

● MTM 动量指标

在股价的上涨过程中，需要动量推动，才能持续上涨。但很多时候，尽管股价仍在上涨，动量却已开始衰竭，这预示着趋势即将反转。投资者如果能够提前观察到动量的衰竭，就可以预见股价走势的转折点。

动量指标（MTM）就是在这个背景下产生的。1935 年，美国技术分析的先驱者 H. M. 伽利在《股市利润》一书中首创了这一指标。运用动力学原理来研究股价波动过程中的加速、惯性以及动静转化的现象，它的理论基础是价格与供求量的关系。伽利认为，根据供需定律，股价的涨幅会随时间的推移逐渐减小，此时上涨速度和动量也在减缓，行情可能反转；反之，下跌亦然。

换句话说，MTM指标通过观察股价波动的速度来衡量其动能，在此基础上揭示出股价反转的规律，从而为投资者正确买卖股票提供重要的决策依据。

MTM指标的计算非常简单，但由于软件版本的不同，存在两种不同的计算方法，在这里我们仅介绍其中的一种。以日MTM指标为例，计算公式如下：

$$MTM（N日）=C-CN$$

其中，C为当日收盘价；CN为N日前收盘价，N为设定的参数，一般选择6—14之间的数字。在通达信系统中，默认为12。

在交易软件中，将每个交易日的MTM值连接起来就形成动量线。同时，为了更直观准确地反映股价波动的真实情况，在MTM指标图上还辅之以MTMMA线，也就是MTM的移动平均线。MTM指标的研判就围绕这两条线展开。

原则1　看0轴线

MTM指标以0轴为中心，围绕0轴上下波动。当MTM>0时，说明多头力量占优，股价处在上升或高位盘整区；当MTM<0时，说明空头力量占优，股价处在下跌或低位盘整区。另一方面，当MTM从0轴下向上突破0轴时，说明多头力量逐渐增强，股价将进入上涨阶段，投资者可积极买入；当MTM从0轴上向下击穿0轴时，说明空头力量逐渐增强，股价将进入下跌阶段，投资者应果断卖出。

原则2　看MTM和股价

MTM指标也可结合股价来看。当MTM与股价从低位同步上升，说明股价有望继续上涨，投资者可继续持股或逢低介入；当MTM与股价从高位同步下降，说明股价可能继续下跌，投资者应持币观望或果断卖出。另一方面，当MTM从低位开始回升，而股价仍在下跌时，意味着底背离出现，投资者可密切关注，一旦股价止跌反弹，可及时跟进；当MTM从高位开始回落，而股价仍在上涨时，意味着顶背离出现，投资者应高度警惕，一旦股价冲高回落，应果断离场。

原则3　看MTM形态

观察MTM的形态，当MTM在高位形成双顶或多重顶等反转形态时，意味着股价上升的动能已经衰竭，投资者应及时卖出股票；当MTM在低位形成双底或多重底等反转形态时，意味着股价下跌的动能已经衰竭，投资者可逢低分批建仓。

原则4　看 MTM 和 MTMMA

MTMMA 是 MTM 的移动平均线，系统一般默认为6日，投资者也可根据自己的喜好和习惯来设定。当 MTM 在低位向上突破 MTMMA 时，说明股价的上涨动能正在增强，短线看涨。如果同时伴随较大的成交量，则信号可以确认；当 MTM 在高位向下击穿 MTMMA 时，说明股价的下跌动能正在增强，短线看跌。

图17-3是古越龙山2015年2—3月的走势。我们看到，该股的 MTM 指标在2月13日突破 MTMMA 后，一直依托 MTMMA 缓慢上行，随后在股价的带动下出现连续大幅上涨，直至3月24日再度击穿 MTMMA，股价阶段性见顶。

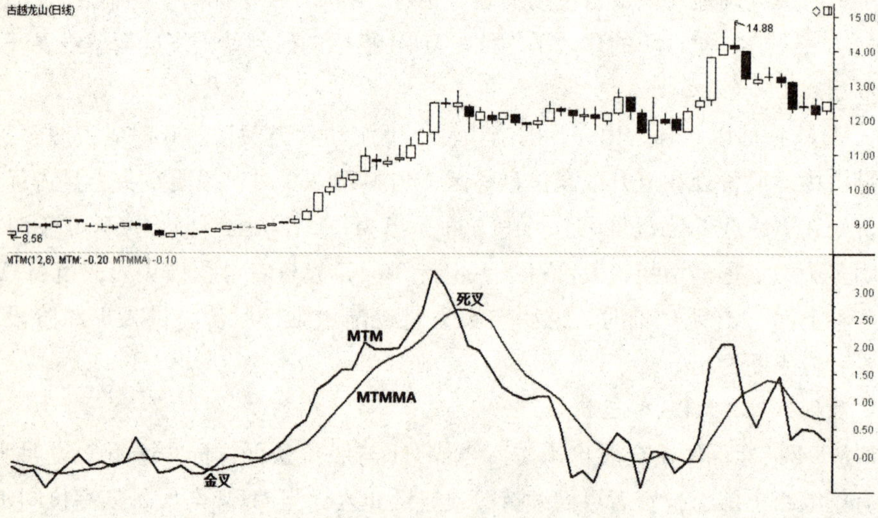

图17-3　古越龙山 MTM 指标走势图

需要注意的是，类似图17-3这样的走势，在实际操作中并不多见，更多时候 MTM 会在 MTMMA 上下反复，例如在古越龙山的那个金叉出现之前，还有很多金叉信号，但很多都失败了。所以，在运用 MTM 指标进行研判时不可一概而论。

● ROC 变动率指标

变动率指标（ROC）也叫震荡指标（OSC），是 MTM 指标的另一种表现形式，以震荡量的百分比来表示。计算公式如下：

$$ROC(N\ 日)=\frac{C-C_N}{C_N}\times 100\%$$

其中，C 为当日收盘价；C_N 为 N 日前收盘价，N 为设定的参数，一般选择 6—14 之间的数字。在通达信系统中，默认为 12。

从计算公式我们可以一目了然地看清 ROC 和 MTM 的关系。MTM 只是 ROC 的分子部分，而 ROC 则是对股价变动幅度或比率的衡量。两者不仅计算公式相近，就连技术图形也如出一辙，只不过在取值区间上有所差别，如图 17－4 所示。

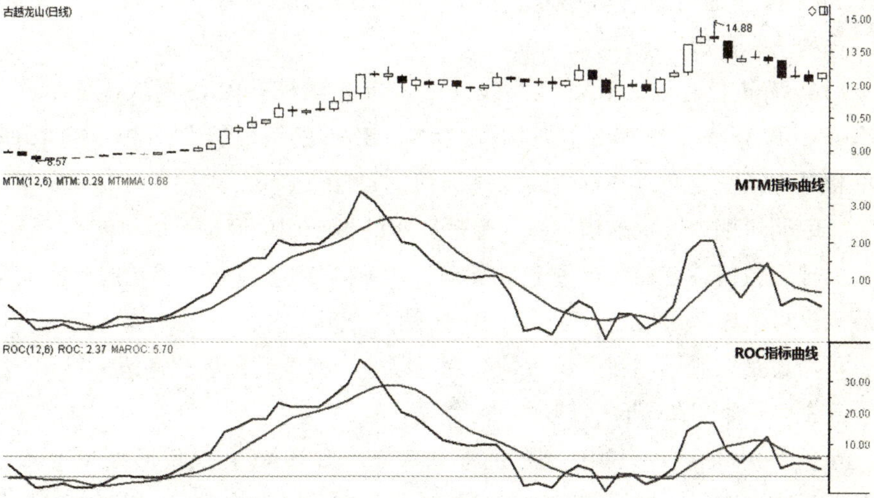

图 17－4　古越龙山 ROC 指标走势图

具体运用时，一般先利用 ROC 指标研判出超买或超卖区，然后配合 MTM 指标正负值来选择买进或卖出，两者配合使用可以提高信号的准确率。

● BIAS 乖离率指标

乖离率指标（BIAS）简称 Y 值，是反映一定时期内股价与其移动平均数偏离程度的指标。它的理论基础是均值回归，即不论股价在均线之上还是之下，只要偏离距离过远，就会向均线趋近。

美国投资大师格兰威尔最早注意到这种现象，在他提出的格兰威尔八大买卖法则中，有两处对这种情况进行了描述，参见第14章。格兰威尔认为，当股价在上方远离均线时，属于超买，是卖出时机；当股价在下方远离均线时，属于超卖，是买入时机。不过，限于当时的条件，格兰威尔并没有给出量化标准。

后来，人们根据格兰威尔的思路设计出乖离率指标，其计算公式如下：

$$BIAS=\frac{\text{当日收盘价}-\text{N 日平均价}}{\text{N 日平均价}}\times 100\%$$

其中，参数N一般选6、12、24等。在实际操作中，短线使用6日乖离率，中线使用12日乖离率，长线使用24日乖离率，因此在BIAS指标图上，一般会同时绘制短、中、长三条乖离率曲线。

利用BIAS指标进行研判时，可以从以下几个方面入手：

原则1　看BIAS的取值

BIAS有正负之分，BIAS在均线之上，为正BIAS；BIAS在均线之下，为负BIAS；BIAS与均线相交，则BIAS为零。BIAS的正值越大，表明短期内股价涨幅越大，受获利盘的影响而冲高回落的可能性越大；反之，BIAS的负值越大，表明短期内股价跌幅越深，受抄底盘的推动而触底反弹的可能性越大。

具体到数值，在弱势市场上，当5日BIAS达到5以上，表示股价出现超买现象，可考虑卖出股票；当5日BIAS达到-5以上，表示股价出现超卖现象，可考虑买入股票。在强势市场上，可以适当将波动范围放宽至±10。

原则2　看BIAS曲线的形态

单根BIAS曲线可以构成不同的形态特征。当BIAS在高位形成M顶或三重顶等反转形态时，预示着股价将由强转弱，应及时卖出股票；当BIAS在低位形成W底或三重底等反转形态时，预示着股价将由弱转强，可分批买入股票。

原则3　看BIAS曲线的交叉

在大多数交易软件中，BIAS指标都是由短、中、长三条曲线构成的。以通达信为例，系统默认的三条曲线分别是6日、12日和24日。因此，我们在研判时可以围绕这三根曲线的交互交叉情况来展开。

当短、中、长三条BIAS曲线围绕0轴上下窄幅震荡，说明股价处于横盘整理中，投资者应以观望为主；当短期 BIAS 曲线从底部向上突破中长期 BIAS 曲线时，说明股价已摆脱弱势格局，即将进入升势，如果中长期 BIAS 曲线随后转跌为升，则信号可以确认，投资者可以买入股票；当短期 BIAS 曲线从顶部向下击穿中长期 BIAS 曲线时，说明股价上涨已进入末期，即将进入跌势，如果中长期 BIAS 曲线随后见顶回落，则信号可以确认，投资者可以卖出股票。

原则 4　看 BIAS 与股价的关系

BIAS 曲线与股价曲线之间存在密切关系。当 BIAS 曲线与股价曲线从低位同步上升，说明短期内股价有望触底反弹或继续上涨趋势；当 BIAS 曲线与股价曲线从高位同步回落，说明短期内股价将形成头部或继续下跌趋势；当 BIAS 曲线从高位回落，而股价曲线还在缓慢上升，则意味着股价走势出现顶背离；当 BIAS 曲线从低位反弹，而股价曲线还在缓慢下降，则意味着股价走势出现底背离。

我们以巨轮智能为例。图 17－5 是巨轮智能 2014 年 5—12 月的走势，期间该股股价持续攀升，6 日、12 日和 24 日 BIAS 指标值均在 0 轴之上，即使股价横盘整理或回撤时，BIAS 向下移动至 0 轴或略低于 0 轴的位置立即向上反弹，说明股价的上升趋势没有改变，投资者可继续持股。

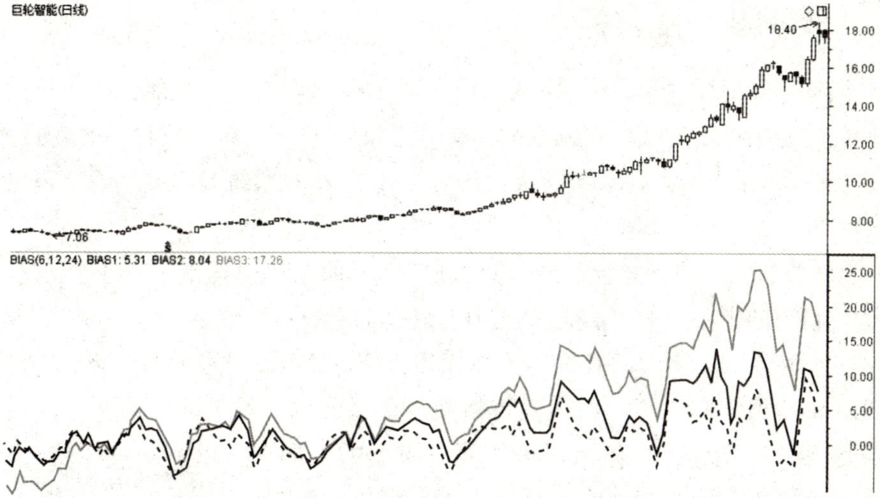

图 17－5　巨轮智能 BIAS 指标走势图

第 18 章 趋势型指标

趋势型指标是最常用的指标之一，它能够帮助投资者认清股价运行的趋势并从中获利。我们熟知的 MACD、DMI 都属于趋势型指标。这类指标至少有两条线，所有的买卖信号都是以这两条线的交叉为准，把握这个原则就可以运用自如。

在通达信系统中，一共有 21 个趋势型指标，除了 MACD、DMI 外，还包括 ASI 振动升降指标、TRIX 三重指数平均线、CYE 趋势指标等。限于篇幅，我们不可能逐一进行介绍。以下是三种比较典型的趋势型指标。

● ASI 振动升降指标

振动升降指标（ASI）是由威尔斯·威尔德创立的。又是他！截至目前，我们已经介绍过很多威尔德创立的指标，也难怪《巴伦周刊》将他誉为技术分析界的泰斗，而很多媒体也认为，威尔德开发的系统比其他专家都要更准确。

ASI 指标试图以开盘价、最高价、最低价和收盘价构筑起一条幻想线，以便取代目前的走势，形成最能代表当前市况的真实市场线。

威尔德认为，当天的股价并不能代表真实的市况，真实的市况必须取决于当天的价格和前一天、次一天价格间的关系。他经过无数次的测试之后，决定了 ASI 计算公式中的因子最能代表市场的方向性。以下是具体的计算过程：

第一步，计算 A、B、C、D 值。

A = 当天最高价 - 前一天收盘价

B = 当天最低价 - 前一天收盘价

C = 当天最高价 - 前一天最低价

D = 前一天收盘价 - 前一天开盘价

其中，A、B、C、D均采用绝对值。

第二步，计算E、F、G值。

E = 当天收盘价 - 前一天收盘价

F = 当天收盘价 - 当天开盘价

G = 前一天收盘价 - 前一天开盘价

其中，E、F、G均采用正负值。

第三步，计算X值。

$$X = E + 1/2F + G$$

第四步，计算K值。

K = 比较A、B两数值，选出其中最大值

第五步，比较A、B、C值。

若A最大，则 $R = A + 1/2B + 1/4D$

若B最大，则 $R = B + 1/2A + 1/4D$

若C最大，则 $R = C + 1/4D$

第六步，计算SI值。

$$SI = 50 \times X/R \times K/L$$

其中，$L = 3$

第七步，计算ASI值。

ASI = 累计每日之SI值

ASI指标的计算过程比较复杂，投资者只需大致了解即可，最重要的是掌握在实战中的运用技巧。接下来，我们就来看一看ASI指标的研判法则。

法则1　ASI领先股价创新高，为买入信号

ASI的走势与股价几乎是同步的，当股价从下往上试探前一高点时，如果ASI先于股价突破前一ASI高点，则为买入信号，投资者可积极参与。

法则2　ASI领先股价创新低，为卖出信号

当股价从上往下试探前一低点时，如果ASI先于股价击穿前一ASI低点，则为卖出信号，次日股价大概率将击穿前一低点，投资者应果断卖出。

法则3　ASI和股价顶背离，为卖出信号

当股价一浪高过一浪，不断创出新高，而ASI却未能创出新高时，形成顶背离形态，股价短期内看空，投资者应果断卖出股票避险。

法则 4　ASI 和股价底背离，为买入信号

当股价一浪低于一浪，不断创出新低，而 ASI 却未能创出新低时，形成底背离形态，股价短期内看多，投资者可分批买入股票。

我们以中央商场的走势为例。该股股价从 2010 年 4 月到 7 月连续创出新低，但同期 ASI 曲线却不再创新低，与股价形成底背离的形态，为买入信号。投资者如果在背离发生后的第一个金叉买入，将获利丰厚。如图 18－1 所示。

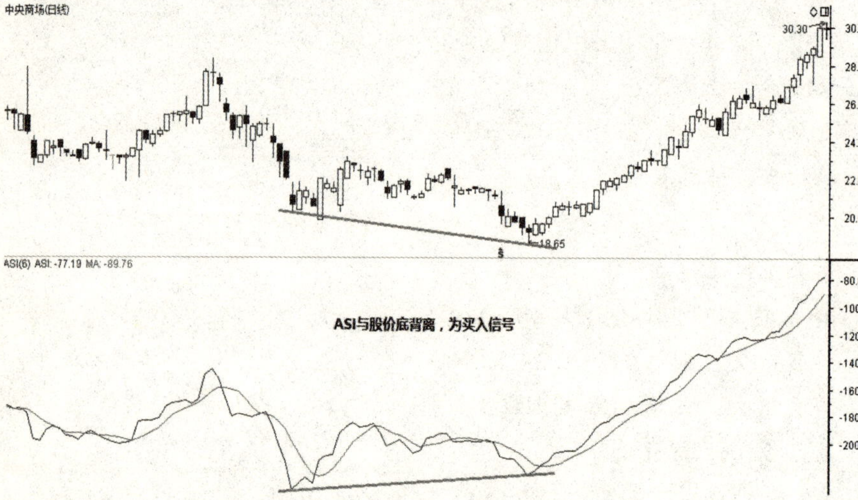

图 18－1　中央商场 ASI 指标走势图

● TRIX 三重指数平滑平均线

三重指数平滑平均线（TRIX）是一种研究股价长期趋势的技术分析工具，该指标根据移动平均线理论，对一条平均线进行三次平滑处理，然后再根据这条移动平均线的变动情况来预测股价的长期走势。

由于忽略了价格短期波动的干扰，过滤掉许多均线频繁发出的假信号，TRIX 指标能够最大限度地减少主力骗线行为的干扰，避免交易行为过于频繁而造成高昂的交易成本，同时保留了移动平均线的效果，凸显股价的长期趋势，使得投资者能够对未来较长一段时间的股价运动趋势有一个很直观的了解。

TRIX 指标的计算过程比较复杂，下面我们以日 TRIX 为例来说明。

第一步，计算N日的收盘价的指数平均AX。

AX＝(I日)收盘价×2÷(N＋1)＋(I－1)日AX(N－1)×(N＋1)

第二步，计算N日的AX的指数平均BX。

BX＝(I日)AX×2÷(N＋1)＋(I－1)日BX(N－1)×(N＋1)

第三步，计算N日的BX的指数平均TRIX。

TRIX＝(I日)BX×2÷(N＋1)＋(I－1)日TAIX(N－1)×(N＋1)

第四步，计算TRIX的M日移动平均TRMA。

TRMA＝ < （I－M）日的TRIX累加 > ÷M

是不是感觉公式很绕人？没关系，和其他技术指标一样，在实战中我们并不需要自己去计算TRIX，交易软件中早就为我们设置好。在具体研判时，主要从TRIX线和TRMA线的交叉情况进行考察。

法则1　当TRIX线从下往上突破TRMA线，为买入信号

当TRIX线从下往上突破TRMA线，形成金叉时，预示着股价开始进入强势拉升阶段，为买入信号。如果TRMA线随后同时向上运动，则信号可以确认。

法则2　当TRIX线从上往下击穿TRMA线，为卖出信号

当TRIX线从上往下击穿TRMA线，形成死叉时，预示着股价上涨行情已经结束，为卖出信号。如果TRMA线随后同时向下运动，则信号可以确认。

法则3　当TRIX线在低位走平或向上勾头时，为买入信号

当TRIX线在低位走平或向上勾头时，预示着股价下跌行情即将结束，投资者可密切关注股价走势，一旦出现量价齐升的迹象，可分批买入股票。

法则4　当TRIX线在高位走平或掉头向下时，为卖出信号

当TRIX线在高位走平或掉头向下时，预示着股价上涨行情即将结束，投资者应该密切关注股价走势，一旦股价出现大跌迹象，应及时离场观望。

此外，我们还可以从TRIX曲线的形态、TRIX与股价的背离等方面对TRIX进行分析研判。具体标准与其他指标大同小异，在此不再赘述。

我们以东南网架为例。图18－2是东南网架2010年5—7月的走势，我们看到该股股价在7月2日创出新低，但TRIX指标并没有同步创出新低，形成底背离走势。随后，TRIX与TRMA发生金叉，买点出现。

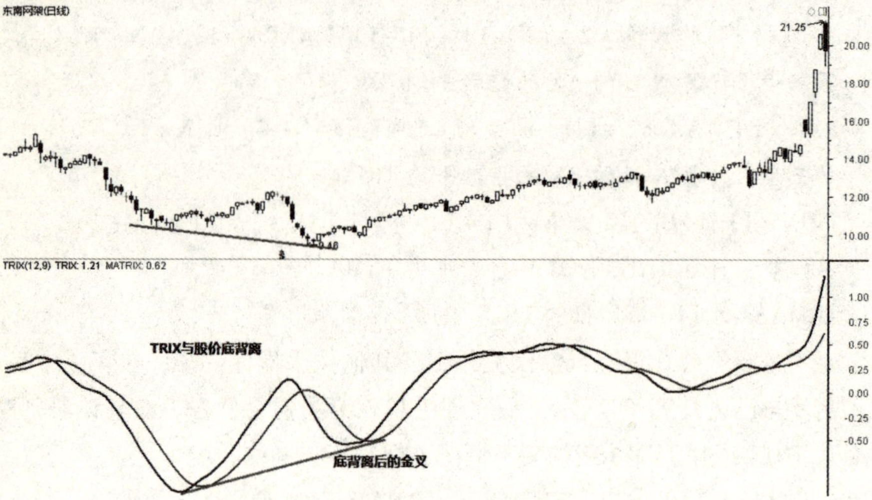

图 18 – 2　东南网架 TRIX 指标走势图

● CYE 趋势指标

趋势指标（CYE）的理论基础是市场趋势理论。该理论认为，趋势一旦形成就会延续，直到运行一定幅度后出现反转。所谓趋势，就是股价当前或未来的走势方向，相关的概念我们在第 2 章道氏理论中已做过详尽分析。

CYE 的算法比较简单，用数值分析的方法，对即日的 K 线进行拟合，其总效果是上升的则为上升趋势，否则就是下降趋势。换句话说，CYE 是计算机对 K 线图模拟人的感觉进行的一次趋势判断，它反映了一个简单的市场事实。

我们以日 CYE 指标为例来介绍 CYE 的计算公式。

第一步，计算 MAL。

MAL = MA（CLOSE，5）

即收盘价的 5 日简单移动平均。

第二步，计算 MAS。

MAS = MA（MA（CLOSE，20），5）

即收盘价的 20 日简单移动平均的 5 日简单移动平均。

第三步，计算CYEL。

CYEL=（MAL-REF（MAL，1））/REF（MAL，1）×100

其中，REF（MAL，1）表示前一日的MAL。

第四步，计算CYES。

CYES=（MAS-REF（MAS，1））/REF（MAS，1）×100

其中，REF（MAS，1）表示前一日的MAS。

CYEL和CYES是CYE指标图上的两条线，它们分别代表一周的短期趋势和一个月的长期趋势。这两条直线均围绕0轴上下波动，当CYE在0轴附近时，为平衡市；当CYE大于0时，为上升趋势；当CYE指标值小于0时，为下降趋势。

在具体研判时，CYE指标遵循以下法则：

法则1　CYE>0，为买入信号

当CYE指标值大于0时，预示着股价处于上升趋势，其正值越大，上升力度越强，投资者可以逢低买入。

法则2　CYE<0，为卖出信号

当CYE指标值小于0时，预示着股价处于下降趋势，其负值越大，下降力度越强，投资者应该逢高减磅。

法则3　CYE高位回落，为见顶信号

当CYE指标值从高位掉头向下时，预示着股价即将见顶回落，投资者应注意规避风险，择机卖出股票。

法则4　CYE跌至极值，为见底信号

当CYE指标值跌至低点时，可以观察一下该股前期CYE指标值的走势，如果确认当前的CYE指标值已经接近甚至创出极值，可视为逢低买入信号。

我们以宁波华翔2015年3—5月的走势为例。该股CYES指标于3月9日上穿0轴后一直运行在0轴上方，CYEL指标则围绕CYES指标上下波动，即使偶有击穿0轴，也很快收回。与此伴随的是股价的持续上涨。如图18-3所示。

事实上，如果你仔细观察其他股票的CYES指标，也同样会惊叹于它的预测力，几乎任何一次大行情，都是从CYES指标上穿0轴开始的。

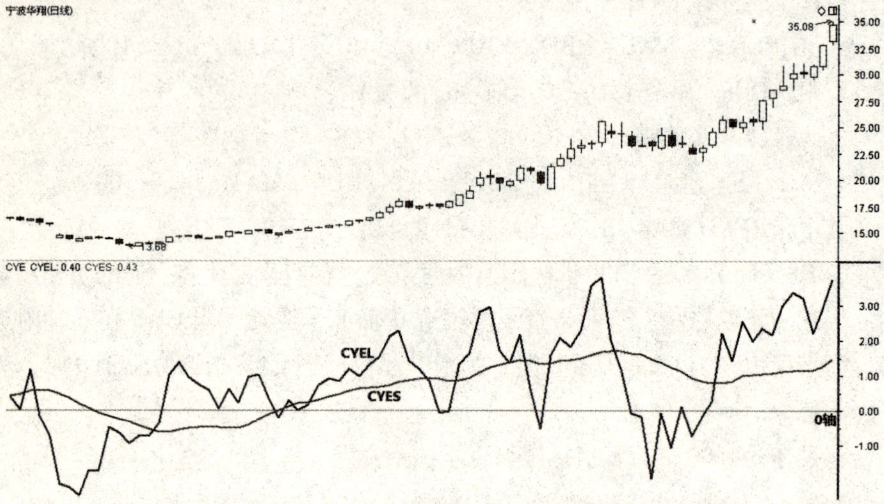

图 18 - 3　宁波华翔 CYE 指标走势图

第 19 章
能量型指标

能量型指标是股价冷热的温度计，专门用于测量市场上投资者情绪的高亢或沮丧。指标数据太高，代表投资者的情绪高亢发烧；指标数据太低，代表投资者的情绪沮丧发冷，如图 19 – 1 所示。

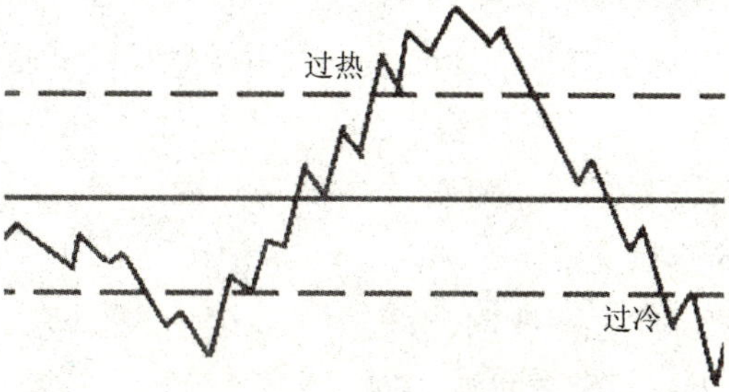

图 19 – 1　能量型指标研判法则

在通达信系统中，一共有 10 个能量型指标，比如我们熟悉的、前面介绍过的 BRAR 情绪指标、PSY 心理线。此外，还包括 CR 带状能量线、MASS 梅斯线、VR 成交量变异率和 CYR 市场强弱等指标。

● CR 能量指标

能量指标（CR）又叫中间意愿指标，是一种分析多空双方力量对比的中长期技术分析工具。该指标在计算公式、研判法则等方面与 BRAR 情绪指标有诸多相似之处，两者最大的区别在于，前者以中间价为理论的出发点。

在计算时，CR 指标通过比较上一计算周期的中间价和当前周期的最高价、最低价，计算出一段时间内股价的强弱，从而为判断买卖股票的时机提供重要的依据。它不仅能够测量投资情绪的热度，还能够显示股价的支撑带和压力带。

下面我们以日 CR 指标为例，其计算公式如下：

$$CR(N日) = P1 \div P2 \times 100$$

其中，$P1 = \Sigma(H - YM)$，表示 N 日以来多方力量的总和；$P2 = \Sigma(YM - L)$，表示 N 日以来空方力量的总和。H 表示今日最高价，L 表示今日最低价，LM 表示上一个交易的中间价。至于中间价如何计算，通常有以下四种方法：

（1）$M = (2C + H + L) \div 4$

（2）$M = (C + H + L + O) \div 4$

（3）$M = (C + H + L) \div 3$

（4）$M = (H + L) \div 2$

其中，C 为收盘价，H 为最高价，L 为最低价，O 为开盘价。在通达信系统中，对中间价的处理采取第四种方法。在实战中，投资者并不需要自己计算 CR 指标值，这里之所以列出，是为了帮助投资者更好地理解指标的意义。

具体研判时，我们主要从以下三个方面来考察：

法则 1　看 CR 取值范围

CR 指标值围绕 100 上下波动，CR 为 100 表示买卖双方的力量对比呈平衡状态。当 CR 在 75—125 之间波动时，表明股价处于盘整中；当 CR 大于 200 时，表明股价已进入高位区，随时可能回调，牛市行情中可放宽至 300；当 CR 小于 40 时，表明股价调整即将结束，随时可能反弹，熊市行情可放宽至 30。

法则 2　看 CR 曲线形态

CR 曲线形态的研判主要针对顶部或底部出现的不同形态而言。当 CR 曲线在高位形成双顶或三重顶等反转形态时，预示着行情可能由强转弱，股价即将出现大跌，投资者应该规避风险；当 CR 曲线在低位形成双底顶或三重底等反转形态时，预示着行情可能由弱转强，股价即将出现大涨，投资者可以积极参与。

法则 3　看 CR 与股价的关系

CR 指标具有领先于股价走势的示警作用，当 CR 指标与股价走势出现背离现象时，预示着股价可能出现反转。当 CR 指标从高位回落，而股价还在缓慢上涨时，意味着出现了顶背离，投资者应该获利了结；当 CR 指标从低位反弹，而股价还在继续下跌时，意味着出现了底背离，投资者可分批买入股票。

我们以冀东水泥2011年1—4月的走势为例。1月31日，该股的CR指标上穿MA1，发出买入信号。此后，股价一路震荡上行，CR指标在触及200后迅速回落，而股价继续上涨，出现顶背离现象，发出卖出信号。

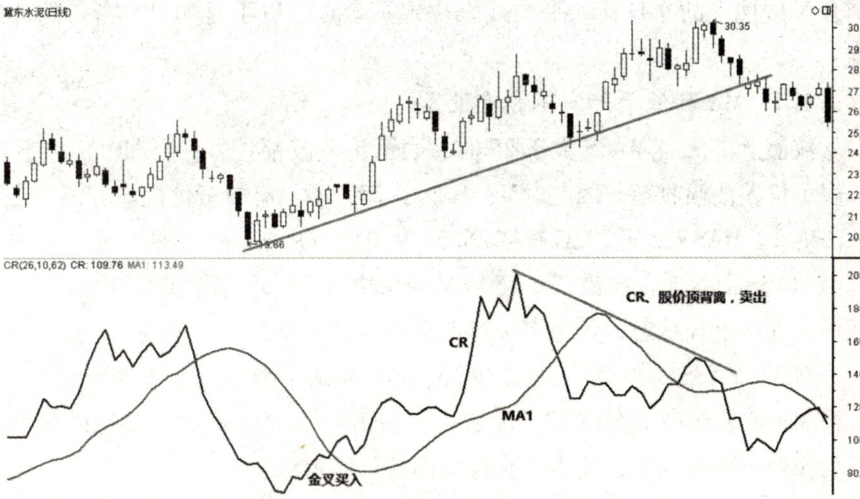

图19-2　冀东水泥CR指标走势图

● MASS 梅斯线

梅斯线（MASS）又叫重量指数，是著名分析家唐纳德·多西在累积股价波幅宽度后设计的震荡曲线，其主旨在于寻找暴涨股或弱势股的趋势反转点。由于股价高低点之间的价差波带忽窄忽宽，且不断循环反复，我们可以利用这种波带准确地预测股价趋势的反转点，进而为投资提供决策依据。

下面我们来看MASS指标的计算过程：

第一步，计算AHL。

AHL = DIF的9天指数平均数

其中，DIF为离差值，参见MACD指标中的相关介绍。

第二步，计算BHL。

BHL = AHL的9天指数平均数

第三步，计算MASS。

$$MASS = \sum_{i=1}^{25} \frac{AHL}{BHL}$$

从计算过程可知，MASS 指标实际上是对 DIF 进行不同次数的平滑后，两者累积和求比值，周期一般设置为 25 天，也可视需要调整为 12 天。

运用 MASS 指标进行研判时，要特别注意曲线上的凸起部分，当股价高低波幅差距扩大或动量指标急速飙升时，往往会造成曲线的凸起。与此同时，要结合 K 线图上的 9 日移动平均线来决定买卖点。以下是 MASS 指标的应用法则：

法则 1　MASS 低于 25，不具有投资价值

从数值上讲，当 MASS 大于 25 时，表示价差波幅扩大；当 MASS 小于 25 时，表示价差波幅收窄。因此，MASS 低于 25，不具有投资价值。

法则 2　MASS 上穿 27 后击穿 26.5，9 日均线上行，为下跌信号

当 MASS 曲线向上突破 27，随后又掉头击穿 26.5，而此时股价的 9 日移动平均线处于上升状态，代表多头行情即将反转下跌。

法则 3　MASS 上穿 27 后击穿 26.5，9 日均线下行，为上涨信号

当 MASS 曲线向上突破 27，随后又掉头击穿 26.5，而此时股价的 9 日移动平均线处于下跌状态，代表空头行情即将反转上涨。

我们以浦发银行 2013 年 1—5 月的走势为例。如图 19－3 所示，该股的 MASS 指标在 1 月 14 日向上突破 27，随后又掉头击穿 26.5，此时股价和均线处于一种横盘微跌的态势中，为上涨信号。很快，股价就出现一波可观的涨势。而在后面的穿越中，股价和均线处在上涨行情中，但随后出现了大幅回调。

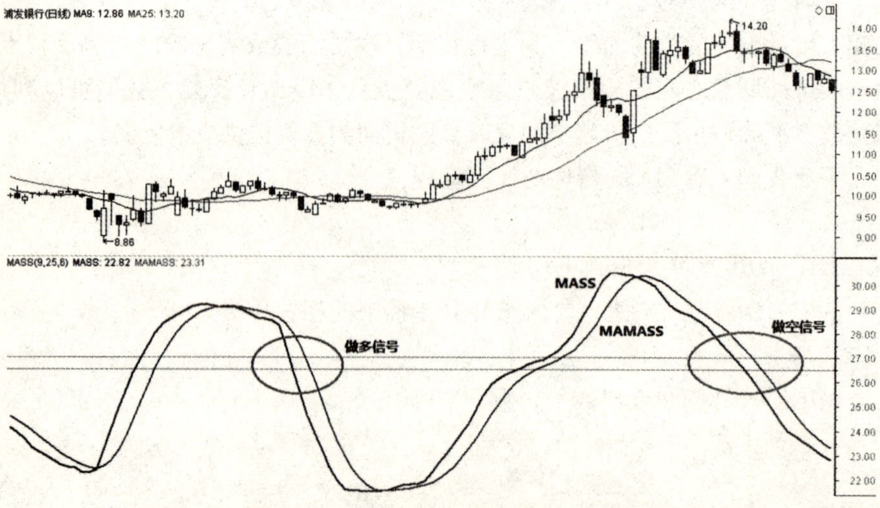

图 19－3　浦发银行 MASS 指标走势图

● VR 成交量变异率

成交量变异率（VR）是一种通过分析股价上涨日成交量（额）与股价下跌日成交量（额）的比值，进而研判市场多空力量的中期技术指标。尽管它和 BRAR、CR 等指标一样，都是以反市场操作为出发点，但后者主要侧重于价格，而 VR 则侧重于成交量，其理论基础是量先于价的量价理论。

VR 指标认为，由于量先于价、量涨价增等成交量的基本原则在市场上永恒不变，因此观察成交量的变化，可作为研判行情的依据。一般来讲，底部或顶部出现的买卖盘行为均可以通过成交量表现出来。

VR 的计算公式正是基于这些原则和思路得出的，其计算过程如下：

第一步，计算 AVS。

我们将 24 天以来凡是股价上涨那一天的成交量都称为 AV，将 24 天的 AV 总和相加后即得到 AVS。

第二步，计算 BVS。

我们将 24 天以来凡是股价下跌那一天的成交量都称为 BV，将 24 天的 BV 总和相加后即得到 BVS。

第三步，计算 CVS。

我们将 24 天以来凡是股价不涨不跌那一天的成交量都称为 CV，将 24 天的 CV 总和相加后即得到 CVS。

第四步，计算 VR。

$$VR = (AVS + 1/2CVS) / (BVS + 1/2CVS)$$

注意，计算公式中的参数 24 天并非固定的，也可以根据需要调整，但一般不应小于 12 天，否则可能会因为样本天数太少而造成较大的偏差。

从图形上看，VR 指标很简单，就是两根曲线，一根是 VR 曲线，另一根是 VR 的平均线 MAVR。因此，它的研判法则也很简单，主要从以下几方面入手：

法则 1　看 VR 数值范围

（1）当 $VR < 40$ 时，股价可能受保守资金的推动而反弹。

（2）当 $40 < VR < 70$ 时，为低价区域，可以买进。

（3）当 $80 < VR < 150$ 时，为安全区域，可正常持股。

（4）当 $160 < VR < 450$ 时，为获利区域，应考虑获利了结。

（5）当 VR > 450 时，为警戒区域，股价缺乏后续资金支持，面临反转下跌。

法则 2　看 VR 曲线形态

VR 曲线形态是我们观察该指标的一个角度。当 VR 曲线在高位形成双顶或三重顶等反转形态时，预示着股价由强转弱，股价即将大跌；当 VR 曲线在低位形成双底或三重底等反转形态时，预示着股价由弱转强，股价即将反弹。

法则 3　看 VR 曲线与股价的关系

当 VR 曲线从高位回落，而股价却一浪比一浪高时，意味着出现顶背离现象，股价短期内将下跌，是卖出信号；当 VR 曲线从低位反弹，而股价却一浪比一浪低时，意味着出现底背离现象，股价短期内将反弹，是买入信号。

我们以中国远洋 2015 年 2—5 月的走势为例。该股的 VR 指标在 2 月 10 日击穿 40 后开始稳步攀升，经过短暂回调后，再次开始上升，而股价基本维持在一个平台上震荡。直到 3 月 13 日 VR 突破 160 以后，股价和 VR 指标开始急剧向上拉升，最终股价在 VR 指标突破 450 后见顶回落。整个过程先后经历了低价区、安全区、获利区和警戒区四个阶段，如图 19 - 4 所示。

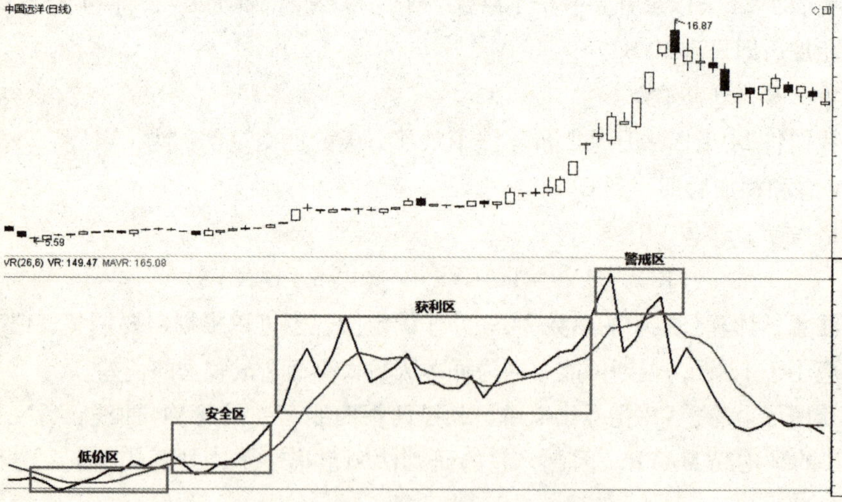

图 19 - 4　中国远洋 VR 指标走势图

● CYR 市场强弱指标

有一种观点认为，股价涨跌的背后有一个更本质的东西在变化，那就是市场的持股成本，股价是虚的，可以用很少的成交量推高或拉低股价，但成本是实实在在的，所以成本比股价更能反映市场的真实状况。

市场强弱指标（CYR）正是基于成本均线派生出来的一个指标，它用13日成本均线的升降速度来反映股票走势的强弱程度，例如CYR=1就代表股价的13日成本均线比昨天上涨了1%。按照这种走势强弱的定义，上涨过程中股价在成本均线之上运行，市场持股成本逐渐抬高，代表股价走势强；下跌过程中，股价在成本均线之下运行，市场持股成本在降低，代表股价走势弱。

CYR指标的计算过程如下：

第一步，计算DIVE。

$$DIVE=0.01\times EMA（AMOUNT，N）/EMA（VOL，N）$$

其中，EMA（AMOUNT，N）表示成交额（元）的N日指数移动平均；EMA（VOL，N）表示成交量（手）的N日指数移动平均；参数N一般取值为13天。

第二步，计算CYR。

$$CYR=（DIVE/REF（DIVE，1）-1）\times 100$$

其中，REF（DIVE，1）表示前一日的DIVE数值。

在大部分时间里，CYR指标值都运行在±1区间内，只是偶尔以脉冲的形式在短时间内突破这一区间，形成一个CYR值的尖峰，但很快又会回落到±1区间内。一旦尖峰出现，意味着后市可能面临突破。±4则是CYR指标值的极限，一般很难达到，即使达到，也会在一两天的时间内回到原来的运行区间内。

在实际操作中，我们可以根据CYR指标来判断个股的强弱，寻找强势股以及近期上涨概率大的股票。一般来说，CYR指标值在0.25—0.75之间的股票近期上涨的概率比较大，投资者在选择股票时应尽量选择该区间内的。

我们来看两只股票。图19-5是郑州煤电和兰花科创两只股票2011年6—8月的走势，当时个股在上证指数的带动下出现普涨，郑州煤电和兰花科创也不例外，但从图形上看，兰花科创的CYR指标显然比郑州煤电更强势，之后的走势也证明了这一观点。那轮反弹，郑州煤电波段上涨13%，而兰花科创上涨20%。

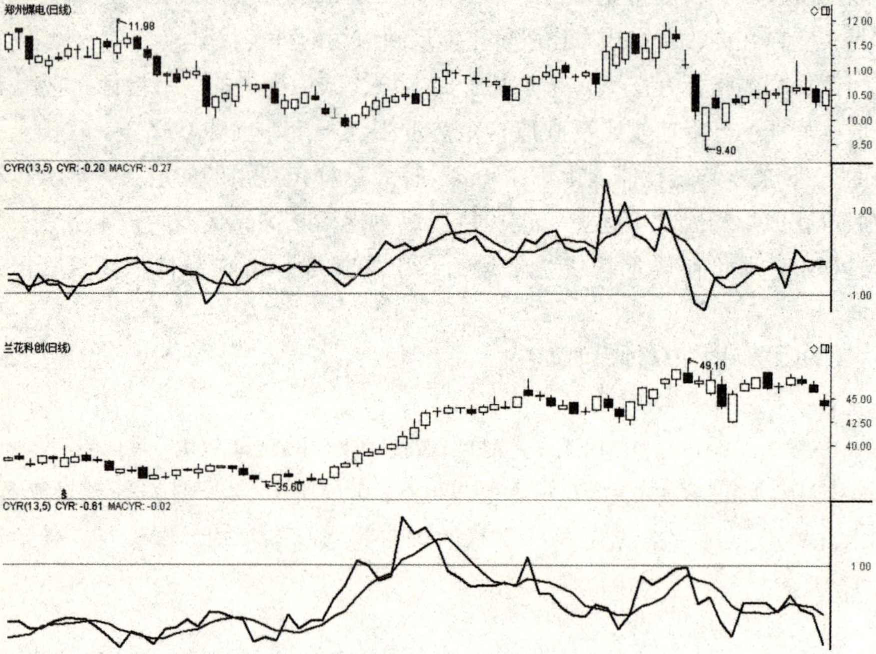

图 19－5　CYR 指标运用示意图

第 20 章 其他指标

技术指标分为很多种类型，除了前面我们介绍过的，还有成交量型指标、均线型指标、图表型指标、路径型指标、停损型指标等。限于篇幅，我们不可能逐一介绍，下面再来看四种比较重要的技术指标。

● HSL 换手率

换手率（HSL）属于成交量型指标，这类指标以成交量数据作为参数。HSL 指标也不例外，它表述为日成交量与流通股的比值。其计算公式如下：

$$HSL = (成交股数 \div 当时的流通股股数) \times 100\%$$

HSL 指标的市场含义是某只股票的流通盘有多少参与了当日的买卖交易，这个数值以比例的形式表示出来，比值越高，换手率越大，表明交投活跃，人气旺盛；比值越低，换手率越低，表明交投清淡，人气低迷。

我们还可以根据比值范围，对 HSL 指标进行划分：$HSL < 1\%$，地量；$1\% < HSL < 2\%$，成交低迷；$2\% < HSL < 3\%$，成交温和；$3\% < HSL < 5\%$，成交活跃；$5\% < HSL < 8\%$，带量；$8\% < HSL < 15\%$，放量；$15\% < HSL < 25\%$，天量；$HSL > 25\%$，成交量异常。

具体到操作中，不同行业、不同股本的股票具有不同的换手率特征，不可一概而论。例如，对于中国石油这样的大盘股，5% 的换手率就已经是天量，而对于小盘股而言，5% 的换手率就是家常便饭。

利用 HSL 进行研判时，我们需要注意以下几种情况：

情况 1　大底部时的低换手率

当股价经过长时间的大幅下跌后，股价已处于历史低位，主力资金早已撤出，追涨者被深度套牢，几乎没有人愿意买卖股票，导致成交量长期低迷，HSL 指标长时间低于某一标准值。此时，往往会吸引来新的主力资金在底部建仓，并在筹码分布上留下一个低位密集区，一旦股价突破这个密集区，后市看涨。

情况 2　阶段性底部或回调低点的低换手率

这种情况一般发生在上涨行情中，短、中、长等多条均线处于多头排列，主力资金已经介入多时，手中握有一定的筹码，回调只是技术性的洗盘，目的是洗掉浮动筹码，提高市场参与者的平均持股成本。此时出现低换手率，通常是逢低买入的良机，巨大的成交量可以人为制造，但萎缩的成交量则是最真实的。

情况 3　股价拉升前的间歇性低换手率

主力资金在拉升前，为了避免因抛压过大而导致投资失败，需要不断确认上挡的抛压。从技术上来讲，间歇性的低换手率是主力判断锁仓程度的唯一有效手段。因此，一旦在上涨行情中看到这种信号，是我们介入的良机。

情况 4　股价高位的高换手率

高位高换手率是指股价在相对的高位，换手率超过 10% 以上的情形。这种情况一旦出现，多半是主力出货的表现，应该引起投资者的高度警惕。当然，也不排除主力资金利用高换手率进行洗盘的可能性。

情况 5　股价高位的低换手率

当股价经过大幅拉升后，换手率并没有放大，而是维持在低位，形成量价背离，明显不足以支撑当前的股价，但股价并没有出现大幅回调，而是保持一种高位横盘缩量整理的形态。这是主力高度控盘的表现，表明后市仍将看涨。

图 20 - 1 是 HSL 指标示意图。我们看到，图中左下方的曲线是 HSL 曲线，其取值范围从 0—100。当然，正常情况下，很少超过 25，除非是新股上市的第一天。右边圆圈画出的是换手率的具体数值，跟 HSL 指标一一对应，只不过前者用的是百分比，后者用的是 0—100 之间的数字。

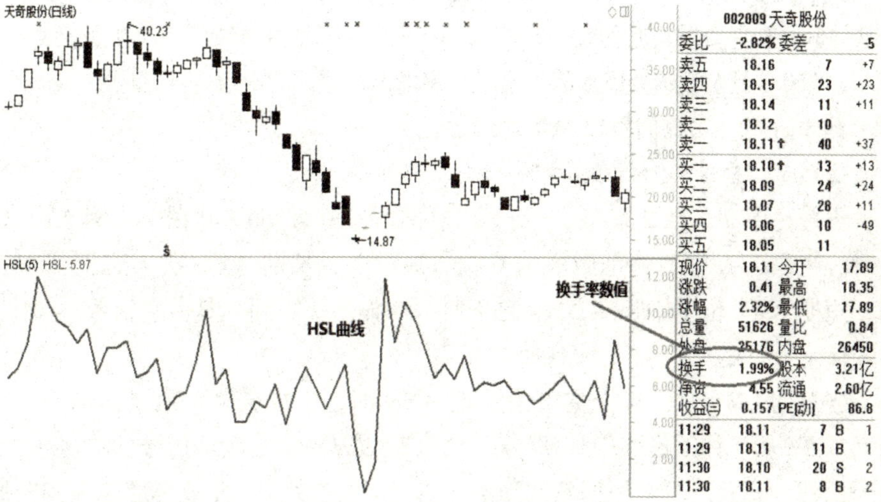

图 20－1　HSL 指标示意图

● AMV 成本价均线

成本价均线（AMV）属于均线型指标。均线我们都很熟悉，那什么是成本价均线呢？其实，所谓成本价均线，就是将成交量引入均线系统，以提高后者的可靠性。AMV 不同于一般的均线系统，它不容易造成虚假信号或骗线，例如某日股价暴涨，均线会大幅拉升，但成本价均线却不会大幅上升，原因很简单，在没有成交量的配合下，市场持仓成本是不会有太大的变化的。

和 HSL 指标一样，AMV 指标的计算公式也很简单，计算过程如下：

第一步，计算 AMOV。

$$AMOV = 成交量（手）\times（开盘价 + 收盘价）/2$$

第二步，计算各周期 AMV。

在 AMOV 的基础上，我们可以分别计算出不同周期的 AMV。交易软件中一般默认为四个周期，它们的计算公式如下：

AMV1 = AMOV 的 M1 日累和/成交量（手）的 M1 日累和

AMV2 = AMOV 的 M2 日累和/成交量（手）的 M2 日累和

AMV3 = AMOV 的 M3 日累和/成交量（手）的 M3 日累和

AMV4 = AMOV 的 M4 日累和/成交量（手）的 M4 日累和

其中，参数 M1、M2、M3、M4 的取值为 5、13、24、250。当然，也可以根据自己的偏好和需要换成其他数值。例如，有的人为了增加 AMV 指标的敏感性，将 250 改成 60，但太敏感会导致信号出现频率增加，错误的次数也随之增加。

具体研判时，我们可以参考均线理论：

法则 1　看 AMV 曲线的排列

当短、中、长期 AMV 从上到下依次排列，短期 AMV 站在中长期 AMV 之上时，叫作多头排列，是做多信号；当短、中、长期 AMV 从下到上依次排列，短期 AMV 位于中长期 AMV 之下时，叫作空头排列，是做空信号。

法则 2　看不同 AMV 曲线的交叉

当短期 AMV 从下往上突破中长期 AMV 时，形成金叉，是买入信号；当短期 AMV 从上往下击穿中长期 AMV 时，形成死叉，是卖出信号。

此外，我们还可以根据不同周期 AMV 曲线的黏合、发散等形态来判断股价未来的走势。具体的判断标准，我们可以参照第 14 章均线中的相关内容。

最后来看一个案例。图 20－2 是日上集团 2015 年 3—5 月间的走势，从图中可以看出，该股的四条 AMV 曲线在底部黏合，显示出变盘的信号。之后，短期 AMV（5）从下往上穿越 AMV（13）、AMV（34）、AMV（60）形成金叉，随着股价的拉升，四条 AMV 曲线向上发散，显示出良好的多头格局，投资者可持股待涨。

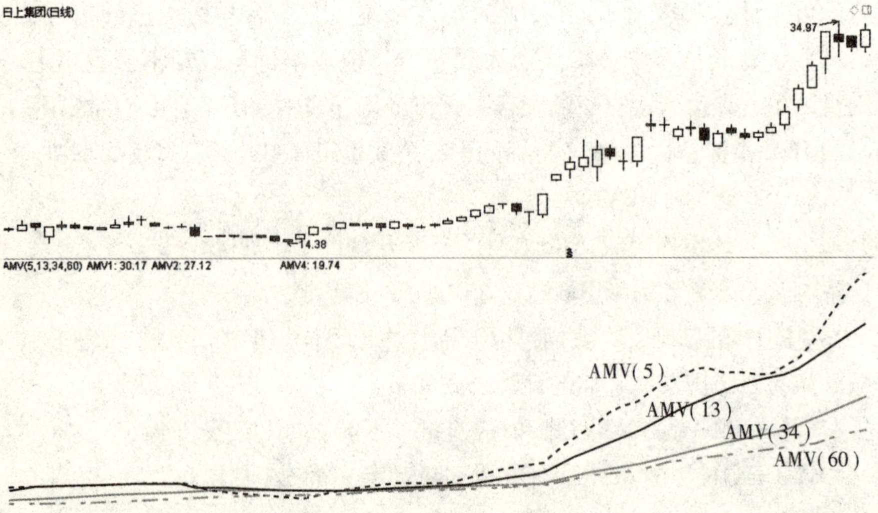

图 20－2　AMV 指标示意图

● MCST市场成本

在股市中，要判断股价的高低，就必须了解主力资金的成本。那么，怎样衡量主力资金的成本呢？最简单的办法就是移动平均线，但均线只能衡量股价的走势，却无法体现出成交量，于是人们根据加权成交金额发明出市场成本指标。

市场成本指标（MCST）是市场平均成本价格，它向我们揭示了持股人的平均成本，MCST上升表明市场平均持有成本上升，MCST下降表明市场平均持有成本下降，以下是MCST指标的计算公式：

MCST = DMA（AMOUNT/（100×VOL），VOL/CAPITAL）

该公式的市场含义是以成交量（手）/当前流通股本（手）为权重的成交额（元）/（100×成交量（手））的动态移动平均。

具体研判时，MCST需要结合股价进行判断。在通达信系统中，股价是以美国线的形式叠加在MCST曲线上的。一般来讲，股价在MCST曲线上方运行，表示该股处于强势中；股价在MCST曲线下方运行，表示该股处于弱势中。

法则1　看MCST曲线的支撑和压力

MCST曲线对股价有支撑和压力的作用。当MCST曲线处于上升趋势时，表明该股处于强势中，MCST曲线对股价起到支撑作用，每当股价回调至MCST曲线附近都是加仓机会；当MCST曲线处于下降趋势时，表明该股处于弱势中，MCST曲线对股价起到压力作用，每当股价反弹至MCST曲线附近都是减仓机会。

法则2　看股价与MCST曲线的偏离程度

MCST曲线体现了市场的平均持股成本，它对股价会起到牵引的作用。一般来讲，当股价在MCST曲线上方偏离后者超过15%—20%时，进入风险区域，超过20%就要开始减仓，达到25%—30%则应该离场观望。相反，当股价在MCST曲线下方偏离后者超过20%时，进入安全区域，超过25%可试探性建仓。

我们以巨轮智能2014年5—12月间的走势为例。该股的股价先是在7—8元间横盘震荡了近三个月，期间股价一直运行在MCST曲线下方，每次触及MCST曲线均无功而返。之后于8月5日站上MCST曲线，开始了一轮超级行情。

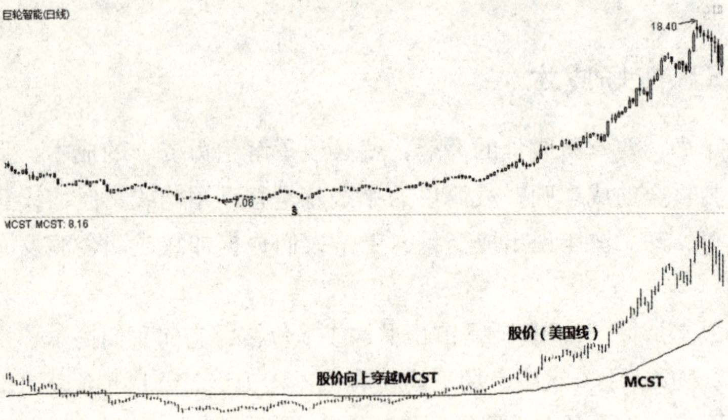

图 20－3　MCST 指标示意图

● CYQ 筹码分布指标

筹码分布指标（CYQ）是一个很神奇的指标，之所以说它神奇，是因为很多时候它的预判能力达到了惊人的准确性。之所以将它放到最后，有压轴戏的成分在里面。然而遗憾的是，大多数的投资人对这一指标并不熟悉。

CYQ 指标最早由陈浩于 1997 年发明，此后被投资者所知，其原理是筹码分析理论。我们都知道，股票交易都是通过买卖双方在某一价位进行交易而实现的，随着股价的涨跌，在不同的价位会产生不同的成交量。筹码分析理论就是通过对不同价位的持股成本进行分析来有效判断行情性质和行情趋势的。

CYQ 指标的计算比较复杂，这里不再展开。我们只介绍它的用法。有意思的是，在交易软件的指标系统中，你是找不到 CYQ 的，但我们可以在股票的报价栏里将它调出来，方法如图 20－4 所示。

当我们在图 20－4（a）中的报价栏右下方点击【筹】字时，报价栏会自动变成图 20－4（b）中的移动筹码分布图。上面包含很丰富的信息，最上面的横线代表不同价位的筹码分布情况，一共有 100 根，横线的长短代表该价位筹码数量的多少，加起来正好是 100% 的流通盘。横线图下方还列出了很多数值，包括平均成本、获利比例、不同成本的筹码占比等。

具体研判时，我们主要从筹码分布图和获利比例两个方面来考察。

首先，看筹码分布图

看筹码分布图，主要观察筹码的密集，即筹码峰。当筹码在低位密集时，

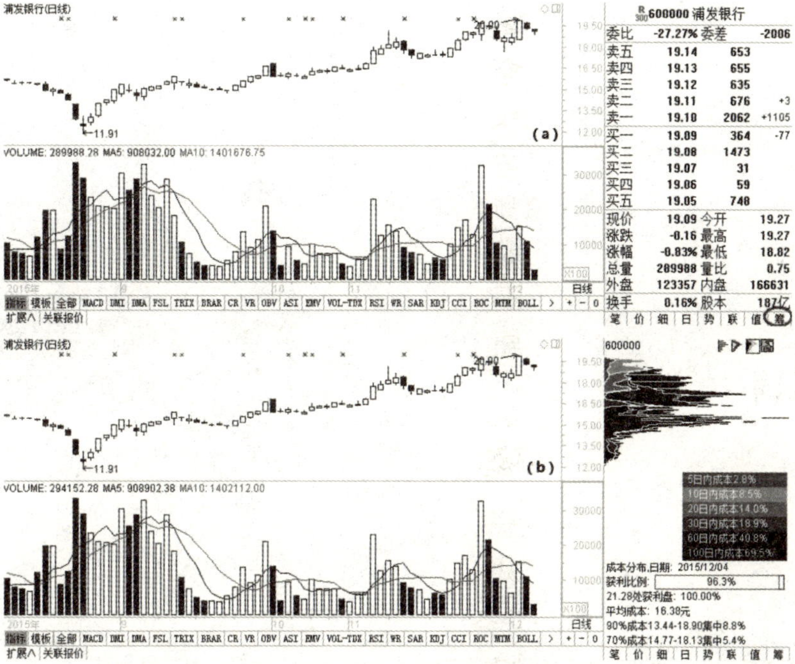

图 20－4　移动筹码分布示意图

说明有主力资金在吸筹，后市看涨；当筹码在高位密集时，说明有主力资金在出货，后市看跌。筹码密集的市场含义是股票在某一价位区间发生了一次全流通盘的换手，意味着市场可能正在悄无声息地发生重大变化。

图 20－5 向我们分别展示了筹码高位密集和筹码低位密集的情况。

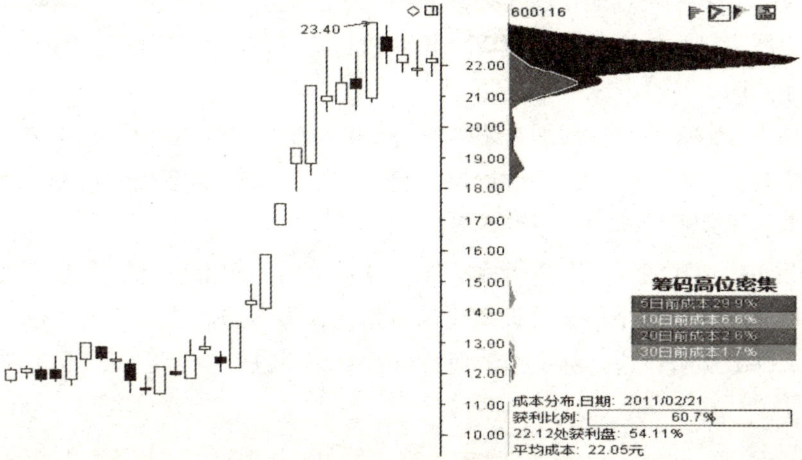

（a）筹码高位密集

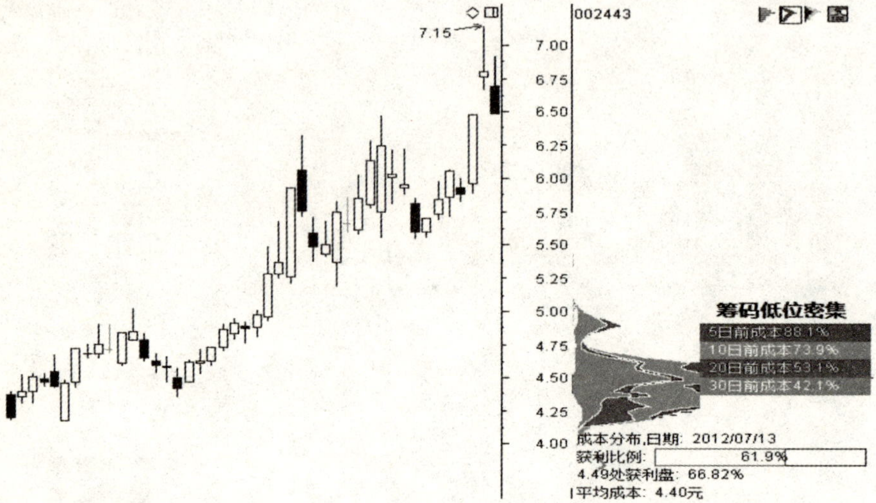

（b）筹码低位密集

图 20－5　筹码密集示意图

其次，看获利比例

我们注意到，在移动筹码分布图的下方，有一个获利比例数据，它的市场含义是在当前价位上，赢利的投资者所占的比例。其值在 0—100% 之间浮动，当获利比例等于 100%，说明市场上所有持股人都是赢利的；当获利比例等于 0，说明市场上所有持股人都处于亏损状态。

这个值其实可以单独做成技术指标。在通达信系统中自带了一个 WINNER 函数，我们可以通过新建公式来调用该函数，并画出非常直观的指标曲线图。图 20－6 是笔者根据 WINNER 函数自定义的一个指标——筹码赢利比例的示意图。

图中 K 线下方的曲线即为筹码赢利比例曲线，虚线为数值 1，代表在当前价位下有 1% 的持股人是赢利的。我们看到每次当筹码赢利比例跌破 1 时，股价随即会出现强反弹，有时候甚至是大级别行情。

当然，和其他区间震荡指标一样，筹码赢利比例也会出现底部钝化的现象，图 20－6 中的中间部分即属于这种情况，筹码赢利比例长时间在 1 附近徘徊，并数次击穿这一标准值，而股价则继续下跌。但最后却迎来了一波强反弹。

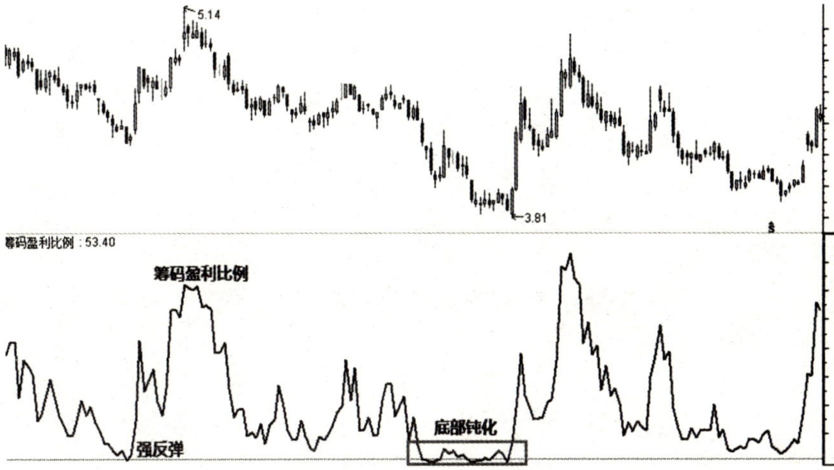

图 20－6　筹码赢利比例示意图

第 4 篇

交易策略

通过前三篇的学习，我们已经掌握了主要的技术分析理论，有投资者或许已经跃跃欲试，想利用前面所学的知识在股市里大赚一笔。如果你有这种想法，那离成功还远着呢。一个很简单的事实是，在资本市场上单纯靠技术指标实现稳定赢利的人寥寥无几。为什么？缺乏一套科学、合理、有效的交易策略。

如果我们将技术分析比喻为功夫招式的话，那么交易策略就是内功心法。一个人即使功夫很高，如果缺乏内功心法，也注定成不了武林高手，甚至有可能因此走火入魔。技术分析也如此，没有交易策略的配合，再精妙的技术分析也无济于事，甚至有可能成为失败的根源。原因很简单，任何技术分析都有缺陷，其成功率很难超过50%。如果我们光想着赢利，却忘了当形势对我们不利时，我们究竟该怎么应对，那么长期来看，亏钱就是大概率的事情。

接下来的第四篇，就是要解决这一问题。

第 21 章 操作策略

所谓操作策略，就是买卖股票的依据、标准或者方法。很多成功的投资者都有自己的操作策略，有的人喜欢长期投资，有的人喜欢短线交易；有的人喜欢左侧交易法，有的人喜欢右侧交易法；有的人喜欢看均线，有的人看成交量……每一种方法都有其优缺点，关键是如何形成适合自己的操作策略。

接下来，我们根据不同的标准，将操作策略分为不同的类型并逐一介绍。

● 长期投资、短线投机

根据投资周期的长短，我们可以将操作策略分为长期投资和短线投机两种类型。围绕这两种投资策略，有很多的争议，长期投资者和短期投机者经常为此斗得不可开交，甚至相互鄙视。然而，关键的问题不在于长期还是短期，而是找到一种适合自己的策略并坚持下来，不断地完善它。

价值投资者是长期投资的信奉者，但我们在这里并不打算讨论。技术分析者也可以做长期投资，我们以 K 线图为例，长期投资者可能更关心周 K 线、月 K 线，而短线投机者更关心日 K 线、60 分钟线，甚至是 15 分钟线，他们以不同级别的技术图形作为操作依据。但归根结底，其实质是一样的。

无论是长期投资者还是短线投机者，都面临一个买卖点的问题。尤其是对长期投资者而言，买卖点的选择更加重要，难度也更大。因为判断一只股票的股价高低，这是一个仁者见仁智者见智的事情。一般来讲，有以下两种思路：

一看估值

所谓看估值，就是看指数或股票的市盈率（PE）、市净率（PB）等财务指标，或者比较某只股票的市值和估值之间的差距，有没有市场还未发现或者被市场低估的其他资产，等等。前者是相对值评估，后者是绝对值评估。不仅要做历史的比较，还要做同行业、同市场的比较。

在这个基础上，对股票进行估值，如果市值低于估值，则属于低估，投资者可以买进；如果市值高于估值，则属于高估，投资者应该卖出。

我们以上证A股为例。图21－1是笔者整理收藏的1990年至今上证A股市盈率曲线图。图上有三个明显的波峰，第一个形成于1992年5月，当时A股市盈率接近100倍，为历史极值。此后，迅速跌落到10倍附近，时间是1994年7月，由此开始了一波长达7年的牛市，最终创出2245的著名高点。接下来，又是一波绵延不绝的熊市，尽管指数只是从2245跌至998点，市盈率从61倍跌至15.6倍，但那一轮熊市给很多投资者留下了不堪回首的记忆。

之后，A股走出了历史上最大的牛市行情。从2002年5月至2007年10月上证指数从998点一路上涨至6124点，市盈率从15.6倍上涨至近70倍，创造了中国股市最赚钱牛市的神话。当然，紧随其后的就是惨烈的下跌，上证指数在一年的时间内从6124点跌至1664点，跌幅高达72.8%，市盈率也迅速回归至14倍。此后，A股的市盈率一直维持在10—30倍之间震荡，即使经历了疯狂的2015年新牛市，市盈率也只是摸高至23倍。

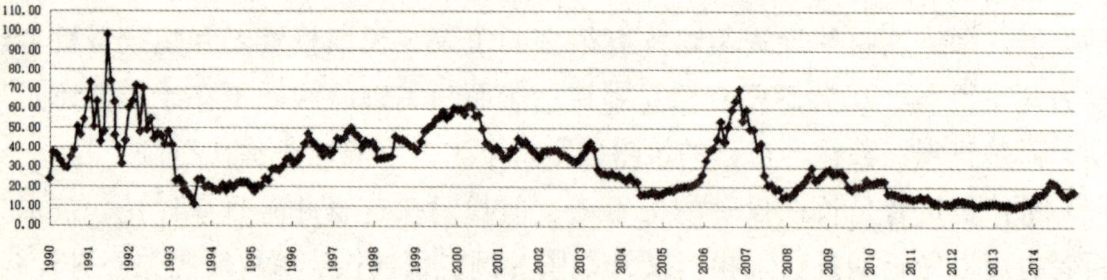

图21－1　上证A股市盈率示意图（1990年至今）

注：数据更新至2015年11月。

观察图21－1，2008年之前A股市盈率的主要波动区间为30—60之间，低于30倍属于低估，高于60倍则属于高估。这样的波动区间，在全世界范围内都属于比较高的。但2008年以后，A股进入全流通时代，市盈率回归常态，基本上维持在10—30之间，低于10倍属于低估，高于30倍则属于高估。

当然，在实际交易中，出现历史极值的可能性太小。作为长期投资者，可以将15—25设定为正常区间，低于15倍开始减仓，高于25倍抛售股票。

二看技术形态

长期投资者和短线投机者使用的技术指标和形态都一样，只不过前者使用长周期的指数指标，后者使用短周期的技术指标。我们以均线为例，长期投资者可能使用120日、250日均线，中线投资者使用20日、30日和60日均线，短线投机者使用5日、10日均线，甚至是30分钟线、15分钟线。

从这个意义上讲，长期投资者和短期投机者在本质上是一样的，都是以技术指标为买卖信号的，唯一的区别就是前者交易次数少，后者交易频繁。

长期VS短期：谁更胜一筹？

那么，长期投资和短期投机，到底哪一种方法更赚钱呢？

相信大多数人都倾向于选择长期投资。其实未必！长期投资有一个很难解决的问题：何时卖？卖早了和卖晚了都可能坐电梯，哪怕卖在相对合理的位置都很难。卖早了，你可能会在后期心态失衡，重新杀入，导致高位重仓；卖晚了，等到你决定可以确认趋势已经反转时，股价已经在半山腰了。因此，很多信奉长期投资的人到最后基本上只能做到不赔不赚。

如何解决这一问题呢？答案是建立一条自己的操作系统。这个我们在后面会专门介绍。这里先来看短期投资的优势。

短线投机者被人们讽刺为投机客，他们是一群高频交易者，几乎每天都在买卖股票，有的甚至一天交易数十笔。尽管崇尚短线交易的小散户绝大多数是赔钱的，但也不乏一些做得好的人，例如微博上某大咖就以自己独特的蚂蚁战法赢得了很多财富，这种策略很简单，就是短线高频交易，选好股，设好止损点，赚点小利就走，赔钱立马走人，不贪心。

其实，长期投资和短线投机并不是对立的：当行情处于趋势中，自然是以长期投资为好；而当行情处于整理中，自然是以短线投机为好。如果你能够在投资中综合利用两种投资思路，那么一定会取得不错的收益。

图21－2为我们提供了一种长短期投资相结合的思路。我们可以将图中的投资性行为理解为长期投资，投机性行为理解为短期投机。在熊末牛初，我们应该以长期投资为主，而在牛末熊初，我们应该以短线投机为主。在这个过程中，我们需要根据市场的不同趋势特征，不断地调整长线和短线仓位。

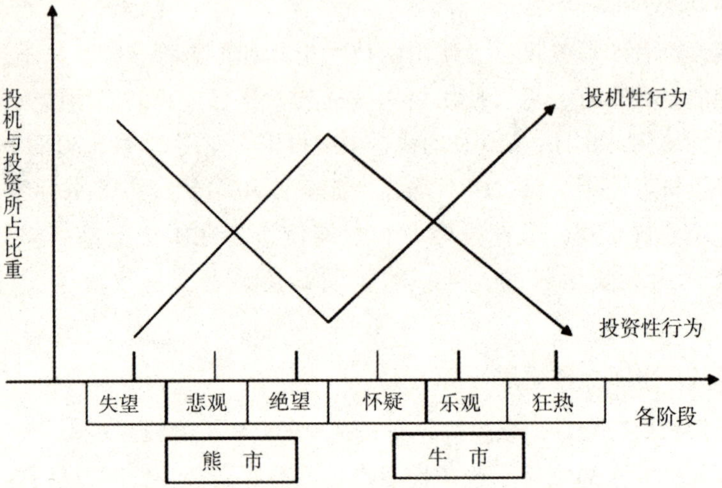

图 21－2　长期投资和短线投机的变化示意图

● 左侧交易、右侧交易

根据不同的建仓时机，我们将操作策略分为左侧交易和右侧交易。所谓左侧交易，就是在股价尚未见底之前，提前买入股票；所谓右侧交易，是指在股价止跌回升且上升趋势确立后，才逐步分批建仓。

这是一种常见的分法，跟长期投资和短期投机一样，人们对于究竟用左侧交易好还是用右侧交易好存在极大的分歧。不过在笔者看来，这样的纠结根本毫无必要，因为所有的判断都是事后诸葛，行情是走出来的，在此之前，谁也不知道你是在左侧交易还是右侧交易，遑论采取什么策略？

因此，笔者更倾向于将这两种交易策略称为逢低买入法和突破买入法。所谓逢低买入法，就是在股价相对低位买入股票；所谓突破买入法，就是在股价突破前高后，买入股票。需要注意的是，逢低买入法只适合整理行情中。

为了展开说明，我们把行情分为上升趋势、上升震荡市、横盘震荡市、下跌震荡市和下降趋势五种走势。其中，下跌震荡市和下降趋势属于弱势期，不具有投资价值。上升震荡市、横盘震荡市属于平衡偏多期，具有中度的投资价值，上升趋势属于强势期，具有高度的投资价值。如图 21－3 所示。

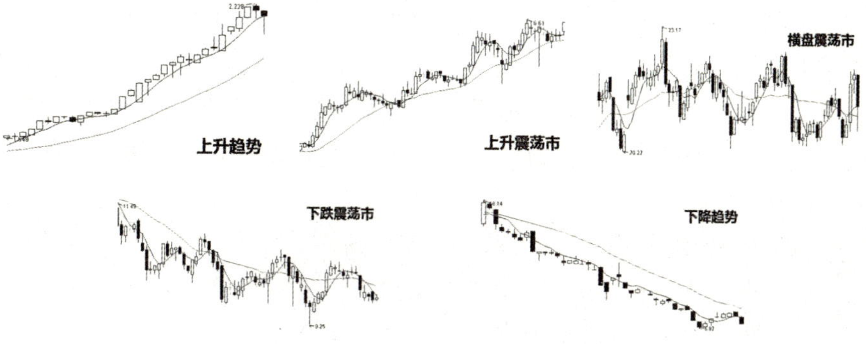

图21－3　行情的五种走势

逢低买入法

逢低买入法有个前提，即它必须是在上升震荡市或横盘震荡市中。很多人可能会问，既然是逢低买入法，那应该股价越低越买啊？这话有一定道理，都说大跌大买、小跌小买，但问题是买多少？俗话说，小底之后还有中底，中底之后还有大底，在下降趋势中，我们不要天真到认为可以和熊拼刺刀。你可以玩，但也要有策略地玩，比如控制好仓位和止盈止损。但笔者建议，没有基本功的投资者最好还是不要去赌。因此，逢低买入法一定要选择在上升震荡市，至少要选择不跌不涨的横盘震荡市，这样才能够保证我们本金的安全。

什么是横盘震荡市？就是在某一个价格区间内做箱体整理。什么是上升震荡市？就是在上升趋势中，每次回撤均超过涨幅的1/2。在横盘震荡市中，只要我们找好箱体的上限和下限，做波段性的高抛低吸，那是再舒服不过的事情。而在上升震荡市中，逢低买入法也是不错的选择，能够最大限度地赚取利润。

为什么要强调回撤超过1/2，这是因为如果回撤幅度太小，那我们应该选择持股不动，否则增加的赢利还不够填补交易费，同时还有踏空的风险。

突破买入法

所谓突破买入法，就是在股价有效突破前一日或前一阶段高点后，立刻跟进买入。这种策略的逻辑是，上升趋势就是一个不断创新高的过程，每一次创新高都是对上升趋势的一次确认，直到行情反转。突破买入法的逻辑与我们后面将要介绍的123法则，以及第14章中格兰威尔均线买卖法则极为相似。

在单边上涨趋势中，突破买入法是一种非常有效的策略。在这里，我们将单边上涨趋势定义为回撤不超过1/2的上升趋势。至于为什么是1/2，原因很简单，一旦回调超过1/2，行情的性质就变了，不再是单边市，而是上升震荡市。前面我们讲过，在上升震荡市中，逢低买入法是最佳策略，当然也可以持股不动。

突破买入法能够在第一时间识别出大级别的上涨行情，而一旦单边市形成，持股待涨就是不二的选择。但在震荡市中，如果使用突破买入法，那么你可能会无数次被套在阶段性顶部，也就是箱体的上沿。

因此，在使用突破买入法时，千万不要忘记它的适用条件。

● 择时交易法、机械交易法

根据主观介入与否，我们将操作策略分为择时交易法和机械交易法。所谓择时交易法，就是根据自己主观的标准，选择在有利于自己的时候买股票，在不利于自己的时候卖出股票；所谓机械交易法，就是不掺入任何主观想法，根据某一客观标准，例如下跌或上涨几个百分点，来决定股票的买入或卖出。

这又是两种针锋相对的操作策略，曾经有美国人做过实验，精选一批炒股高手，通过择时交易法进行交易，结果发现他们的收益还不如掷骰子决定买卖的方法高。我们无从考证该实验的真实性，但它确实反映出两种策略的尖锐对立。

究竟哪一种方法更靠谱呢？从人的本性来讲，肯定愿意承认前一种交易策略更优，但很遗憾，很多时候机械交易确实比择时交易强。原因很简单，人的本性中有很多弱点，这些弱点导致他们经常会犯错误，而且是很严重的错误。与之相比，通过机械操作法，可以很好地规避掉人们内心的弱点，从而胜率更高。

因此，在你彻底战胜心魔之前，设计一套合理的机械交易法则也是一个不错的策略。我们都知道基金定投，即不理会市场的涨跌，每个月固定购入一定数量的基金。这种做法简单、原始、粗暴，但确实有效。短期看不出任何效果，但长期来看，你能够平抑掉所有的剧烈波动，暴涨暴跌都与你无关，你获得的将是中间收益，但这足以笑傲整个投资圈。

将基金定投的思路类比到股票投资中，我们可以选择一只质地优良、长期大概率不会出问题的股票，例如银行板块、ETF 指数基金，然后以定投的方式买入，长期持有，其收益很可能超过主动性投资的收益率。

当然，定投只是一种最简单的机械操作法。此外，我们还可以根据股价涨跌来设计阶梯式买入或卖出的策略。举个例子，我们以上证指数 15 倍市盈率为起始建仓点。当上证指数的市盈率低于 15 倍时，选择一只质地不错的标的股，然后开始建仓，每次股价下跌 5% 或 10%，加仓一次，直至满仓。这种方法不能保证你买入后马上赢利，但在半年内赢利是大概率事件。

● 123 法则、2B 法则

123 法则、2B 法则最早由华尔街著名操盘手维克多·斯波朗迪提出。斯波朗迪做了 40 年基金管理人，被《巴伦财经》誉为“华尔街的终结者”。1978—1989 年，他创下了连续 12 年赢利、没有一年亏损的骄人战绩。

在 123 法则中，斯波朗迪将股价走势分为三种基本的变动：

走势 1 趋势线被突破；

走势 2 上升趋势不再创新高，或下降趋势不再创新低；

走势 3 上升趋势中，价格向下击穿先前的短期回调低点，或下降趋势中，价格突破先前的短期反弹高点。

如果上述三种情况同时发生，就相当于道氏理论对于趋势变动的确认。如果仅发生前两种变化，代表可能的趋势变动。下面我们分别来看看上升趋势 123 法则和下降趋势 123 法则的图例。如图 21－4 和图 21－5 所示。

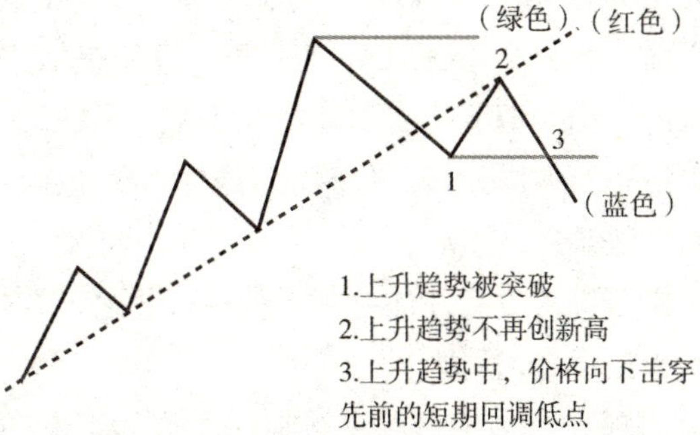

图 21－4　上升趋势 123 法则

在图 21－4 中，股价先是向下突破了红色的支撑线，并在 1 点处反弹，但反弹没有创出新高，反而在 2 点处重新掉头向下，并在 3 点处击穿了前期的低点（1 点），这意味着上升趋势已经终结，下降趋势得到确认。

很多人幻想在第一条绿线的高点处卖出，但这几乎是不可能的，因为在 3 点出来之前，我们根本无法确认下跌的性质是属于上涨趋势中的回调，还是下跌趋势的开始。即便你侥幸在第一个高点卖出，也未必是正确的。因为一旦行情继续沿多头方向发展，你将失去做多的机会。

所以，正确的做法是在 3 点处卖出。

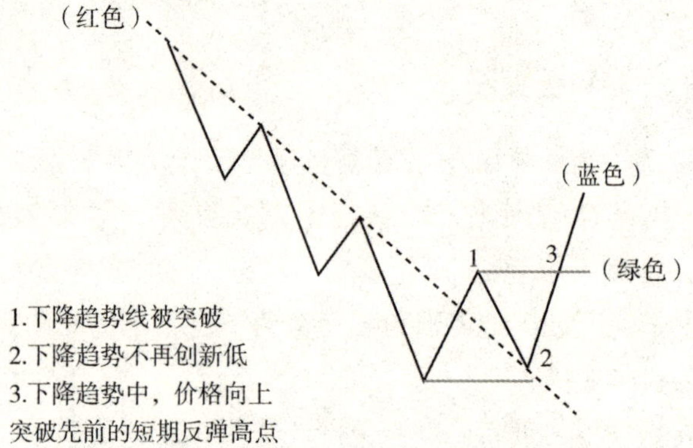

图 21－5　下降趋势的 123 法则

在图 21－5 中，股价先是向上突破了红色的压力线，并在 1 点处回调，但回调没有创出新低，反而在 2 点处重新掉头向上，并在 3 点处突破了前期的高点（1 点），这意味着下降趋势已经终结，上升趋势得到确认。

同样，很多人幻想在第一条绿线的低点处买入，但这几乎是不可能的，因为在 3 点出来之前，我们根本无法确认上涨的性质是属于下跌趋势中的反弹，还是上升趋势的开始。即便你侥幸在第一个低点买入，也未必是正确的。因为一旦行情继续沿空头方向发展，你将面临被套牢的风险。

所以，正确的做法是在 3 点处买入。

当然，在实际交易中，没有任何一套系统是百分之百有效的，123 法则也不例外。于是，衍生出了 2B 法则。

在《专业投机原理》一书中，斯波朗迪是这样来定义 2B 法则的：在上升趋势中，如果价格已经创出新高而未能延续，稍后又跌破先前的高点，那么趋势很可能会发生反转。下降趋势也是如此，只是方向相反。

下面我们用图 21－6 和图 21－7 来演示 2B 法则。

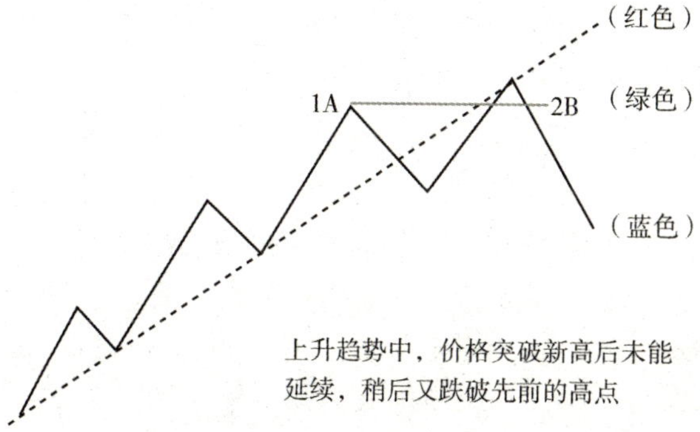

图21－6　上升趋势的2B法则

在图21－6中，我们看到股价先是跌破了红色支撑线，随后创出新高，但上升趋势未能延续，很快又掉头向下，并在2B处击穿了前期高点1A。这种走势往往预示着趋势的反转。

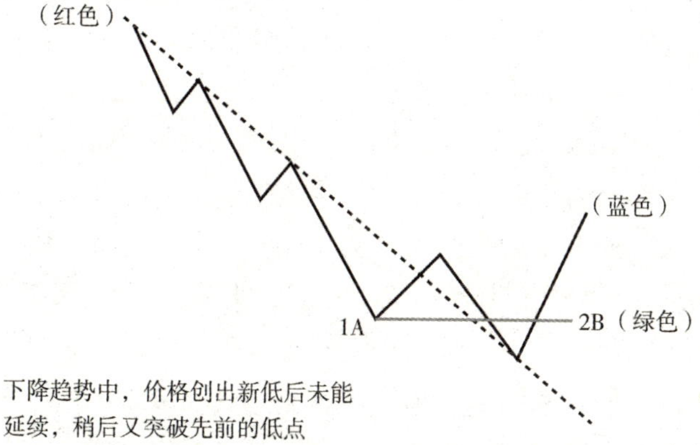

图21－7　下降趋势的2B法则

在图21－7中，我们看到股价先是突破了红色压力线，随后创出新低，但下降趋势未能延续，很快又掉头向上，并在2B处突破了前期低点1A。这种走势往往预示着趋势的反转。

通过图21－6和图21－7的分析，我们可以看出，2B法则其实是123法则的延伸。123法则是一套简单有效的交易系统，但它也有两个致命的缺点：

1. 当三个条件完全满足时，你通常已经错过了很大一波行情；

2. 在震荡趋势中，123法则的出错率相当高。

这两个缺点可以合并为一个，即123法则的滞后性。在单边趋势中，即使你错过了初期的行情问题也不大，因为后续的上升或下跌空间足够你赢利并全身而退；但在震荡趋势中，一旦你错过初期的行情，选择在突破点（即3点处）建仓，那么你将面临极高的出错率。

综合对比后，我们可以得出一个结论：123 法则适用于单边市，2B 法则适用于震荡市。

这个结论跟我们日常的建仓逻辑也吻合：在单边市中，最好的建仓策略是突破建仓法；而在震荡市中，最好的建仓策略是低点建仓法。

需要提醒的是，无论是 123 法则还是 2B 法则，都不是百分百有效，如果市场出现不利的走势，你必须当机立断，即刻承认错误，止损出局。

● 建立一套自己的操作系统

说到操作系统，很多人会立刻联想到电脑操作系统、手机操作系统。其实，股票交易中一样有操作系统，这个系统就是你买卖股票的依据。

笔者根据多年的研究和体验，总结出投资股票的三层境界：第一层，思路混乱，凭情绪、消息等因素买卖；第二层，有自己的操作系统，并且不断地进行完善，使之更加可靠；第三层，将操作系统变成生活中的一种习惯。

很遗憾，大部分初涉股市的投资者都处在第一个层次中，他们没有自己的操作系统，买卖股票全凭自己的感觉、情绪、小道消息，他们迷信某一种万能的技术指标，他们迷信长期投资或者价值投资，但却不知其精髓。

这批人有可能运气好，一时间赚了大把的钱，但只要他们还在这个市场上，迟早会把赚来的悉数赔光，总体而言是大概率要赔钱的。此时，他们要么选择离开，要么选择继续留下。而要活着留下，他们就必须建立自己的操作系统。

这是很多人花了大把的青春年华和大把的钞票才换回来的经验之谈，包括笔者在内。从一开始迷信某种万能的指标，到建立一套自己的操作系统，这是投资过程中的第一次蜕变。很多人误以为建立自己的操作系统很难，就跟微软开发 WINDOWS 那样复杂，但其实操作系统的有效性不在于它的复杂性，而在于它是否适合你。一套适合你的操作系统，越简单越有效！

因此，从今天开始，学着建立自己的操作系统。如果你不会，那就从最简单的开始，根据五日均线来买卖，例如股价站上五日均线，而且不断创新高，买入股票；股价击穿五日均线，而且跌破前低，卖出股票。

当然，这只是简单举个例子，目的只是告诉你，每一个成功的投资者都需要一套自己的操作系统，而不是人云亦云。

很多人轻视五日均线的作用，认为那太没有技术含量，老太太都会，但其实五日均线用好了，绝对是威力最强大的武器。因为不管你使用多少技术指标，分析筹码，分析成交量，分析主力资金，一切信息都会反映到股价上来，只要你建立了一个一致性的操作系统，任何杂音都无法干扰到你内心的投资决策！

什么是一致性？为什么要强调一致性呢？这又是一个股票交易中重量级的概念，很多新手都不了解，但它却是一套系统是否真正有效的关键。

我们都知道，任何一套操作系统的成功率都很难超过50%，换句话说，即便是最好的交易系统也有一半的概率会失败。那么问题来了，一旦失败了，你该怎么办？全盘否定此前的交易系统，抑或反其道而行之？答案是，即便这一次交易系统发出了错误信号，也不能动摇你对它的信心，你应该做的不是去否定它，而是找出问题，不断地完善它，然后一以贯之地执行。否则，很有可能下一次交易它发出了正确的信号，而你却因此错过了一波势在必得的大行情。

● 稳定赢利的三大铁律

前面讲到投资股票的三个境界，将操作系统变成一种习惯是最高的境界，一旦到达这种境界，那么赚钱就是水到渠成，像吃饭一样简单的事情。然而很遗憾，绝大多数人都不可能达到这个境界，尤其是年轻人。很简单，习惯不是一天两天养成的，它需要耐心，需要持之以恒。

既然这个境界一时半会儿达不到，那如何来规避第二境界中的风险，逐步提高收益率，从而不断接近第三境界呢？有三个铁律是笔者想跟投资者分享的：

专注性

这里的专注性，既针对投资股票的数量，也针对操作依据的数量。前面我们已经讲过建立自己的操作系统，坚持一致性交易，其实就是要求我们在操作依据上要有专注性，不要今天用这种方法炒股，明天用那种方法炒股。

接下来，我们来看看投资股票的数量。很多初入门的投资者都听过一句非常经典且流行的话，即不要把鸡蛋放在一个篮子里，这也是很多商学院学生在投资课上听到的最多的一句话。然而，这句话忽视了一个基本事实：风险不仅来源于投资标的，也来源于仓位，换句话说，来源于你持股的比例。

关于仓位管理，我们将在下一章详细介绍。这里我们主要讨论投资为什么必须专注，而不是多样化。首先，人的精力是有限的，你不可能同时对很多股票做深入系统的研究，而不做研究就贸然买入一只股票，这是投资的大忌，同样一只股票，别人研究了三五年，事前做了充足的预案，而你仅凭感觉，三两分钟就决定买入，你觉得谁胜出的可能性更大？所以，人的精力决定了投资必须专注。

其次，多样化并不能降低系统性风险。把鸡蛋放在不同的篮子里，这种观点的潜在逻辑是，通过分散投资来降低风险，这样即使有一只股票的基本面出现问题，其他股票也不会受到影响。但问题是，当系统性风险降临时，所有的股票都在劫难逃，只有控制仓位才能控制风险。因此，多样化投资只能降低个别股票的非系统性风险，而无法规避市场整体的系统性风险。

最后，只有保持专注，你才能少犯错误。回顾一下，我们什么时候容易犯错误？什么时候不容易犯错误？很显然，当我们专注于某一件事情时，通常很少犯错误，因为我们为此付出了全部的精力，准备了所有可能的预案，即使事情的发展偏离了我们期望的轨道，我们也能够获得相对不错的结果。而当我们被迫关注很多事情时，我们的精力会被分散，我们不知道哪一件事情对自己更重要，于是也不可能做出充足的预案，只能凭感觉判断对错，结果错误百出。

安全边际

沃伦·巴菲特有句投资名言：第一条是保住本金，第二条是保住本金，第三条是记住前两条。很多人对这句名言的理解深度其实是不够的，尤其是初入股市的新股民，一心只想着赚钱，对风险的认识很模糊，只知道股市有风险，但心中却在暗自嘀咕：我的运气不会那么差吧？

当你这样想的时候，你在投资这件事情上就还完全没有入门呢。我们都知道一个浅显的公式：当你亏掉10%，你需要赚11%才能回本；当你亏掉20%，你需要赚25%才能回本；当你亏算33%，需要赚50%才能回本；而当你亏掉50%，你需要赚100%才能回本！可见，在股市里，亏钱是多么容易，而赚钱又是多么艰辛。

因此，在股市里，避免大幅回撤是第一任务。只要你做到这一点，你就战胜了绝大多数人，因为你可以享受到利滚利（即复利）的巨大威力。而一旦你出现回撤，你将陷入弥补亏损的泥潭中。我们来看三笔投资：

情形A：持续赢利15%，共10年；

情形B：持续赢利25%，共9年，最后1年亏损50%；

情形C：持续赢利35%，共8年，最后2年各亏损40%、50%。

以上三种情形，你认为10年后谁会胜出？答案是A！没错，就是你觉得不起眼的那个A，计算过程如表21－1所示。

表21－1

	情形A	情形B	情形C
1	15	25	35
2	15	25	35
3	15	25	35
4	15	25	35
5	15	25	35
6	15	25	35
7	15	25	35
8	15	25	35
9	15	25	－40
10	15	－50	－50
累计收益率	3.046	2.725	2.310
复合收益率	15.0%	14.1%	12.7%

这个结果有没有出乎你的意料？最不起眼的情形A居然胜出了，而看似有着超高收益率的情形C却败下阵来，原因仅仅是因为期间发生了两次较大幅度的回撤！由此可见，重大亏损是长期投资的天敌！

那么，在股市里如何避免大幅回撤呢？对于这个问题，没有特效药，唯一的办法就是时刻把风险放在第一位，赚钱放在第二位；放弃一夜暴富的心理，回归稳定赢利的心态。此外，我们做每一笔投资都要有安全边际的概念。

所谓安全边际，就是当你新建一笔投资时，这笔投资在最糟糕的情况下可能会亏掉多少钱？你可以承受的风险是多大？举个例子，在有涨跌停的制度下，你头天尾盘新开的仓位，第二天最大的可能损失是10%，而10%就是这笔投资的风险敞口，换句话说，有10%的资金处于没有保护的状态下。

在这种情况下，你需要考虑自己能承受的最大风险。如果你能承受的每笔交易的最大风险是总资产回撤2%，那么你的新建仓位就不能超过总资产的20%，否则就会违反安全边际原则。

上面的计算有个前提，即市场的流动性是充裕的，即你想买的时候可以买到，想卖的时候可以卖出。但很多时候，市场流动性会枯竭，例如当股票处于巨量卖单封跌停时，你是卖不出去股票的，只有跌停打开，才会有流动性。此时，你需要承受的风险可能就不仅仅是10%。这些风险因素你都必须考虑在内。

因此，如果你是一个稳健的投资者，尽量不要去追逐那些看似赚钱快的热门小盘股，你或许会赚很多钱，可一旦遭遇黑天鹅事件，你的风险敞口将是不可控的，因为流通盘越小的股票，流动性越差。

需要注意的是，我们这里并没有考虑融资盘的影响。一旦你有融资，那么风险敞口又会增加，甚至可能面临100%的风险敞口，换句话说，你的本金有可能一夜之间化为灰烬！这是非保证金时代不可想象的事情。

买卖纪律

任何一本讲股票投资经验的书，无一例外都会提到买卖纪律的问题。因为这个问题实在是太重要了。很多时候，尽管我们有一套好的操作系统，也遇到了很好的行情，但就是不赚钱，甚至还赔了钱。为什么呢？很多时候，其实是操作纪律出了问题，具体而言，当买入信号出现时，因为担心风险、犹豫，最终失去了底部建仓的机会，结果一路操作下来都是被动加仓；而当卖出信号出现时，因为担心踏空、期望反弹，最终失去顶部减仓的机会，结果炒股炒成了股东！

因此，我们不但要建立一套操作系统，坚持一致性交易，同时还要有钢铁般的意志和执行力。这样的品质并不容易铸造，因为人不是钢铁，人都是有感情有情绪的，总是在过度贪婪和过度恐惧中来回摇摆。除非有一天，我们忘记了输赢和赔钱的痛苦，像一部机器一样按照操作系统进行交易。

要做到这一点，我们就要树立牢固的纪律意识，不断纠正交易中违反纪律操作的行为，每天盘后检查，盘中进行修正。所谓水滴石穿，坚持的时间长了，遵守买卖纪律就不再是一种被迫的行为，而是变成一种交易习惯。这就是我们本章一开始讲到的投资的最高境界——将操作系统变成一种习惯！

第 22 章 仓位策略

投资就像一场足球比赛，笑到最后的球队往往不是攻击力最强的球队，也不是防守力最强的球队，而是攻防兼备、很少犯错误的球队。换句话说，投资比的是谁犯的错误更少，而不是谁更会选股。

遗憾的是，大多数投资者都是抱着一夜暴富赚大钱的想法来到股市的，他们的脑海中完全没有风险意识，没有仓位概念，他们一个劲儿地问：买哪只股票能赚大钱？似乎从来没想过：一旦投资失败，我该怎么办？他们把股市看成是一个确定性的市场，在他们看来，钱不买股票就是浪费，就是闲置，因此只要有一分钱、一分钟没有满仓，他们就会难受，就会想尽办法将它变成股票。

然而，股市是一个概率市场，总体而言，输赢的概率各占一半。或许有某些牛人能将胜率提高到60%以上，但那已经是凤毛麟角。为了保守起见，你应该将自己的胜率确定在50%左右，在这个前提下来设计自己的策略。

既然不是一个确定性的游戏，你就不能随便满仓，而要学会根据不同情况来下注，也就是制定仓位策略。那么，在已知胜率的情况下，应该怎样来下注，下多少注呢？这里我们介绍两种经典策略：凯利公式和盈亏比。

● 神奇的凯利公式

关于凯利公式，有这样一个传奇故事：

20世纪60年代，一向莺歌燕舞、纸醉金迷的美国赌场风云突变。几位神秘的客人横扫大赌城，用匪夷所思的方法大把捞钱。各大赌场一时间乱了手脚，四处打听这几个人的来历。最后终于得知，这几个人乃世人顶礼膜拜的科学家，他们来赌城的目的只是为了做实验，证明自己的财富公式是否有效。

这个故事经过《财富公式》一书的传播变得人尽皆知，书中提到的财富公式更是让很多人趋之若鹜。那么，究竟是什么样的神奇公式，能够帮助故事中的几位科学家横扫大赌城呢？这就是大名鼎鼎的凯利公式。

凯利公式是美国著名物理学家约翰·凯利1956年提出的一个数学公式，它最初是在克劳德·申农对长途电话线噪声研究的基础上建立的，凯利说明申农的信息论要如何运用于一名拥有内线消息的赌徒在赌马时的问题。赌徒希望决定最佳的投注金额，即使他的内线消息不完美，也可以获得优势。凯利公式后来被申农和另一名同事爱德华·索普运用于21点和股票市场中，结果大获成功。

那么，凯利公式究竟长什么模样呢？下面给出方程式：

$$f* = \frac{bp-q}{b}$$

其中，$f*$ 为应投注的比例；b 为赢/亏比例；p 为胜率；q 为败率，即$1-p$。

举个简单的例子，一笔投资有40%的胜率（$p=0.4$，$q=0.6$），投资者在赢得投资时可以得到2∶1的赔率（$b=2$）。在这种情况下，他要想获得最大的长期增长率，投注的本金比例应该是（0.4－0.6/2）＝0.1，即10%。

凯利公式的本质可以用一句话来总结，即在成功概率高时下大赌注。查理·芒格曾经说过：聪明的人会在世界提供给他这一机遇时下大赌注。当成功概率很高时他们下了大赌注，而其余的时间他们按兵不动，事情就是这么简单。

● 收益/风险比例

凯利公式告诉我们，在胜率高的时候下大赌注。但同时，我们也不应该忽略该公式里另一个重要参数——赔率，也就是赢/亏比例。很多投资者在买卖股票时都陷入了一个误区，他们过分地追求胜率，试图通过各种技术手段来提高投注的成功率，但同时却忽视了每一笔投资面临的赢/亏比例。

事实上，很多时候，输赢的概率并不重要，重要的是输赢的幅度。举一个简单的例子：一笔投资有70%的概率赚10%，30%的概率赔10%；另一笔投资有50%的概率赚30%，50%的概率赔10%。你会选择哪一个？很多人可能会选择前者，我们先来计算一下两者的期望值：

$$E1 = 0.7 \times 0.1 - 0.3 \times 0.1 = 0.04$$

$$E2 = 0.5 \times 0.3 - 0.5 \times 0.1 = 0.10$$

换句话说，100万元的投资，方案1的期望回报是4万元，方案2的期望回报是10万元！显然，方案2更有优势。其实，这种思路也是巴菲特和芒格的思路，他们在决定一笔投资之前，一定会先计算这笔投资的期望值，换句话说，不但要考虑投资的胜率，还要考虑投资的赔率。

需要注意的是，这里的胜率是指赢利的概率，而赔率是指赢利的大小，或者说幅度，千万不可混淆。在一些专业的股票书籍中，对赔率有专门的定义，即收益/风险比例，也就是盈/亏比例。例如，华尔街常胜将军维克多·斯波朗迪在《专业投机原理》一书中强调，自己每一笔投资的收益/风险比例都必须大于3。换句话说，只有当一笔投资的潜在收益是可能损失的3倍以上才值得投资。

之所以在这里强调收益/风险比例，是因为有太多人陷入追求高胜率却忽视盈亏幅度的误区。假设有10次交易，你有7次都赚了，但每次均为小赚，而剩下的3次赔了，却有一次大赔，加起来你可能依然是亏钱的；相反，在10次交易中，你只有3次赚钱，但其中一次是大赚，剩下7次都赔了，却是小赔，加起来你可能是赢利的，而且赢利很多。这就是收益/风险比例的神奇之处。

从这个意义上讲，投资最重要的事就是避免大幅回撤。只有控制住回撤，你的资产才会增值，你未来的赢利才是有意义的，否则你的赢利永远都只能用来弥补损失，甚至连损失都弥补不了，陷入资产不断缩水的无奈结局中。

● 几种经典的仓位策略

前面我们介绍了两种经典的投注方法。但在实际交易中，无论盈亏的概率还是盈亏的大小，都只是预测值，主观性太强，限制了它们的可操作性。因此，我们需要一些不依赖于主观因素的加仓策略。

平行加减仓法

平行加减仓法是指，每次出现信号时，加减仓的比例都是固定的。例如，在机械交易法中，投资者可以选择在股价每下跌10%的时候加一次仓，加仓比例为20%，全部加满仓有五次机会。而在均线交易法中，我们可以在股价每次回调至20日均线附近加一次仓，加仓比例可以根据个人偏好而定。

平行加减仓法是最简单的一种仓位策略，它的好处在于完全剔除了个人的主观判断，不对每一次投资机会的概率或大小做区分，可以获得超过平均水平的收益率。但因为它不会在底部加码，所以收益率不可能做到最大化。

金字塔加减仓法

金字塔加减仓法弥补了平行加减仓法的缺点，它选择在下跌过程中加码买入，而在上涨过程中加码卖出。例如，投资者在股价每下跌10%时加一次仓，刚开始加很少，越往后加仓越重，如果我们将仓位分成10份的话，可以按1：2：3：4的比例进行加仓；而在上涨过程中，按照1：2：3：4的比例进行减仓。

这种操作策略的潜在逻辑是，在下跌过程中，跌得越多，反弹的概率和强度越大，因而应该下更大的赌注；而在上涨过程中，为了获得更大的收益，应该将更多的仓位留至趋势反转确立后再卖出。

如果在上涨过程中加仓，那么整个过程正好反过来，应该按照4：3：2：1的比例进行操作，即第一次信号出现时，买入4成仓位，然后依次递减；在下跌过程中减仓，则应该按照4：3：2：1的比例进行操作。

图22－1对这四种金字塔加减仓策略进行了总结。

需要说明的是，上面介绍的金字塔加减仓策略并不是绝对的，它只是提供了一种不同于平行加减仓策略的思路。投资者在实际交易中，不一定非得严格遵循这样的思路进行加减仓，完全可以根据需要建立一套自己的加减仓策略。

综合仓位法

平行加减仓法和金字塔加减仓法为我们进行仓位管理提供了科学依据，但这两种策略并没有考虑时间和周期因素。有时候，我们会纠结于长期和短期，例如长期来看应该加仓，可短期来看却应该减仓；或者相反，长期来看应该减仓，短期来看却应该加仓。那么，如何解决这一对矛盾呢？

办法很简单，对仓位进行区分，将它分为长期仓位和短期仓位。

举一个简单的例子，假设我们以A股整体市盈率为标准进行长期仓位管理，而以5日均线为标准进行短期仓位管理，具体而言，10倍、15倍、20

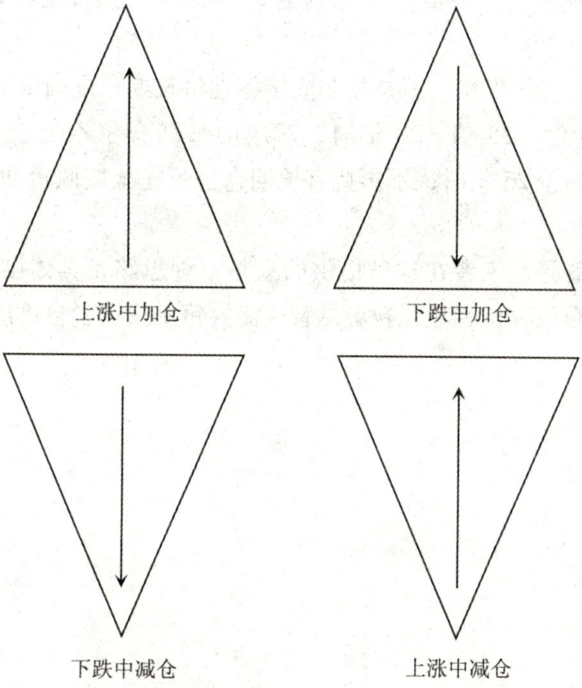

图22-1 金字塔加减仓法

倍、25倍、30倍市盈率对应的仓位分别是80%、60%、40%、20%、0%，5日均线上仓位不低于50%，5日均线下仓位不高于30%。

我们看到，长期仓位和短期仓位有时候是矛盾的。当A股市盈率超过30倍时，长期策略要求我们清仓，但短期策略却要求我们保持50%以上的仓位，因为股价依然站在5日均线上，而且不断创出新高，这个时候我们该怎么办呢?

笔者的经验是以短线仓位为主，依然保持50%以上的仓位，但要记住这是短线仓位，必须按照短线策略进行操作，一旦股价击穿短线持仓标准，例如击穿5日均线，必须清仓或者将仓位降低一半。

另一方面，当A股市盈率接近或低于10倍时，长期策略要求我们保持80%以上的仓位，但短期策略却要求我们空仓，因为股价依然运行在5日均线下，而且不断创出新低，这个时候我们又该怎么办呢?

保守的做法是，为长期仓位留出空间，按计划应持有80%的仓位，但短线形势依旧不容乐观，此时我们可以适当降低仓位标准，例如保留50%

的仓位作为长期仓位，持股不动。剩下50%的仓位按照短线仓位标准进行操作。

此外，还有一种做法，就是按照固定标准将长期仓位确定下来。例如，A股市盈率为10倍、15倍、20倍时，对应的长期仓位不低于50%、30%和20%，市盈率高于25倍时，不再持有长期仓位，完全按照短期仓位标准进行操作。

需要说明的是，笔者在这里提供的只是一种思路，具体操作中究竟应该持有什么样的仓位，仁者见仁智者见智，需要每个投资者自己定夺。

第 23 章
止损策略

关于止损，投资者有个形象的比喻——割肉，这个比喻生动说明了当股票出现亏损时，投资者不得不斩仓的内心之痛。不过，本章中介绍的止损策略不但包括止损，也包括止盈，也就是说，当股票出现赢利时，何时落袋为安。

很多投资者在账面出现亏损时都有一种心态，反正都跌了那么多了，索性不管了，总有一天会涨回来。从理论上来讲，任何一只股票，除非你买了 48 元的中国石油，或者 467 元的全通教育，抑或某只面临退市的高价垃圾股，都有相当高的概率会创出历史新高，这样就把你解套了。但是，在你被套的过程中，时间成本却是货真价实存在的，即使解套了，你也不过是账面上不赔不赚。

从长期来看，你会陷入被套→解套→被套→解套的恶性循环中，投资收益率还不如存在银行里。每个征战于股市的投资者恐怕都不希望是这种结局吧？

那么，如何才能避免在股市里被套，同时保住已经到手的利润呢？一个基本的策略，也是唯一可行的策略是学会止损！很多人都听说过鳄鱼法则：假如一只鳄鱼咬住你的脚，你唯一的逃生机会是断脚求生，如果你试图用手挣脱，那么鳄鱼的嘴巴会一张一合，同时咬住你的脚和手臂，越挣扎，陷得越深。

鳄鱼法则告诉我们：当你在市场中犯错时，一定要赶紧认赔出场，千万不要心存幻想，试图采取其他任何动作！

接下来，我们就来介绍几种经典的止损（盈）策略，让你在下跌中避免大幅回撤，在上涨时获得最大化的收益。

● 目标价位法

目标价位法是一种常用的止损（盈）策略，其做法是在每一笔投资前计划好卖出的价位：当股价上涨到某个具体价位或幅度时，不管消息面，也不管技术形态，立刻止盈；相反，当股价下跌至某个具体价位或幅度时，立刻止损。

至于止损（盈）线如何设置，这个带有很大的主观性，尤其是止盈线，很难拿捏，高了可能无法成交，等于坐电梯，低了可能导致过早下车，错失更大的行情。因此，对于止盈，我们后面还会介绍到另一种更理想的策略。

止损相对简单，可以根据自己的风险偏好、交易策略和操作周期来划定一个具体的百分比，例如做短线可以设为2%，即当某一笔交易的亏损额达到总资产的2%时立刻止损，中线可以设为3%—5%，长线可以设为5%—10%。

尽管止损线设置很简单，但执行起来有很大的难度，因为贪婪、恐惧等人性中的弱点，我们经常无法严格执行事前制订好的计划，而这恰恰是大多数投资者赔钱的根本原因。我们可以做一个简单的计算，如果你每一笔投资都严格按照2%的止损线进行操作，那么即使你只有50%的胜算，长期来看，你也将是稳定赢利的，因为你把投资的风险锁定在了2%以内，而利润却是可以放飞的。

● 均线止损法

所谓均线止损法，就是以均线为买卖股票的依据。我们以5日均线为例，当你把5日均线设为止损线时，意味着只要收盘价站在5日均线之上，你就可以安心持股，即便盘中跌破5日均线，也应该坚定持股。相反，如果收盘价有效击穿5日均线，你就应该卖出股票。注意这里的“有效”二字，在一个良好的上升通道中，虽然收盘价偶尔击穿了5日均线，但跌幅很小（例如跌幅小于1%），遇到这种情况，我们应该多观察一日，以免被主力过早洗盘出局。

至于5日均线被击穿后，应该卖出多少仓位？这个问题每个人都有不同的标准。笔者的做法是，一旦收盘价击穿5日均线，先卖出一半的仓位继续观察，如果第二天或第三天股价重新收复5日均线，则警报可以解除；如果股价连续三个交易日均无法收复5日均线，那么则视为趋势反转，清仓出局观望。

在实际操作中，投资者可以根据自己的风格偏好来选定不同的均线。一般来讲，短线投资者可以选择5日均线，中线投资者可以选择20日均线，长线投资者可以选择60日、120日甚至250日均线。不同的均线有不同的优缺点，5日均线较灵敏，但信号过于频繁，60日均线较迟钝，但有更强的支撑作用。

当然，你也可以选择各周期均线的组合。例如，笔者就喜欢选择5日均线和20日均线作为搭配使用。20日均线看趋势，5日均线做交易。

● 技术指标止损法

技术指标止损法是指根据技术指标发出的买卖信号来进行交易。例如，当MACD指标的白线（DIF）向上金叉黄线（DEA）时，买入股票；当MACD指标的白线向下死叉黄线时，卖出股票。再比如，当K线图出现W底或三重底时，买入股票；当K线图出现M顶或三重顶时，卖出股票。

需要说明的是，尽管技术指标发出的信号有时候很准确，但它出错的概率同样很高，投资者如果迷信其中，并以此为依据满仓操作，其结果可想而知。笔者对于市面上很多介绍技术指标买卖法的书籍持保留意见，原因很简单，此类书为了证明自己的信号有效，必定是从大量失败的信号中挑选出最成功的一个，而等到投资者自己去实践时才发现，远不是那么回事。这也是本书为何在介绍完各种技术分析理论后，专门用三章的篇幅来介绍交易策略的原因所在。

另一方面，在观察股价的运行规律时，技术指标只是一种辅助手段，它可以帮助我们判断趋势，但也很容易让我们偏离价格这个核心本质。因此，在笔者的止损（盈）策略中，技术指标只是作为短线辅助依据，长期来讲，股价和均线才是最核心的，投资者切不可执迷于指数指标中而偏离这个核心。

● 移动止损法

移动止损又称追踪止损，它涉及一个重要的技术概念——平移。在目标价位法中我们已经讲过，当某一笔交易出现赢利后，如果你按照预先设定的价位进行止盈会面临较大的问题：高了无法成交，低了错失更大的行情。

在这种情况下，有没有一种更好的止盈策略呢？答案是有，那就是根据不断创出新高的股价，逐步抬高止盈线。这在技术分析中称为平移。

举一个简单的例子。在一轮上涨趋势中，我们可以将前一个交易日的5日均线设为止盈线，如果盘中没有击穿该位置，就继续持股；第二天，这条止盈线将往上滚动，因为均线是上升的。这样一来，我们就实现了移动止损(盈)。

或者，我们还可以前一低点为止盈线。当我们的成本价低于该止盈线，而股价继续往上涨时，该低点就会成为我们的止盈线，只要股价没有击穿该位置，就继续持股。如果新一轮调整的低点高于这条止盈线，那么我们可以将止盈线往上平移，如此滚动前行，直到有一天股价击穿最近一个低点，卖出股票。

我们以图23－1为例来说明移动止损法和平移的概念。假如我们以20日均线为建仓依据，当股价第一次站上20日均线时我们建仓，之后股价沿着5日均线上行，直到第一次调整击穿5日均线，但在20日均线处反弹。此时，我们可以将该低点设为止盈点a，如果股价击穿该低点，那么我们止盈出局；如果没有击穿，则继续持股。以此类推，我们可以得到止盈点b、止盈点c。直到有一天股价击穿20日均线且破了止盈点c，我们清仓出局。

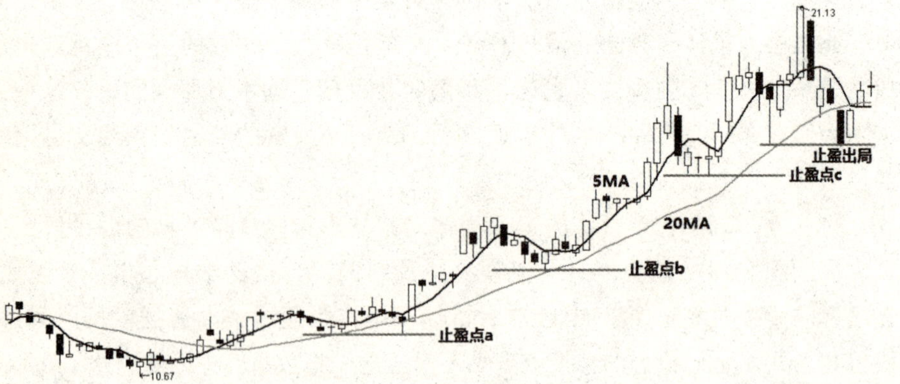

图23－1　移动止损法

从图上我们可以看出，尽管我们没有卖在最高点，但也是相对的高点了。作为一名保守的投资者，不要幻想可以卖在最高点，神仙也做不到，我们能够做的就是卖在相对合理的价位上。

如果卖出后，股价出现反弹怎么办？这是很多投资者苦恼的地方，就像图23-1一样，我们在股价击穿止盈点c后清仓出局，但此后股价出现了反弹，而且力度还不小。面对这种情况，比较稳妥的做法是先观察一段时间，如果股价在前期高点处掉头向下，那有可能形成M头；如果继续创出新高，那我们可以考虑重新入场。尽管我们损失了中间一段利润，但毕竟避免了本金大幅回撤。

The end